L'ÂGE D'OR
DU ROMAN

DU MÊME AUTEUR

Romans

SCÈNE, Seuil, coll. « Tel quel », 1972.
L'ITALIE, Grasset, 1983.
LE QUATORZE JUILLET, Grasset, 1989.
LA SUITE LYRIQUE, Grasset, 1992 (Prix Louis Barthou de l'Académie française).

Essais

BRECHT OU LE SOLDAT MORT, Grasset, coll. « Figures », 1979.
ÉLOGE DU COSMOPOLITISME, Grasset, coll. « Figures », 1981.
L'IMPURETÉ, Grasset, coll. « Figures », 1985.
L'ARTIFICE, Grasset, coll. « Figures », 1988.

Critique d'art et livres illustrés

PORTRAIT DE L'ARTISTE EN REVENANT, catalogue de l'exposition Tadeusz Kantor, Galerie de France, 1989.
LE ROMAN D'ANTONIO SAURA, dans *Antonio Saura, Elegia*, Cercle d'Art, 1991.
LE FESTIVAL D'AUTOMNE DE MICHEL GUY, Le Regard, 1992.

Traductions

Robert Motherwell, *Reconciliation Elegy*, Skira, coll. « Les Sentiers de la création », 1980.
Derek Walcott, *Poèmes*, dans le n° 11 de *La Règle du jeu*, 1993.

Préfaces

Tadeusz Kantor, *Ma création mon voyage*, Plume, 1991.
Eva Le Grand, *Milan Kundera ou la Mémoire du désir*, XYZ-L'Harmattan, 1995.

GUY SCARPETTA

L'ÂGE D'OR DU ROMAN

BERNARD GRASSET
PARIS

A la mémoire de Danilo Kiš

INTRODUCTION : POUR LA CRITIQUE

L'état de la critique dénonce par lui-même le degré de culture de toute une littérature.

POUCHKINE.

La première idée de ce livre m'est venue, il y a quelques années, à Nice, par une superbe nuit d'été. J'avais été hébergé, pour deux ou trois semaines, dans la villa d'un couple d'amis, sur les hauteurs de Fabron, à l'abri de la cohue estivale ; je disposais d'une chambre, où écrire, – l'accueil était parfait, mes hôtes attentifs, discrets, cultivés : je n'aurais pu imaginer meilleure ambiance, tant affective qu'intellectuelle, pour travailler... Ce soir-là, donc, plusieurs invités étaient rassemblés, sur la terrasse, pour le dîner. La conversation, je ne sais trop comment, vint à porter sur ces périodes miraculeuses, jamais réductibles aux seules conditions historiques, où un art peut connaître un épanouissement fulgurant, non prévu au programme, un moment d'effervescence inventive, de foisonnement, – le Quattrocento florentin, par exemple, en ce qui concerne la peinture, ou l'époque de l'Impressionnisme. Puis, de là, on passa à d'autres arts, à la musique, au roman, – et l'on en arriva, un peu par jeu, à se demander quel pourrait être, dans le même ordre d'appréciation, l'« âge d'or » de la création romanesque. Les avis, bien entendu, étaient partagés :

pour les uns, c'était indubitablement le début du XIXe siècle, le temps de Balzac, de Stendhal ; d'autres optaient plutôt pour la seconde moitié de ce même XIXe siècle, de Flaubert à Dostoïevski ; l'un des convives osa avancer que les années 1920 et 1930, avec Proust, Kafka, Joyce, n'étaient pas mal non plus ; quelqu'un évoqua même le XVIIIe siècle, et la constellation formée par Sterne, Diderot, Sade, Laclos... Je me taisais. Puis je me suis hasardé, un peu par goût du paradoxe, à soutenir que le véritable âge d'or du roman, à bien y regarder, ce pourrait être... aujourd'hui. Que le meilleur de la création contemporaine, en tout cas, ne me paraissait en rien indigne des périodes qui venaient d'être mentionnées. Ma proposition, de fait, déclencha une réprobation quasi unanime, – accompagnée, même, de certains éclats de rire, comme si j'avais proféré là une stupidité, ou du moins une incongruité. Comme s'il *allait de soi* que l'art romanesque, aujourd'hui, traversait une phase de déclin. J'ai préféré ne pas insister.

Je n'en ai pas moins ruminé pendant quelques jours ce désaveu collectif, et le préjugé dont il témoignait. Au moment de partir, désireux de faire un cadeau à la maîtresse de maison, pour la remercier de son hospitalité, je me suis rendu dans une des librairies de la ville, et je lui ai acheté un petit stock de romans récents, de Carlos Fuentes, Philip Roth, Milan Kundera, Claude Simon, Thomas Bernhard, d'autres encore, – dont une grande partie des livres que je vais aborder dans les pages qui suivent. Plusieurs semaines après, elle me téléphonait, pour me dire le plaisir intense qu'elle avait pris à ces lectures ; et pour m'affirmer, dans la foulée, qu'elle comprenait beaucoup mieux, désormais, l'opinion que j'avais émise lors de ce dîner, et même qu'elle n'était pas loin de la partager ; mais qu'au fond il fallait comprendre la réaction des convives : car personne, pas même dans la presse, ne se chargeait vraiment aujourd'hui d'opérer un tri dans la masse (pour l'essentiel médiocre) des romans déversés chaque année sur le marché ; personne, précisa-t-elle, pour oser s'engager, et distinguer les œuvres de qualité dans cette surabondance de livres convenus, prévisibles, bâclés, sans intérêt... A partir de là, l'idée, en moi, a continué à faire son chemin : peut-être le temps était-il venu de réhabiliter ce genre décrié qu'est *la critique littéraire* : c'est-à-dire, tout bonnement, l'art d'avancer, à propos de livres actuels, un jugement de valeur, appuyé sur une compréhension en profondeur des œuvres, et sur une véritable argumentation. Peut-être même, dans la confusion ambiante, y avait-il urgence...

D'où ce livre, – abordant douze romans récents, tous publiés depuis moins de quinze ans [1], et prenant le risque de parier sur leur statut de chefs-d'œuvre de notre temps.

Au fond, l'opposition de l'art et de la critique m'a toujours semblé relever d'une mythologie simpliste, romantique, – qu'il faut répudier aujourd'hui *plus que jamais*. Car la critique, c'est un peu comme la démocratie : c'est au moment où elle manque que l'on perçoit le mieux sa valeur, sa fonction irremplaçable. Quelle est cette fonction ? Faire le tri, d'abord, comme je viens de le suggérer, dans la prolifération des publications, pour aider les lecteurs trop souvent égarés ou désemparés devant la masse de livres qui leur sont proposés (et qui, trop souvent, suscite l'impression trompeuse que la quantité a désormais remplacé la qualité). Fonder ce choix, ensuite, sur une évaluation des œuvres, impliquant des critères de jugement explicites (le lecteur peut les accepter ou

1. De fait, trois de ces livres (*La Tante Julia et le Scribouillard*, de Mario Vargas Llosa ; *Sablier*, de Danilo Kiš ; et *Le Jeu du siècle*, de Kenzaburô Oé) ont été, dans leurs pays respectifs, publiés un peu avant cette période. Si je les ai pourtant retenus, c'est en fonction de la date de parution de leur version française, qui les inscrit dans le même contexte que les autres romans étudiés, et justifie ainsi leur présence dans cet ensemble : 1980 pour le premier, 1982 pour le deuxième, et 1985 pour le troisième.

les refuser, mais en connaissance de cause : il ne devrait pas avoir à les subir comme un *a priori* faussement « naturel »). Savoir révéler, aussi, ce qui fait la singularité et la nouveauté d'une œuvre, au besoin à contre-courant des habitudes de lecture, des conformismes, des idées reçues (un minimum de savoir « technique », ici, est indispensable). Entretenir enfin autour des œuvres de véritables débats, passionnés à l'occasion, – seuls témoignages de la vitalité d'un art (dès qu'un art ne donne plus lieu à aucun débat, c'est qu'il va assez mal : l'exemple de la « musique contemporaine », ou même, hélas, du cinéma [2]). Cela, me semble-t-il, définit assez bien les enjeux de la critique, indépendamment des écoles et des partis pris (ou des talents personnels) qui en déterminent la forme. Et je ne vois rien là que les écrivains authentiques puissent redouter, bien au contraire : ce n'est pas la critique qu'ils doivent craindre, aujourd'hui, mais plutôt sa disparition, ou son remplacement par le spectacle.

Faire la critique d'un livre, cela suppose d'abord qu'on ait pris le *temps* de le lire. Il est des romans, on le sait, qui ne supportent pas le « survol », qui exigent une imprégnation, une méditation, une lecture attentive et ralentie. D'autres (c'est du moins mon expérience) qui « attendent leur heure », – que l'on n'a pas forcément envie d'aborder au moment précis de leur parution. Mais la critique demande aussi, au-delà de cette liberté temporelle, qu'on dispose de l'espace nécessaire pour pouvoir effectuer une lecture en profondeur, détaillée (le *close reading* des Anglo-Saxons). Hors de ces deux conditions, on ne peut que rater certains livres (tel fut, par exemple, en France, le sort d'un chef-d'œuvre comme

2. Serge Daney le suggérait : le plus grave, dans le domaine du cinéma, ce n'est pas la crise de la création, au demeurant contestable, c'est plutôt la disparition progressive de la cinéphilie...

Christophe et son œuf de Carlos Fuentes, qui ne fut guère l'objet que de recensements rapides, superficiels, et n'a pas trouvé jusqu'à présent le discours critique apte à lui donner son rang). Or, les contraintes du journalisme sont bien évidemment antagonistes à cette double exigence : on ne peut pas faire de critique sérieuse si l'on est en permanence soumis à l'impératif de « coller à l'actualité », ou à celui de « tout dire en trois colonnes ». En fait, les journalistes, quel que soit leur talent, sont pratiquement condamnés à ne pas faire de la critique, mais du compte rendu.

Il est étrange que les revues, qui disposent précisément de cette liberté de temps (elles ne sont pas sommées d'être rivées à l'actualité) et d'espace (rien n'y interdit les longs développements), et qui constituent par là même le lieu idéal où la critique devrait s'exercer, aient été amenées, ces dernières années, en France, à réduire la part dévolue à cette fonction, quand ce n'est pas à l'abandonner. Lorsque j'étais étudiant, il y a vingt-cinq ans, la revue *Critique* était intégralement consacrée à la recension critique d'ouvrages récents (c'était la vocation que lui avait donnée son fondateur, Georges Bataille), et de nombreuses études approfondies de livres plus ou moins « d'actualité » émaillaient les sommaires de revues comme *Les Temps modernes*, *Esprit*, *Tel quel*. Il faudrait comprendre comment, et pourquoi, la part de la critique dans les revues d'aujourd'hui s'est, sauf exception, à ce point raréfiée. Le signe, peut-être, d'un divorce progressif entre la littérature elle-même et l' « esprit du temps ».

J'aime cette formule d'Aragon, définissant la critique : une « *pédagogie de l'enthousiasme* ». A condition, bien entendu, qu'aucun des deux termes ne supplante l'autre...

Cette époque bénie de la critique (les années soixante et soixante-dix) était celle, aussi, où des intellectuels de la taille de Michel Foucault, Jacques Derrida, Tzvetan Todorov, Gérard Genette, Julia Kristeva, et par-dessus tout Roland Barthes, ne dédaignaient pas d'intervenir régulièrement (dans la presse, ou dans les revues) pour tenir un discours élaboré (et en renouvellement permanent) sur des livres, y compris les plus récents. Depuis, tout le monde sent bien que le fossé s'est creusé entre le monde universitaire (lieu présumé de la « recherche » en matière littéraire) et le monde journalistique (lieu du compte rendu) : il n'y a désormais pratiquement plus d'intermédiaires, de « passeurs », entre ces deux univers. Telle est la situation, peu réjouissante : d'un côté, des universitaires majoritairement indifférents à ce qui s'écrit dans leur propre époque ; de l'autre, des journalistes se repliant le plus souvent sur la « critique d'humeur », ou sur ce que l'on nommait au temps de Brunetière ou de Lemaître la « critique impressionniste » (celle qui renseigne plus sur le critique que sur l'œuvre), et n'éprouvant même plus le *besoin* d'utiliser ou de forger des concepts.

Tout cela pourrait bien être le symptôme (alarmant) d'un refus commun (c'est-à-dire : présent des deux côtés, même si c'est pour des raisons inverses) d'accorder aux œuvres qui s'écrivent aujourd'hui le statut et la dignité d'un « objet de pensée ».

On me dira que la « recherche », en matière d'études littéraires, a elle-même été victime de ses excès (la sophistication inutile du jargon, le théoricisme), au point d'apparaître aujourd'hui exténuée. Les vieilles normes lansoniennes, un moment ébranlées, dominent désormais de nouveau l'Université (entrée sur ce point dans une phase manifeste de restauration), – et certains des acteurs les plus prestigieux de la Nouvelle Critique se sont eux-mêmes déplacés sur d'autres terrains (l'évolution de Todorov vers l'histoire des idées, de Genette vers la théorie esthétique, de Kristeva vers la psychanalyse). Mais il faudrait, sans doute, y regarder de plus près. Tout un courant de recherche universitaire, par exemple, s'est récemment développé, qui investit la *lecture* comme domaine d'exploration, – soit d'un point de vue socio-idéologique (Jauss, l'École de Constance), soit d'un point de vue néo-freudien (les travaux, en France, de Michel Picard, de Vincent Jouve). Pour qui est attentif à ce qui s'élabore là, il est clair que la critique pourrait en tirer profit, y puiser un nouvel élan. Or, de tout cela, RIEN n'est passé dans la critique institutionnalisée, ni dans le discours journalistique...

Tout discours critique, même le plus subjectif ou le plus désinvolte, suppose des critères de jugement, – généralement d'autant plus pernicieux qu'ils sont implicites, inavoués. La meilleure façon, me semble-t-il, d'éviter que ces critères ne fonctionnent comme une norme, ce serait tout simplement de les *afficher*.

Ainsi, en ce qui me concerne, ce que je tiens pour un « grand roman », c'est un roman qui : 1°) explore un territoire encore inconnu de l'expérience humaine (et, pour reprendre l'idée de Broch et de Kundera, produit un « effet de vérité » qui ne pourrait pas être obtenu par d'autres voies que celles du roman) ; 2°) invente ou renouvelle la forme narrative ; 3°) rend indissociables ces deux aspects.

C'est à partir de cela que je pourrais justifier mes choix : ceux, en particulier, des romans dont je vais parler dans les pages qui suivent.

Il me faut dire quelques mots, ici, précisément, de ce choix. Je viens d'en indiquer les critères ; mais n'élire que douze romans, c'est bien évidemment prendre le risque d'être injuste, partial, de me voir reprocher mes lacunes ou mes oublis. Je le reconnais bien volontiers, – et ne puis en aucun cas prétendre, dans ce livre, brosser un panorama objectif, et encore moins exhaustif, de ce qui compte le plus dans la création romanesque d'aujourd'hui. Ce recueil d'essais critiques, s'il a l'ambition de distinguer certains romans, ne saurait pour autant être assimilé à un palmarès. Si « lacunes » il y a, et c'est d'une certaine façon inévitable, elles relèvent d'une série de raisons que je voudrais rapidement mentionner :

— La délimitation du *corpus*, d'abord, qu'il m'a bien fallu à un moment arrêter, faute de quoi l'entreprise aurait pu se poursuivre à l'infini. C'est ainsi, par exemple, qu'un roman comme *Opération Shylock* de Philip Roth, que je tiens pour l'un des plus éblouissants de ces dernières années, n'a pu trouver place ici, tout simplement parce qu'il est paru, en France, quelques semaines *après* ma décision de clore la liste. L'injustice, ici, est flagrante, – et je ne puis la réparer qu'à promettre de réserver à un tel livre une place de choix, dans un essai futur.

— La volonté de me limiter à des romans « contemporains », qui m'a amené, à l'inverse, à fixer une date de publication minimale des œuvres étudiées, en deçà de laquelle je me suis interdit d'aller (j'ai choisi, un peu arbitrairement, le début des années quatre-vingt) : ce qui m'a conduit à exclure par principe certains romans parus antérieurement, auxquels, cependant, j'accorde la plus grande importance (ceux, par exemple, d'Italo Calvino, ou de Guillermo Cabrera Infante).

— La part délibérément restreinte qu'occupe ici, on le verra, la littérature francophone, – que j'ai réduite (à l'exception du dernier roman de Kundera, dont le statut, de ce point de vue, est tout à fait singulier) à deux ouvrages émanant d'écrivains de la génération, déjà canonique, du Nouveau Roman. À cela, une raison très simple : écrivant moi-même des romans, il m'aurait semblé douteux (et inopportun) d'être à la fois juge et partie. Me référer à des romanciers français de ma génération, ou à mes aînés immédiats, aurait risqué de m'entraîner dans un jeu social piégé (la rivalité, la complaisance, l'appel au « renvoi d'ascenseur ») propre à troubler la sérénité du propos, et auquel j'ai préféré me soustraire. J'ose espérer que ceux de ces romanciers qui sont mes amis sauront comprendre ces scrupules.

— Enfin, ce qui tient tout bonnement à mes propres goûts (la prétention à l'objectivité, en l'occurrence, serait dérisoire), à mes coups de cœur, à mes préférences, mais aussi à mes méconnaissances (je lis en définitive assez lentement, et ne saurais bien évidemment embrasser la totalité de la production romanesque de l'époque, tâche au demeurant absurde), et à mes insuffisances (certains livres, comme je l'ai déjà postulé, « attendent leur temps », et il est certainement dans la période abordée des romans essentiels à côté desquels je suis passé, et que je ne découvrirai, peut-être, que plus tard). En bref, il y a dans le commerce des livres quelque chose qui tient un peu des rencontres amoureuses, ou érotiques, – avec leur part obligée de subjectivité, de contingences, de hasard, de chance, d'attirances arbitraires et d'indifférences irraisonnées, qui laissent le jeu infiniment ouvert.

Autrement dit, je ne soutiens AUCUNEMENT que tous les chefs-d'œuvre de notre temps soient ici représentés. Ce dont je suis convaincu, en revanche, c'est que tous les romans retenus dans ce livre sont effectivement des chefs-d'œuvre ; et c'est là-dessus que je suis prêt à engager le pari.

Il y a, on le sait, deux façons d'être « mélomane » : l'une qui consiste simplement à écouter de la musique, et à y prendre plaisir ; l'autre, qui suppose que l'on sache déchiffrer une partition, et comprendre, en écoutant de la musique, comment elle est faite : ce savoir-là, tous les musiciens vous le diront, ne détruit en rien le plaisir de l'écoute, mais lui donne une dimension supplémentaire. Il me semble que l'on pourrait établir là une analogie avec la littérature : la moindre des choses qu'on soit en droit de demander à un critique, c'est de comprendre *comment un livre est fait* (composition, techniques narratives, lien des procédés utilisés et des effets de lecture produits, modalités du style) – et de l'exposer. De savoir, en somme, devant un texte, « lire la partition »...

Quelque chose, de ce point de vue, m'a toujours surpris. Si l'on ouvre aujourd'hui n'importe quelle revue spécialisée (consacrée au rock'n roll, aux ordinateurs, ou à la navigation à voile, peu importe), on s'aperçoit que leur discours regorge de termes techniques, que les lecteurs concernés trouvent tout à fait normal de connaître pour comprendre ce qui leur est dit. Or, curieusement, s'agissant de littérature, le préjugé continue à dominer, qui voudrait que toute terminologie un tant soit peu technique soit bannie, et que l'on ne doive en parler que dans la langue de tous les jours (c'est le mythe du langage « naturel », qui ne revient le plus souvent qu'à interdire la pensée). Mon parti pris, on l'aura compris, ne sera pas celui-là, et je ne dédaignerai pas, dans les pages qui suivent, d'utiliser un certain vocabulaire technique, lorsque la nécessité s'en imposera. Les deux seules règles que je me suis fixées, à ce propos, sont celles-ci : d'une part, éviter au maximum de sombrer dans le jargon, c'est-à-dire n'avoir recours à ces concepts techniques ou théoriques que lorsqu'ils s'appliquent à quelque chose qui ne peut pas être formulé autrement ; d'autre part, donner le plus souvent possible la définition des termes employés, quand ils n'appartiennent pas au langage usuel. Tout *amateur* (aux deux sens du mot) devrait pouvoir aisément s'y retrouver.

Il existe, en France, pour l'examen du baccalauréat, trois épreuves de « français », entre lesquelles les candidats ont à choisir ; seule l'une d'elles, la dissertation, est proprement littéraire. A peine dix pour cent des candidats la retiennent, – et la plupart ne la préparent même pas. Il est sans doute un peu vain de bavarder sur la crise de la critique sans avoir en tête, à chaque instant, sur quel fond de *régression entretenue* elle a lieu.

Une thèse à laquelle je tiens particulièrement, et que je retrouve d'ailleurs chez la plupart de ceux qui réfléchissent sérieusement sur l'art du roman [3], c'est celle selon laquelle on ne peut réellement *évaluer* une œuvre littéraire qu'en la situant dans son contexte mondial. Il me paraît évident que certaines « gloires locales » perdent une grande part de leur valeur si on les soumet à ce critère, alors que nombre d'écrivains sous-estimés dans leur pays ne trouvent leur véritable importance que confrontés à ce contexte international. Je me souviens, par exemple, de la stupeur de certains journalistes italiens lorsque je leur soutenais, il y a quelques années, que de ce point de vue leur « grand écrivain » n'était pas du tout Moravia, mais plutôt Calvino, ou Sciascia ; ou lorsque je soulignais devant eux l'importance énorme de l'œuvre de Gadda, totalement irrepérable si on la restreint à son contexte national... Je m'efforce, quant à moi, de toujours apprécier ce qui se produit en France avec ce regard-là (le regard qui manquait, par exemple, à tous ces journalistes qui manifestèrent leur dédain lorsque Claude Simon reçut le prix Nobel). Car

3. Au premier chef chez Milan Kundera.

cette évaluation de la place d'une œuvre dans un contexte mondial est, elle aussi, peu compatible avec la pratique journalistique courante : non seulement à cause de la culture élargie qu'elle implique, et qui manque à un trop grand nombre de chroniqueurs « spécialisés » ; mais surtout parce qu'une situation où l'on sépare nettement, dans la plupart des journaux, la rubrique « littérature française » de la rubrique « littérature étrangère », interdisant en fait que l'on puisse *relativiser* l'une par l'autre, est un obstacle évident à la confrontation nécessaire.

Douze romans contemporains, donc, venus des horizons nationaux les plus variés, – et la question peut se poser de ce qui les unit, au-delà de la proximité relative des dates de parution.

Ce qu'il faut affirmer d'emblée, à ce propos, c'est que les romans ici rassemblés se différencient hautement ; qu'ils renvoient à d'irréductibles originalités d'écriture, et ne sauraient être ramenés à un programme collectif dont ils partageraient peu ou prou les normes, les interdits, les partis pris. En d'autres termes, les romanciers que j'aborde en ce livre ne constituent en aucun cas une « école ».

Il n'en est pas moins possible de repérer, à condition d'y apporter des nuances, quelques tendances générales, que chacun traite évidemment à sa façon, mais qui me semblent caractériser globalement l'écriture romanesque d'aujourd'hui, et la distinguer sensiblement des périodes qui l'ont précédée.

La première de ces tendances, qui s'applique à TOUS les écrivains dont je vais parler, c'est celle qui définit le roman comme un art susceptible de produire un effet de vérité (l'époque « formaliste » ou « textuelle » semble bien définitivement révolue) ; et même, plus précisément, un effet de vérité qui ne saurait être obtenu par d'autres voies que par celles, spécifiques, du roman (c'est aussi la pratique du roman à thèse, se contentant de « romancer » des conceptions ou des représentations préétablies, qui est ici souverainement répudiée) ; un effet de vérité, ainsi, qui adviendrait là où échouent tous les savoirs constitués. L'art du roman, en somme, reviendrait à explorer le non-dit des autres discours (scientifiques, philosophiques, religieux, politiques, sociologiques, idéologiques, psychologiques), – et même, dans la plupart des cas, à faire surgir ce que ces discours ne peuvent que méconnaître. Le roman, donc, comme art de faire vaciller les certitudes, d'ébranler les préjugés, d'investir le négatif du lien social, l'envers des idéologies collectives (ou du *spectacle* qui, aujourd'hui, a supplanté ces idéologies), le refoulé de ce qui soude les communautés, – que cette fonction prenne la forme d'un jeu affiché avec les vérités dogmatiques (Salman Rushdie), d'une ironisation du *kitsch* ou de la sentimentalité niaisement morale dont l'époque moderne nous abreuve (Milan Kundera, Mario Vargas Llosa), d'une subversion plus directe et plus sarcastique de la bien-pensance (Juan Goytisolo), ou d'une dissolution corrosive de l'image positive officielle que les sociétés donnent d'elles-mêmes (Kenzaburô Oé, Carlos Fuentes, Thomas Bernhard).

La seconde tendance, c'est celle qui consiste à brouiller (ou, du moins, à remanier) les limites entre le registre de la fiction et celui de l'autobiographie. Tous les romanciers dont je vais parler ne s'inscrivent certes pas à part égale dans une telle conception : chez Milan Kundera ou Carlos Fuentes, ce parti pris est pratiquement absent, et chez Salman Rushdie il demeure implicite, voilé ; mais on peut constater, pour tous les autres, que le matériau autobiographique est présent. A condition d'ajouter qu'il l'est comme un *matériau,* justement, susceptible, selon des procédés narratifs du reste fort disparates, d'être distancié, transposé, relativisé, dés-innocenté, perverti, détourné, entraîné du côté du jeu, de l'ambiguïté, – parfois jusqu'au vertige, jusqu'à ce point d'équivoque où la frontière entre la « vérité » et la « fiction » devient incertaine, indiscernable (Alain Robbe-Grillet, Philip Roth, Danilo Kiš).

La troisième tendance, enfin, c'est celle qui définit, comme pour contre-investir l'hétérogénéité et la multiplicité du matériau romanesque, un art très subtil et très calculé de la *composition*, que l'on décèle, là encore à des degrés divers, dans la plupart des romans que je vais aborder. Comme si c'était dans cet art de la composition (qui fait voler en éclats la progression linéaire, soi-disant « naturelle », des récits traditionnels, et leur substitue une organisation complexe, plurielle, tramée, ramifiée, par « thèmes et variations ») que résidait, désormais, la principale force d'invention formelle du roman. On sait que Mallarmé, à la fin du siècle dernier, écrivit un texte intitulé *La Musique dans les lettres*, où il postulait pour la poésie l'aptitude à absorber ce qui, jusqu'alors, appartenait exclusivement à l'art musical ; eh bien, peut-être revient-il aujourd'hui *au roman* d'opérer un geste d'appropriation équivalent (mais sur le plan, cette fois-ci, de la structuration, et non plus seulement des effets, – et notamment par une reprise des principes et des procédés de la « Grande Forme ») ; cela, selon une voie ouverte par les grandes œuvres de la modernité (de Proust à Broch et à Faulkner), mais désormais, semble-t-il, systématisée, radicalisée, sans fin réinventée.

Quelques tendances générales, donc, – mais qui, encore une fois, ne doivent en rien masquer la profonde singularité (dans le domaine du style autant que dans celui de l'imaginaire convoqué) des œuvres ici réunies.

Pour revenir à la question de la critique : j'entends parfois évoquer l'époque où Roland Barthes dominait, justement, ce champ (intellectuellement, du moins, car sur le plan institutionnel Barthes fut toujours beaucoup plus minoritaire qu'on ne le croit aujourd'hui) ; et je ne puis qu'éprouver une profonde lassitude devant le stéréotype qui définit cette époque comme une « période de glaciation ». Je me souviens, à l'inverse, que les discussions sur la littérature, alors, étaient légères, passionnées, gaies, ferventes, subtiles, intelligentes, élégantes, pétillantes, – que l'érudition et le souci théorique, loin de tuer le plaisir, le suscitaient et le redoublaient ; et je n'ai jamais, au fond, depuis la mort de Barthes, retrouvé à ce propos autant de *chaleur*...

On sait que pour distinguer entre les « arts majeurs » et les « arts mineurs » (distinction délicate, mais nécessaire : ne serait-ce que pour résister à la confusion ou au nivellement des valeurs esthétiques, et aussi parce que toute transgression suppose une frontière clairement délimitée), Hemingway proposait ce critère simple : serait « mineur » tout art qui disparaît avec l'artiste (comme la tauromachie), et « majeur », à l'inverse, tout art qui survit à l'artiste (comme la peinture, la littérature). Cela serait sans doute à nuancer[4], et n'implique d'ailleurs aucune dépréciation *a priori* de ce qui est ainsi classé comme « mineur » (comme le montre la passion sans réserve que ce même Hemingway portait, on le sait, à la tauromachie). Mais à s'en tenir à ce critère, il me semble que l'on pourrait très précisément appliquer cette notion d' « art mineur » à la critique, au sens (peut-être un peu idéal, utopique) où je l'entends. La

4. Ce que j'ai tenté dans un chapitre (« Majeur et mineur ») de mon essai *L'Impureté* (Grasset, coll. « Figures »).

définir comme un *art*, d'abord, en fonction de l'implication subjective qu'elle nécessite, et qui en fait un jeu tout autant qu'un travail ; du talent qu'elle suppose, qui ne se réduit pas au seul savoir-faire technique ; du style qu'elle autorise (tout grand critique a sa frappe, son phrasé singulier), et des bonheurs d'écriture qu'elle peut susciter ; ainsi que des effets qu'elle produit, qui ne concernent pas uniquement la « raison » (c'est même ce qui sépare la vraie critique du discours simplement didactique, scolaire). Mais comme un art *mineur*, aussi, – dans la mesure où les théories qu'elle convoque seront nécessairement très vite dépassées ; où les idées neuves qu'elle avance peuvent rapidement se transformer en lieux communs (c'était, justement, l'inquiétude constante de Barthes) ; où les combats qu'elle mène finissent un jour par devenir obsolètes (qu'ils soient perdus ou gagnés) ; où les auteurs qu'elle révèle sont susceptibles, au bout d'un certain temps, d'être reconnus, annexés à un panthéon convenu (l'effet de découverte, par nature, ne saurait durer) ; où les choix qu'elle opère, et le goût dont elle témoigne, sont largement tributaires d'une époque, et risquent fort d'être relativisés, sinon contestés, par les générations ultérieures (c'est par exemple dans la part critique de leur œuvre que des écrivains aussi importants que Diderot, Baudelaire, ou même Bataille [5], nous lèguent leurs textes les plus *datés*). Avoir conscience de cette impermanence, pourtant, ne discrédite en rien l'entreprise, – et aurait même, d'une certaine façon, plutôt tendance à l'alléger : ce n'est pas parce qu'une intervention comme celle que je tente ici a toutes les chances de « ne pas me survivre » que je n'en ressens pas, impérativement, la nécessité. Et je m'en tiendrai à pratiquer le plus scrupuleusement

5. Que l'on songe, par exemple, à des livres comme *La Littérature et le Mal* ou *Les Larmes d'Éros* : où nombre d'oublis, de lacunes, en regard du projet affiché, nous apparaissent aujourd'hui, tout autant que des partis pris propres à Bataille lui-même, comme des *traits d'époque*.

possible, tant pis si sa portée en est éphémère, cet *art mineur*, – qui tout compte fait en vaut bien d'autres.

Il ne faudrait pas conclure de ce que je viens d'avancer sur la crise actuelle de la critique (contre laquelle, on l'aura compris, ce livre s'insurge, et à laquelle il tente de *résister*) par un pessimisme exagéré. Car il m'est bien arrivé de lire, récemment, de grands textes critiques : ceux, par exemple, d'Octavio Paz (sa « somme » sur sœur Juana Inès de la Cruz), de Milan Kundera *(L'Art du roman, Les Testaments trahis)*, de Carlos Fuentes *(Le Sourire d'Érasme)*, de Danilo Kiš *(Homo poeticus)*, de Pierre Mertens *(L'Agent double)*, de Juan Goytisolo *(L'Arbre de la littérature)*, de Salman Rushdie *(Patries imaginaires)*, de Philippe Sollers *(La Guerre du goût)*. Or, ce qui saute aux yeux, c'est que ces textes ne proviennent pas de critiques proprement dits, mais d'écrivains (et comme par hasard, parmi les meilleurs). Tel est, sans doute, le paradoxe de la situation : alors même que la critique, au sens où je l'ai définie, est en train de disparaître, c'est aux écrivains eux-mêmes qu'il revient, en interrompant pour un temps leur *art majeur*, de reprendre le flambeau, d'occuper un terrain intellectuel que les « lecteurs professionnels » ont tendance à déserter, et de maintenir les valeurs hors desquelles leur activité perd tout son sens. Situation équivoque : car elle est, pour ce qui concerne le sort de la littérature, tout à la fois rassurante (l'« *esprit du roman* », pour parler comme Kundera, est toujours vivant) et inquiétante (il ne dépend plus guère que de ses praticiens, solidaires pour l'essentiel, mais de plus en plus isolés).

Puis-je au moins (c'est le principal souhait qui s'impose à moi à l'orée des pages qui vont suivre) proposer un livre qui ne paraisse pas trop indigne de ceux que je viens de citer...

Douze études critiques, sur douze romans récents [6]. Je repense à mon épisode niçois. Et je me prends à imaginer qu'il se trouvera au moins un lecteur (ou une lectrice), ne connaissant jusqu'alors, sinon peut-être de réputation, aucun des ouvrages que j'aborde ici, pour être amené(e) à partager l'intérêt que je leur porte, – et pour décider d'en lire, par exemple, un par mois... Rien ne me comblerait plus, en définitive, et ne justifierait mieux cette tentative critique, que de pouvoir lui procurer ainsi *un an de plaisir...*

La Lauze, août 1995.

---

6. Dans la perspective de leur insertion dans ce livre, plusieurs des essais qui vont suivre ont déjà été publiés séparément, dans différentes revues *(Art press, L'Atelier du roman,* et surtout *La Règle du jeu).* Largement réécrits et complétés, ils trouvent ici leur version définitive. Les chapitres consacrés à Danilo Kiš, à Alain Robbe-Grillet, à Thomas Bernhard et à Carlos Fuentes sont, eux, totalement inédits.

RUSHDIE ÉCRIVAIN

Salman Rushdie, *Les Versets sataniques*, traduit de l'anglais par A. Nasier, Christian Bourgois, 1989.

> Dans ma chute l'esprit se diffuse et dans ma remontée les corps se dissolvent.
>
> IBN ARABI,
> *Épître de l'arbre et des quatre oiseaux.*

> From landuage to landuage.
>
> JAMES JOYCE,
> *Finnegans Wake.*

C'est Milan Kundera, sans doute, qui a trouvé la meilleure formule pour définir le sort des *Versets sataniques* : « *On a* », écrit-il, « *transformé une œuvre d'art en simple corps du délit* [1] ». Voilà bien, en effet, l'un des résultats les plus absurdes de l'affaire Rushdie : d'un côté, de la part des intégristes musulmans qui ont condamné Rushdie à mort, on n'a voulu voir dans ce roman qu'un blasphème, une hérésie, une offense au Prophète et à la communauté des croyants (la *Oumma*) ; de l'autre, chez la plupart de ceux qui ont défendu Rushdie, ce roman est devenu l'emblème d'une « liberté

1. Milan Kundera, « Le jour où Panurge ne fera plus rire », dans *Les Testaments trahis*, Gallimard : un texte essentiel, initialement paru dans le n° 39 de la revue *L'Infini*, – le premier, en France, à avoir brisé le silence de la critique sur la dimension *littéraire* du roman de Rushdie.

d'expression » inscrite dans les Droits de l'homme, et menacée par l'intolérance ; il n'est pas certain, dans les deux cas, que les *Versets sataniques* aient réellement été lus, et examinés dans leur dimension d'« œuvre d'art ». Tout au plus peut-on repérer que certains jugements apparemment littéraires (comme l'accusation d'« illisibilité ») n'ont guère, en l'occurrence, servi que d'alibi à la pure et simple lâcheté [2]. Tel est le paradoxe : l'un des romans les plus célèbres de la littérature contemporaine est aussi l'un des plus méconnus. D'où la nécessité, pour sortir de cette situation piégée, de considérer enfin Rushdie comme un écrivain, et les *Versets sataniques* comme un roman, – si l'on peut dire : un écrivain et un roman *comme les autres*.

Je ne me masque pas qu'il s'agit là d'un objectif pratiquement irréalisable : il est impossible, lorsque nous lisons aujourd'hui l'œuvre de Rushdie, de faire abstraction dans notre lecture même de ce que sa parution a déclenché, et de l'appréhender sans avoir en tête, à chaque instant, ne serait-ce qu'inconsciemment, la situation tragique de son auteur (la « réception », nous le savons, fait aussi partie de l'œuvre). Du moins puis-je tenter de réduire au maximum les préjugés (ou les présupposés de lecture) qu'une telle situation suscite : le temps est venu d'arracher les *Versets sataniques* à l'espace clos et réducteur du *polemos*, et aux mythologies (la « liberté d'expression » contre le « fanatisme », voire « l'Occident avancé » contre « l'Islam arriéré ») qui s'y sont greffées, et qui n'ont cessé d'en dévoyer la lecture.

---

2. Sans même parler de la condamnation du livre (décrété « illisible ») par le prince Charles (nettement plus compétent, apparemment, dans le domaine du camembert et du reblochon que dans celui du roman moderne), – on peut rappeler que cette même accusation est apparue, entre autres, sous la plume de l'écrivain anglais John Berger, qui mettait en balance ce « *mauvais livre* » avec les millions de musulmans dont il faut avoir le souci. Comme quoi l'on peut être à la fois un bon écrivain (les livres de Berger sont loin d'être « *mauvais* ») et un individu parfaitement méprisable.

Synopsis et structure

Les *Versets sataniques* sont composés de neuf parties.

La première partie, *L'Ange Gibreel*, commence par raconter la chute, après l'explosion de l'avion où ils étaient embarqués, de deux personnages d'origine indienne, Gibreel Farishta et Saladin Chamcha, qui descendent vers l'Angleterre tout en bavardant et chantant (d'emblée, un « pacte de lecture » est installé : nous sommes dans l'univers de la fantaisie, de l'imagination, de l'invraisemblable). Deux retours en arrière nous éclairent sur leur passé : l'un, Gibreel, acteur à succès du cinéma populaire indien, a subi dans sa vie une crise, une éclipse, à l'occasion de laquelle sa maîtresse, Rekha, s'est suicidée ; guéri, revenu à la vie, il a abjuré sa foi musulmane d'origine, avant de tomber amoureux d'une alpiniste anglaise, Allie Cone, qu'il allait rejoindre à Londres lorsque l'accident d'avion est survenu. Saladin, lui, au terme d'une crise familiale, a renié son identité indienne, et tenté de s'intégrer à la vie anglaise : il vit à Londres, où il est marié (à Pamela, une citoyenne britannique), et où il travaille comme « doublure » vocale dans des productions audiovisuelles médiocres ; son récent voyage en Inde a achevé de le persuader qu'il était devenu étranger à son pays natal. C'est un attentat terroriste qui a provoqué l'explosion de l'avion qui les ramenait de l'Inde vers la Grande-Bretagne.

La deuxième partie, *Mahound*, explicitement présentée comme un rêve de Gibreel, relate un épisode (contesté dans les versions orthodoxes de l'Islam) de la vie du prophète Muhammad, désigné ici sous son nom « diabolique », Mahound. Celui-ci, dans la ville de Jahilia, une « *cité de sable* », a été tenté, sous la pression plus ou moins directe d'une femme, Hind, de tolérer le culte local de trois déesses païennes, et de passer ainsi une sorte de compromis religieux avec la ville qu'il entend convertir. Se ressaisissant, après une lutte avec l'Ange qui a tenté de le corrompre, il assimile cet Ange (Gibreel, émanation de l'Esprit saint dans la tradition musulmane) à « *Chatyan* » (Satan), – et renie les « *versets sataniques* » que ce dernier lui a inspirés.

Dans la troisième partie, *Ellehoenne Dèèreheuèsse*, Gibreel et Saladin, échoués sur une plage après leur chute, sont recueillis par la vieille Rosa Diamond, dont l'histoire, emplie d'épisodes plus ou moins fantastiques, hallucinés, nous est racontée. Saladin, qui s'est peu à peu métamorphosé en diable (avec des cornes, une queue, des jambes de bouc, une haleine pestilentielle), retourne chez sa femme, Pamela, qui, le croyant mort, l'a déjà remplacé par un ancien camarade d'université, Jumpy Joshi. Gibreel, lui, plus ou moins fou, s'identifiant à l'Ange qui porte son nom, erre dans Londres, en proie à des visions fantasmagoriques. Allie Cone, l'alpiniste, elle-même hantée par le fantôme d'un homme rencontré dans l'Everest, retrouve Gibreel dans un parc.

La quatrième partie, *Ayesha*, raconte d'abord l'histoire d'un imam (portrait transposé de Khomeiny) qui, réfugié à Londres, prépare son retour dans son pays, pour l'heure dominé par l'impératrice Ayesha, son ennemie mortelle. Après avoir été transporté miraculeusement vers sa patrie, il combat Ayesha, et sort victorieux de cette bataille : le règne de l'Imam est décrété. Un second récit (désigné lui aussi comme un rêve de Gibreel) nous emporte au Pakistan. Un notable villageois, Mirza Saed Akhtar, voit un jour arriver dans sa vie une jeune fille, Ayesha, mystérieuse, épileptique, mangeuse de papillons, et convaincue d'être l'épouse spirituelle de l'archange Gibreel. Elle soumet à son pouvoir la femme de Mirza, et envoûte le village tout entier, avant d'annoncer aux villageois que Gibreel leur impose à tous le voyage à pied vers La Mecque, et que les eaux s'ouvriront devant eux. Mirza est impuissant à endiguer l'adhésion fanatique du peuple.

La cinquième partie, *Une cité visible et inaperçue*, revient sur l'histoire des deux personnages principaux. Chamcha, recueilli chez l'oncle de Jumpy, un restaurateur-hôtelier indien nommé Muhammad Sufyan, continue à subir des métamorphoses diaboliques, qui suscitent dans son entourage des réactions diverses. Après une ultime crise convulsive dans un musée de mannequins de cire transformé en boîte de nuit, il finit par retrouver sa forme humaine. Gibreel, lui, après avoir été recueilli par Allie Cone, est persécuté par le fantôme de Rekha. Il continue à avoir un comportement bizarre, délirant, – il parle tout seul, devient brutal, prétend « *voir Dieu* ». Au terme de plusieurs épisodes, dont la séparation avec Allie, il retrouve le monde du spectacle. Au cours d'une représentation, il disparaît : on le retrouve planant au-dessus de Londres, s'identifiant à l'Ange exterminateur chargé de pourchasser le Mal absolu, et rêvant de « *tropicaliser* » la capitale. Cette vision se matérialise.

La sixième partie, *Retour à Jahilia*, évoque la façon dont le prophète Mahound, vieilli, revient dans la ville des « versets sataniques ». Il édicte les lois coraniques, implacables, et prétend qu'elles lui sont imposées par l'ange Gibreel. Son scribe, Salman, qui doute du caractère divin de cette inspiration, truque la dictée du Prophète, mais finit par être confondu. La ville de Jahilia s'est apparemment convertie à la Loi nouvelle, mais de façon insincère. Dans un bordel de cette ville, douze prostituées prennent la forme et l'identité des douze épouses du Prophète, et connaissent grâce à cela un énorme succès. Baal, le poète satyrique, qui a chanté la gloire de ces femmes, est condamné par Mahound. Au moment où celui-ci meurt, sa dernière vision est celle d'Al-lat, la déesse païenne qu'il avait tolérée puis rejetée dans l'épisode des « versets sataniques ».

La septième partie, *L'Ange Azrael*, nous relate comment Saladin recouvre son ancienne identité. Il retrouve Gibreel, et une jalousie féroce s'installe entre eux. Gibreel semble de plus en plus fou, et Saladin le persécute au téléphone, en déguisant sa voix. Dans un climat de désordres et d'émeutes intercommunautaires, Gibreel poursuit sa « mission » purificatrice, et, armé de sa trompette Azrael, combat le mal en incendiant tout ce qu'il touche. Gibreel et Saladin, qui se sont rejoints, s'évanouissent dans le feu ainsi allumé.

La huitième partie, *Le Partage de la mer d'Arabie*, raconte le voyage des pèlerins, guidés par Ayesha, vers La Mecque. Mirza Saed, qui a tenté en vain de les dissuader, les accompagne, en essayant par tous les moyens de les corrompre et de les détourner de leur but. La présence des pèlerins sème le trouble dans tous les lieux qu'ils traversent ; arrivés au bord de la mer d'Arabie, ils se précipitent dans l'eau, qui les engloutit. Seuls les « sceptiques » (dont Mirza) sont sauvés de la noyade collective, – mais, de façon inattendue, ils affirment avoir vu réellement la mer s'ouvrir. Mirza Saed, revenu chez lui, meurt ; dans son agonie, il a la vision de son ennemie Ayesha, et s'unit à elle.

La neuvième partie, *Une lampe magique*, évoque le retour de Saladin à Bombay, à l'occasion de la mort de son père ; il se réconcilie *in extremis* avec celui-ci, et décide de se réapproprier l'identité indienne qu'il avait rejetée. Il se mêle, notamment, à la vie intellectuelle et politique de son pays. Gibreel, lui aussi, est retourné à Bombay (pour y tourner un film), – de même qu'Allie Cone. Gibreel, toujours aussi déséquilibré, assassine Allie Cone, et se retrouve chez Saladin, où il finit par se suicider avec un pistolet issu d'une « lampe magique ». Saladin regarde par la fenêtre, et dit adieu à son passé.

Un tel résumé ne saurait, évidemment, donner qu'une idée très réductrice d'un récit étonnamment foisonnant, baroque, où prolifèrent les personnages, les anecdotes, les épisodes et les micro-récits qui se greffent aux lignes narratives principales. Du moins permet-il de saisir, d'abord, la dimension de fiction affichée des *Versets sataniques*, dans tout le débridement d'une imagination sans bornes, délivrée de tout souci de vraisemblance réaliste ; de faire percevoir, ensuite, que le roman obéit à une structure très stricte : selon le modèle de l'*entrelacement*, une intrigue centrale (l'histoire de Gibreel et de Saladin) alterne avec deux récits secondaires (l'histoire de Mahound, et celle des pèlerins). Ces deux récits, tout à la fois, sont articulés à l'intrigue dominante (ils apparaissent comme des rêves de Gibreel, donc structurellement comme des enchâssements), et possèdent une relative autonomie (l'intrigue centrale pourrait exister sans eux, et à quelques paragraphes près ils pourraient exister sans elle). En fait, ils fonctionnent surtout comme des contrepoints narratifs, – susceptibles, ainsi que l'a vu Kundera dans le texte que je citais [3], de donner une profondeur et un éclairage (« mythiques ») au récit focalisé sur Gibreel et Saladin.

L'ART DE LA COMPOSITION

Un tel foisonnement narratif implique, bien entendu, pour ne pas verser dans le « chaos », un art très élaboré de la composition : les *Versets sataniques*, sur ce point, s'inscrivent parmi les quelques grands romans contemporains où l'on peut déceler une équivalence littéraire des principes musicaux de la « Grande Forme » (je l'avançais dès l'introduction de ce livre : c'est probablement l'un des traits caractéristiques des plus grands romans actuels que la composition, au sens quasi musical du mot, soit devenue le lieu de la plus grande inventivité, selon des voies ouvertes par Proust, Broch, Faulkner, mais qui ne cessent de s'étendre et de se complexifier, – ce que l'on va retrouver, dans les chapitres qui suivent, à propos des œuvres de Philip Roth, Milan Kundera, Mario Vargas Llosa, Claude Simon, Danilo Kiš, Alain Robbe-Grillet, Carlos Fuentes). En ce qui concerne le roman de Salman Rushdie, cet art compositionnel s'attache d'abord, manifestement, à la structuration d'ensemble que je viens d'évoquer (c'est Milan Kundera, encore, qui en a dégagé la formule :

3. Kundera, *op. cit.*

A - B - A - C - A - B - A - C - A, – dont il suggère l'analogie avec la forme musicale du *rondo*). Mais le plus important est sans doute la micro-composition, c'est-à-dire l'art d'établir, entre les différentes séquences, toute une gamme de rappels, de retours, de liaisons souterraines, d'échos à distance, qui assurent l'unité de l'ensemble au-delà de la fragmentation narrative, et suscitent un effet de solidarité (en termes musicaux : des « reprises ») qui excède les simples raccords fonctionnels exigés par les intrigues.

Cela peut prendre plusieurs formes :

— D'abord, des proximités thématiques, surgissant dans toutes les parties de l'œuvre (par exemple : le thème du fanatisme, ou celui de la lutte entre la pureté et la corruption, que l'on retrouve dans chaque séquence). Mais aussi des analogies de motifs : c'est ainsi que Hind, dans la deuxième partie, tente de « corrompre » Mahound comme Mirza, dans la huitième, tente de corrompre Ayesha ; que le motif de l'émeute apparaît lors du retour de l'Imam dans son pays, mais aussi à Londres autour de Saladin, et en Inde lors du passage des pèlerins ; qu'Allie Cone est poursuivie par le fantôme de l'alpiniste, comme Gibreel par celui de Rekha, et Rosa Diamond par ceux de son passé argentin ; que Mahound, au moment de mourir, « voit » Al-lat (la déesse païenne qu'il a combattue), comme Mirza Saed moribond « voit » son ennemie Ayesha.

– Ensuite, l'identité (ou la coïncidence) de certains noms, s'appliquant à des personnages relevant de séries narratives différentes, et qui du reste ne se ressemblent aucunement : la femme qui tente Mahound se nomme Hind, comme l'épouse de l'homme qui, à Londres, héberge Saladin ; l'Impératrice que combat l'Imam se nomme Ayesha, comme la jeune fille mystique du village pakistanais, et aussi comme l'une des épouses de Mahound ; Mishal est à la fois le nom de l'épouse de Mirza Saed, et celui de l'une des filles de Sufyan et de Hind. De telles coïncidences, qui n'ont aucune fonction dans la fiction, ne sont pas sans brouiller légèrement l'identité des personnages, et l'effet d'illusion qui leur est attaché, en introduisant un discret coefficient d'indifférenciation.

– Enfin, la réapparition ou la réincarnation, plus ou moins transposée, de certains personnages, qui passent parfois d'une série narrative à une autre. C'est ainsi que Gibreel, à Londres, rencontre Baal, le poète vivant à Jahilia à l'époque de Mahound ; que l'Imam, lors de son triomphe, entrevoit Al-lat, la déesse païenne qui à un instant fait fléchir le monothéisme strict du Prophète ; que l'un des gardes du corps du même Imam se nomme Salman, et qu'il occupe auprès de lui la même place structurale que l'autre Salman, le scribe de Mahound, dans un autre temps et un autre espace ; que Gibreel, encore, voit dans certaines prostituées londoniennes la résurrection des douze putains du bordel de Jahilia.

Ces échos, pour la plupart, ne répondent à aucune nécessité dans l'ordre de l'intrigue, sinon celle d'indiquer, allusivement, que les récits secondaires sont bien des rêves de Gibreel, soumis comme tous les rêves à une transposition d'éléments diurnes, et à une logique de déplacements et de condensations. Mais leur rôle essentiel concerne la narration : ils font d'elle, en somme, une sorte de texture musicale, dont la cohésion est partiellement assurée par cette ponctuation d'accords, de résurgences, de courts-circuits ; ce qui, tout à la fois, interdit à la fiction de trop s'éparpiller, et assure à la nappe narrative un certain chatoiement (des « reflets » à distance).

Le fantastique

Les *Versets sataniques* regorgent de prodiges (les papillons sur le corps d'Ayesha), de motifs légendaires (la « *lampe magique* »), de miracles (l'ouverture de la mer devant les pèlerins), de métamorphoses (la transformation de Saladin en diable, et de Gibreel en ange), d'événements inexplicables ou saugrenus (l'apparition d'une autruche sur une plage anglaise, la « *tropicalisation* » de Londres), d'êtres hybrides (l'homme à tête de tigre rencontré par Saladin à l'hôpital), d'épisodes surnaturels (le vol de l'Imam vers Desh), de fantômes (celui de Rekha, celui de l'alpiniste, et même, un instant, celui de Guillaume le Conquérant). Cette irruption d'éléments irrationnels au sein d'un univers par ailleurs figuré selon certains codes de la vraisemblance réaliste définit, dans notre culture, un genre bien répertorié : celui du fantastique.

Encore convient-il de préciser ce terme. Si l'on s'en tient, par exemple, aux définitions proposées par Todorov [4], le fantastique procède d'un effet de lecture, en ce sens qu'il repose sur l'indécision du lecteur quant à la nature d'événements qui semblent contredire les lois du monde auxquelles nous sommes habitués ; en quoi il se distingue du « merveilleux » (qui suppose l'acceptation préalable du surnaturel dans le pacte de lecture, comme ces fables et ces contes où les animaux parlent), et de l' « étrange » (où le lecteur sait d'avance qu'il existe une explication rationnelle à ce qu'il lit). Ce qui n'empêche pas, toujours selon Todorov, le fantastique (ce moment d'indécision du jugement) de pouvoir se conclure par le merveilleux (c'est-à-dire l'acceptation finale du surnaturel), ou par l'étrange (l'irrationnel finit par s'expliquer : soit de façon objective, par une machination, une mise en scène ; soit de façon subjective, comme l'effet d'un rêve, d'un délire, d'une hallucination).

Or, ce qui frappe, à la lecture des *Versets sataniques*, c'est que TOUS ces registres sont mobilisés (je ne vois guère, dans toute la littérature contemporaine, que le roman de Fuentes, *Terra Nostra*, pour manifester une telle pluralité des « pactes de lecture », qui ramène à sa juste mesure les procédés simples du « réalisme magique » latino-américain). Ainsi, la chute de Gibreel et de Saladin, qui ouvre le livre, et oriente donc l'atti-

4. Tzvetan Todorov, *Introduction à la littérature fantastique*, Seuil, coll. « Poétique ».

tude du lecteur, relève d'une fantaisie que nous devons accepter comme telle, c'est-à-dire du merveilleux. La plupart des visions de Gibreel, qu'elles appartiennent aux séquences de rêve ou au récit de son parcours à Londres, s'expliquent à l'inverse par sa folie, son délire, – et lui-même finit par l'admettre (même si le volume qu'elles occupent dans l'ensemble du roman est disproportionné par rapport à cette explication rationnelle). L'indécision, parfois, est maintenue jusqu'au bout : la conviction des rescapés de la noyade, qui prétendent avoir vu la mer s'ouvrir, interdit de discerner s'il s'agit d'un miracle ou d'une hallucination collective ; et rien ne permet de trancher, en lisant la séquence finale de la septième partie, pour savoir si l'incendie provoqué par Gibreel doit être pris au premier degré, ou perçu comme un effet de son délire. Il n'est pas jusqu'à l'accumulation des explications possibles (plusieurs hypothèses, par exemple, sont énumérées pour interpréter la métamorphose de Saladin) qui ne fonctionne comme un brouillage supplémentaire : renforçant l'ambiguïté de la lecture (par leur nombre, leur caractère incompatible) au lieu de la dissiper.

Certaines de ces séquences fantastiques, par ailleurs, pourraient sembler relever de l'*allégorie*, – genre qui, à suivre Todorov, échappe *a priori*, par le protocole symbolique qu'il implique, au « fantastique pur » (si l'on voit arriver, dans un récit, un squelette armé d'une faux, aucune indécision n'est possible). Dans les *Versets sataniques*, les personnages monstrueux (mi-hommes, mi-animaux) ne sont peut-être que l'allégorie du caractère hybride de l'identité ou de la culture des immigrés ; la lutte de l'Imam et de l'Impératrice pourrait être la transposition symbolique du choc de deux politiques, ou de deux conceptions du monde. Mais cela même n'est qu'une interprétation possible, *parmi d'autres* ; rien, dans l'écriture de Rushdie, n'autorise à la privilégier : il pourrait s'agir, tout aussi bien, d'éléments « étranges » (visions ou hallucinations des personnages principaux), d'éléments « merveilleux » (prodiges à accepter comme tels), ou de « fantastique » proprement dit (à maintenir dans l'indécision).

Car telle est la singularité du roman de Rushdie, dans ce registre : même lorsqu'il inscrit une explication des phénomènes invraisemblables, celle-ci n'est pas à proprement parler une clé, ou plutôt elle n'est qu'une clé virtuelle. La précision et l'ampleur, par exemple, des « visions » de Gibreel font que le lecteur est amené à y adhérer, et que leur interprétation finale (par le délire) ne suffit pas à le délivrer rétroactivement de cette adhésion : elle peut aussi être lue comme une pirouette, insuffisante à le démentir ou à le rassurer. Si bien que Rushdie, dans les *Versets sataniques*, ne cesse de brouiller les cartes, de déstabiliser le lecteur, de troubler les pactes de lecture, dont aucun n'est fixe et définitif. En somme, pour reprendre un terme de Roland Barthes, aucune « bathmologie » n'est ici rendue possible : la frontière entre les « degrés » (de réalité ou de crédibilité) est délibérément perturbée. Autrement dit, et c'est probablement le ressort profond de l'art de Rushdie, le seul régime qui ordonne ces séquences est celui, systématique, de l'*ambiguïté*.

L'INCERTITUDE

La fiction des *Versets sataniques*, comme je l'ai suggéré, s'inscrit dans l'Histoire, – en ce sens qu'elle est soumise, ne serait-ce que partiellement, à un code de vraisemblance propre à nous faire reconnaître la vérité attestée du référent. Surgissent dans le roman, ainsi : les manifestations contre la guerre du Viêt-nam dans les années soixante ; les magouilles et combines immobilières dans l'Occident d'aujourd'hui ; le sort des différentes couches sociales à Bombay ; les tensions inter-communautaires dans l'Angleterre contemporaine ; le monde du spectacle et du show-business (figuré aussi bien à Londres, à travers notamment les personnages de Hal Valance et Billy Battuta, qu'en Inde, lieu des films *kitsch* d'inspiration religieuse ou folklorique). Ce registre « réaliste » (c'est-à-dire : jouant sur un effet de reconnaissance) touche aussi, dans les *Versets sataniques*, la représentation de la vie quotidienne : les personnages sont tous sociologiquement situés, les codes vestimentaires, alimentaires, etc., sont explicitement indiqués ; il n'est pas jusqu'aux « petits détails » non fonctionnels (inutiles à l'intrigue) qui ne soient présents, disséminés dans chaque séquence, pour assurer, comme l'avait analysé Roland Barthes [5], un « *effet de réel* » destiné à soutenir et entretenir l'illusion représentative.

Et pourtant, ce code de vraisemblance réaliste est sans cesse déstabilisé, soumis au soupçon. D'abord, bien évidemment, par les procédés du « fantastique », que je viens d'évoquer. Mais aussi, et c'est plus retors, par une singulière ambiguïté concernant le statut de la voix narrative : il est assez difficile de repérer, au long du roman, *qui* raconte ces histoires enchevêtrées, et cette indécision même contribue à la déréalisation, en interdisant que la crédibilité de la fiction soit garantie par une voix stable, fixe, identifiable. Dans la plupart des séquences, le narrateur des *Versets sataniques* a un statut technique de « narrateur effacé », – ou plutôt, car le terme peut prêter à confusion, de narrateur non présent dans la fiction en tant que personnage ; mais cette instance extérieure épouse le plus souvent le point de vue des personnages de façon telle qu'il empêche de distinguer clairement entre la « vérité objective » (celle, du moins, qu'autorise le code de vraisemblance réaliste) et la « vérité subjective » (celle qui relève du délire ou de l'hallucination des personnages ainsi vus de l'intérieur) ; une telle hésitation, par exemple, ne cesse de se produire lorsque le récit se focalise sur la vision de Gibreel. La vérité, ainsi, apparaît comme fuyante, indécise, – comme dans cet

5. Roland Barthes, « L'effet de réel », dans *Le Bruissement de la langue*, Seuil.

épisode où Rosa Diamond, mourante, ne sait pas, à propos d'une question cruciale (a-t-elle ou non fait l'amour avec Martin de la Cruz ?) quelle vérité choisir.

Il arrive même, souvent, que plusieurs interprétations d'un même fait soient proposées successivement, sans rien qui permette de trancher de façon absolue : tel est le cas des métamorphoses de Saladin, qui sont présentées, notamment, comme pouvant relever aussi bien de la conception d'Ovide que de celle de Lucrèce, – alors qu'un autre personnage n'hésite pas à en donner une explication idéologique. Il faudrait concevoir, en fait, que les *Versets sataniques* impliquent PLUSIEURS régimes de crédibilité susceptibles de coexister (c'est là, soit dit en passant, ce qui rapproche le roman de Rushdie d'un récit comme *La Contrevie*, de Philip Roth, où, à travers les procédés très différents, un effet équivalent est obtenu). On peut noter que cette pluralisation de la vérité, dans la fiction même, est « mise en abyme » de façon négative, par les personnages qui ne peuvent la supporter : le Prophète, ou l'Imam, qui opposent « leur » vérité (unique, stable, définitive) au monde des mensonges et des illusions, – ou encore Allie Cone, qui va chercher « la » vérité dans ses expéditions en Himalaya, parce que celle-ci a déserté le monde où elle vit.

Le plus troublant, c'est que les interventions explicites du narrateur ne font qu'apporter un peu plus d'incertitude quant aux situations évoquées, au lieu de les éclairer. C'est le cas, par exemple, lors de la rencontre de Gibreel et Saladin à Londres, après leur séparation, – où un long *a parte* du narrateur, censé expliquer leur situation, ne fait guère qu'en donner une explication équivoque, contradictoire. Et même, il arrive que ces différents événements au statut incertain ou indécidable soient désignés comme relevant de la fiction (c'est là, notons-le, ce qui rattache les *Versets sataniques* à un principe canonique de la modernité : afficher l'écriture en tant que telle, exhiber le processus de la narration, pour déstabiliser la représentation).

Ce processus, ce sont parfois les personnages eux-mêmes qui l'assument, – comme dans ce passage où l'homme à tête de tigre explique la métamorphose de ses compagnons par le fait qu'ils sont soumis à la représentation des autres (« *Ils nous décrivent... C'est tout. Ils ont le pouvoir de la description, et nous succombons aux images qu'ils construisent* ») ; ou comme dans cette séquence particulièrement démystificatrice, qui ne serait pas déplacée dans un Nouveau Roman, ni dans une nouvelle de Borges, où il est dit : « *Gibreel pensa qu'il y avait des personnages fictifs partout où il allait, des personnages qui se faisaient passer pour des êtres réels.* »

Et lorsqu'il arrive, comme chez Sterne ou Diderot, que le narrateur surgisse ironiquement dans son propre récit, – ce n'est guère que pour en révéler l'arbitraire. Par exemple, à propos de Gibreel et de Saladin : « *Il aurait dû leur paraître évident que des Puissances supérieures s'intéressaient à eux, et de telles puissances (je parle naturellement de moi) ont une attitude malicieuse, presque capricieuse, envers les mouches qui tombent.* » Ou encore, à ce tournant du récit où le narrateur, sortant de l'ombre, nous livre un véritable monologue sur sa création : « *Je ne dirai rien. Ne me demandez pas d'expliquer les choses. Les règles de la Création sont assez claires : on met des choses en route, on les fait comme ceci ou comme cela, et on les laisse suivre leur chemin. Où est le plaisir si on intervient toujours pour donner des indices, changer les règles, truquer les combats ?* » – etc. Inutile d'insister sur l'ironie de tels passages (rares mais décisifs) où l'écriture parle d'elle-même ; où l'on voit le narrateur s'assimiler à un démiurge, presque un dieu, et simultanément se dérober à toute logique, exhiber comme tels les pièges ou les artifices de la narration.

Ce statut équivoque du narrateur, à la fois présent et fuyant, est un des éléments majeurs qui interdisent de réduire les *Versets sataniques* à un « message », à une vérité unique et stable : toute « vérité », ici, est toujours susceptible d'être contredite, relativisée, soumise à un principe d'incertitude, ou désignée dans sa dimension de fiction. Kundera l'a très bien vu, en désignant le scandale que représente pour l' « *esprit théocratique* », non le blasphème, mais la nature même de l'art du roman, depuis Rabelais et Cervantes : « *Un infernum* », écrit-il, « *où la vérité unique est sans pouvoir et où la satanique ambiguïté tourne toutes les certitudes en énigmes*[6] ». Or, cette opposition de deux régimes (celui des théocraties ou des idéologies, c'est-à-dire la vérité fixe et unique, et celui de la littérature, c'est-à-dire la vérité incertaine et multipliée), – il faut noter qu'elle est évoquée, au sein même de la fiction des *Versets sataniques*, par une série d'allusions pouvant se lire comme une autre sorte de « mise en abyme » : ce n'est pas un hasard si le lieu où Mahound, le Prophète, cède sur « sa » vérité, et reconnaît un temps les Déesses de Jahilia, est précisément désigné comme la « *tente des poètes* » ; pas un hasard non plus si, plus tard, c'est encore un poète, Baal, qui opposera le statut de ce qu'il écrit (et qui métaphorise ici la littérature dans son ensemble) à la « *vérité unique* » soutenue par le Prophète ; et c'est le scribe de celui-ci (un personnage nommé, remarquons-le, Salman !) qui truquera la dictée de son maître, – laissant ainsi entendre que tout texte (même le plus sacré) est en définitive soumis aux pouvoirs et aux ruses de l'écriture, c'est-à-dire au principe d'incertitude.

La relativité des points de vue

Kundera, encore, a parfaitement décrit comment les accusations portées par la théocratie iranienne contre les *Versets sataniques* procèdent, en fait, d'une incompréhension de ce qu'est un roman, c'est-à-dire d'une erreur de lecture : celle qui consiste à ramener le livre de Rushdie à un « message » (blas-

6. Kundera, *op. cit.*

phématoire), – alors qu'il procède d'un art de la relativité généralisée, puisque le roman est précisément cet art où « *tout jugement moral est suspendu*[7] ». Il souligne, par exemple, que les séquences incriminées, celles qui décrivent le Prophète à Jahilia, sont désignées dans le roman comme des rêves de Gibreel (un personnage à l'esprit pour le moins troublé), et aussi comme un film de pacotille dans lequel il va tourner : donc, doublement distanciées. On pourrait ajouter que l'emboîtement des récits (comme dans le *Manuscrit trouvé à Saragosse* de Potocki, ou dans certains films de Buñuel) produit un « décrochage » supplémentaire, qui interdit de prendre quelque récit que ce soit au premier degré. Ainsi, dans les séquences de Jahilia, il est clairement indiqué que Gibreel rêve de Mahound qui rêve de Gibreel : « *L'archange* », écrit Rushdie, « *est en fait à l'intérieur du Prophète... Il est impossible de dire lequel des deux rêve l'autre* » (notons en passant le caractère *borgésien* de cette situation).

Mais un autre élément de trouble, ou de déstabilisation, concerne le statut même des personnages, ce « roc » de la narration classique. Rushdie, ici encore, appartient d'évidence à l'espace de la modernité, en ce sens qu'il a enregistré « l'ère du soupçon », et qu'aucune des conventions de la narration romanesque n'est chez lui traitée de façon innocente ; il y a bien, dans son roman, des personnages, nommés, identifiables, caractérisés, – mais, si l'on peut dire, dé-naturalisés. D'où, par exemple, le caractère précaire, indécis, de leur identité, marqué par leurs métamorphoses ; ou encore, par l'étrange façon dont ils peuvent se contaminer réciproquement (Gibreel, par exemple, « entre » dans l'univers mental de Rosa Diamond : c'est sa fièvre à elle qui suscite chez lui des visions ou des apparitions), ou échanger certains de leurs attributs (la « *mauvaise haleine* », qui caractérise Gibreel au début du récit, et qui n'est peut-être que la métaphore de sa culpabilité à

7. *Id.*

avoir renié l'Islam, « mangé du porc », se transfère sur Saladin au moment où celui-ci se métamorphose en diable). Quant aux putains du bordel de Jahilia, elles s'approprient l'identité des douze épouses du Prophète d'une façon qui va bien au-delà d'un simple déguisement. Tel est, en bref, le statut *suspendu* du personnage dans l'art romanesque de Rushdie : suffisamment élaboré pour que l'on puisse « y croire », mais en même temps assez menacé pour que cette croyance vacille.

Il faut noter, en outre, que la pluralité ou variabilité des points de vue (procédé bien connu, de Laclos à Faulkner, pour relativiser le sens des événements de la fiction) ne fait ici que renforcer cet effet généralisé d'incertitude. C'est ainsi qu'au moment où le récit tend à nous faire admettre, en se focalisant sur Gibreel, que celui-ci est en contact avec Dieu, et lui parle, – Allie Cone, présente dans la scène, se contente de le voir en train de parler tout seul. De même, de nombreux épisodes de la série du pèlerinage (l'apparition et la disparition des papillons, les inondations, les prodiges) revêtent un sens tout à fait différent selon qu'ils sont vus par les croyants, les villageois fanatisés, ou par les sceptiques. Certains faits, même, tels que le nuage de papillons qui enveloppe le cortège, ou l'ouverture de la mer, sont « vus » par certains personnages (les pèlerins), alors qu'ils sont invisibles pour d'autres (les témoins). Le plus important : aucun de ces points de vue, dans le roman, n'est dominant, – c'est même en quoi les *Versets sataniques* échappent au paradigme simple de l' « illusion » et de la « désillusion ». Ce n'est donc pas seulement, en définitive, le jugement moral, ici, qui est suspendu : c'est aussi, encore une fois, le « degré de crédibilité » de ce qui est figuré dans la fiction.

Modalités de la poly-appartenance

L'Imam, à Londres, est en exil. « *Qu'est-il ?* », écrit Rushdie, « *Un exilé. Terme qu'il ne faut pas confondre avec tous les autres mots que les gens emploient à tort et à travers : émigré, expatrié, réfugié, immigré, silence, ruse*[8]*. L'exil est un rêve de retour glorieux* (...) *C'est un paradoxe sans fin : regarder devant soi en regardant toujours derrière soi.* »

J'ouvre ici une parenthèse : cette confusion des termes, pointée par le roman, c'est celle qui, le plus souvent, interdit de penser l'expérience (de plus en plus banale dans notre siècle, et en passe de devenir généralisée) de ceux qui, par migration voulue ou imposée, vivent une situation de pluriculture, ou mieux : de poly-appartenance. Une situation où il faudrait tenir compte, dans chaque cas, de la façon dont est vécue la traversée, dont est affrontée subjectivement l'incontournable question de l'origine, dont est assumée la double ou triple appartenance ; le discours politique courant est sur ce point particulièrement inepte, qui se contente de clichés sur l' « identité », voire de réductions de l'identité à l'origine, là où la vraie question serait plutôt celle de l'*identification* (terme à entendre, aussi, selon ses résonances psychanalytiques, mettant en jeu l'imaginaire) – conçue comme un processus, et non un « état » ; ou mieux encore : un processus tout à la fois singulier et interminable.

Il revient au roman, encore une fois, d'apporter un peu de vérité là où les autres systèmes de représentation ou d'intelligibilité (politiques, idéologiques) échouent. En ce sens, l'un des mérites majeurs des *Versets sataniques* est d'être précisément le roman qui explore le mieux, en tous sens, les différentes attitudes induites par cette expérience de la poly-

8. Allusion, bien entendu, à la célèbre formule de Joyce définissant les seules « armes » possibles : « *Le silence, l'exil, la ruse* ».

appartenance, et par les chocs ou les secousses (d'ordre subjectif ou culturel) qui en sont le corollaire. C'est ainsi que sont déclinées, dans ce roman, à travers différents personnages, les diverses façons de vivre (et de concevoir) cette expérience [9]. On peut distinguer, ainsi :

1. L'attitude de l'Imam exilé, qui ne rêve que de retour, idéalisant sa patrie (selon le schéma de l' « origine pure »), et pour qui tout ce qui est étranger, y compris le lieu où il réside provisoirement, est synonyme de corruption (« *En exil toute tentative d'enracinement est comme une trahison : c'est un aveu d'échec* »). C'est aussi, d'une certaine façon, l'attitude de Hind, l'épouse de Sufyan : nostalgique de son Inde natale, transfigurée en paradis perdu, elle ne peut percevoir Londres que comme une ville diabolique.

2. L'attitude, inverse, de Saladin, qui, aliéné à la culture des colonisateurs, a renié son origine, et voulu sans réserve « devenir » anglais. Cette dénégation, bien évidemment, ne peut que produire des effets de retour du refoulé, et ce qui est expulsé de l'imaginaire (voire du symbolique : il transforme son nom) ne peut que resurgir dans le réel : à Londres, il reste un métèque (ce que symbolise, d'une certaine façon, sa « diabolisation »), ne réussit à trouver qu'un travail médiocre, mutilant (il n'est utilisé que pour sa voix, pas pour son corps : allégorie du clivage qu'il a refusé d'assumer et de traiter) ; et lorsqu'il revient en Inde, ses anciens amis se moquent de lui (pour eux, il est « *un Indien traduit en anglais* »). L'échec de son utopie d'intégration produira, logiquement, un effet de régression, concrétisé par son retour au bercail final, – au terme d'un long règlement de comptes avec l'*imago* paternelle, d'abord rejetée, puis, en désespoir de cause, réappropriée.

3. L'attitude des immigrés qui vivent leur dualité culturelle comme quelque chose de déchirant, ou de monstrueux, – ce

---

9. Je me permets, sur la question de la poly-appartenance, de renvoyer à mon essai, « Sur le nationalisme », paru dans le n° 2 de la revue *La Règle du jeu*.

que symbolisent les êtres hybrides, mi-hommes, mi-animaux, rencontrés par Saladin à l'hôpital : finissant par adhérer à la vision que les autres (les autochtones) ont d'eux.

4. L'assimilation apparemment réussie : c'est le cas du Juif Cohen, devenu Cone, le père d'Allie, qui s'est fondu dans le *melting pot*, – ou encore celle des filles de Sufyan, Mishal et Anahita, tout à fait à l'aise dans la sous-culture « pop » des rues londoniennes. Cette aisance de surface se paye logiquement d'un déficit éthique et culturel (rançon de la forclusion de l'origine) : Cone est soupçonné d'adhérer à certaines valeurs esthétiques (de Picabia à Marinetti) pas tout à fait exemptes de connotations fascistes, – tandis que les filles de Sufyan seront vite désarmées devant le premier séducteur venu.

5. L'attitude de ceux qui ne peuvent surmonter le drame de leur situation d'immigrés qu'en se soudant autour de leur communauté d'origine, et en rêvant de subvertir, ou de dominer, leur communauté d'accueil : reproduisant ainsi en Occident le « communalisme » (le plus souvent meurtrier) qui ronge aussi un pays comme l'Inde ; attitude tribale, clanique, impuissante à soutenir le lien social (les incidents violents liés à la mort du Dr Uhuru Simba), – dégénérant facilement, à partir des ghettos de l'Angleterre thatchérienne, en affrontements intercommunautaires.

6. L'attitude de ceux, au contraire, qui acceptent le « pluralisme » de leur situation d'émigrés (Sufyan) ; à quoi l'on peut rattacher l'attitude de Zeeny, l'amie de Saladin, restée en Inde, mais s'opposant farouchement à l'idéalisation de l'origine, aux fantasmes de pureté initiale, au culte de l'authenticité, à la « *camisole de force folklorique* ». Pour elle, l'origine est forcément impure, la culture indienne est elle-même faite de greffes, d'hybridations, d'emprunts (parmi lesquels la « strate » anglaise, coloniale, n'est pas à dénier), qu'il faut assumer : c'est un « *éclectisme validé par l'histoire* », – dont l'emblème, dans le roman, est cet art pictural des Moghols : où

plusieurs artistes, de provenances diverses, collaboraient au tableau, inscrivant en lui, sans les fondre, une diversité de styles et de références.

Or, si cette pluralité d'attitudes n'est évidemment pas résolue sur le plan de la fiction, il est significatif de constater qu'il n'en va pas de même pour la narration : la dernière attitude (celle de l'impureté assumée) pourrait bien se retrouver dans l'écriture même de Rushdie ; où se mêlent, sans tout à fait se confondre, les références occidentales (notamment cet « art du roman » indissociable du principe d'ambiguïté ou d'incertitude, – mais aussi l'écho insistant de William Blake), les références islamiques (ce n'est pas sans raison que Kundera entrevoit dans les séquences de rêve tout le charme de la poésie du monde culturel musulman) ou pré-islamique (Jahilia est l'autre nom de *Jâhiliyyah*, période qui a précédé l'Islam en Arabie, et dont la tradition poétique est ici ressuscitée [10]), – et aussi le *background* proprement indien (l'univers légendaire et fabuleux qu'évoquent les *Versets sataniques*, avec ses précipitations de métamorphoses, d'apparitions, de réincarnations, n'est pas sans évoquer le foisonnement épique du *Mahâbhârata* et du *Râmâyana*). Autrement dit, et c'est là quelque chose d'inouï dans la littérature contemporaine : tout se passe comme si le roman de Rushdie mettait en scène, dans la fiction, les différents échecs de l'hybridation culturelle, – alors même, paradoxalement, qu'il en assumait la réussite dans la narration.

---

10. Sur les relations (tout à la fois de continuité et de conflit) entre la poésie orale de *Jâhiliyyah* et la culture islamique, voir les passionnantes conférences prononcées par le poète arabe Adonis au Collège de France en 1984, – publiées, sous le titre *Introduction à la poétique arabe*, par les éditions Sindbad (coll. « La Bibliothèque arabe »).

Le sacré et le jeu

La stupéfaction qui, au-delà du premier réflexe d'indignation, nous a saisis à propos de la *fatwa* prononcée contre Rushdie, procède principalement de ceci : nous n'avons pu la percevoir que comme le résultat d'une mentalité anachronique, dans la mesure où l'Occident a depuis longtemps accepté l'existence (et la valeur) d'œuvres qui *jouent* avec le référent religieux, – ou plus précisément qui considèrent la religion comme un matériau, ou une culture, susceptible d'être *traitée* (avec plus ou moins d'irrespect) indépendamment de tout effet de croyance. Pour nous en tenir au XXe siècle, la littérature (par exemple, la dimension théologique de l'œuvre de Joyce) mais aussi le cinéma (que l'on songe à Buñuel, à Pasolini) nous donnent ainsi de nombreux exemples de parcours artistiques tout à la fois impliqués dans le référent religieux, et complètement distants (voire ironiques) envers la foi, ou l'acceptation du dogme comme vérité.

Or c'est à cela, de toute évidence, qu'il faut rattacher le roman de Rushdie : il *joue* avec les thèmes coraniques, et par là même échappe complètement au face à face de l'orthodoxie et de l'hérésie ; et c'est ce jeu (susceptible de traiter le dogme au second degré) qui est intolérable à l'intégrisme, précisément parce qu'il ne se situe pas sur son terrain, qu'il échappe à ses catégories simples, manichéennes. « *Là où il n'y a pas de croyance, il n'y a pas de blasphème* », dit le narrateur à propos d'une séquence irrespectueuse (celle de l'identification des douze putains aux douze épouses du Prophète) : cette formule pourrait être lue, en creux, comme la définition même de l'art du roman.

D'où, par exemple, le traitement critique d'un certain nombre de comportements religieux : celui de l'Imam, adepte de la pureté de la foi (il tonne contre l'hypocrisie de l'Aga Khan qui prétend que le champagne se change en eau dès qu'il touche ses lèvres !), et qui fonde sa Révolution non contre un régime politique particulier, mais contre l'Histoire en tant que telle (interprétation radicale de la définition du Coran comme « sceau des prophéties » : l'Histoire n'a plus de raison d'être, et toute mutation ne peut être conçue comme une corruption). Celui de Mahound, amené à édicter des règles de plus en plus strictes concernant tous les aspects de la vie quotidienne, comme s'il s'acharnait à détruire toute distinction entre le domaine du « profane » et celui du « sacré » (acharnement que Salman, le scribe, a tendance à ramener aux obsessions personnelles du Prophète, et dont il remet en cause le caractère de « révélation »). Celui d'Ayesha, prophétesse illuminée et fanatique, qui, sous prétexte d'assurer leur salut, conduit les foules à la noyade.

Mais il faut bien préciser, ici, que le *jeu* même du roman interdit qu'on puisse considérer ces positions critiques comme « la » vérité. D'abord, parce qu'elles sont prises dans un *dialogisme*, qui les ramène à certains personnages, dans certaines situations [11] : toutes celles que je viens de citer, en particulier, procèdent des rêves de Gibreel, soit d'un personnage chez qui la perte de la foi a produit un affolement mental de plus en plus délirant. Ensuite, parce qu'elles n'excluent pas la reprise (ou la transposition) de certains motifs sacrés légués par la tradition monothéiste, et que n'affecte dans le roman aucun coefficient de parodie : ainsi, l'envol miraculeux de l'Imam vers Desh « répète » l'envol du Prophète vers Jérusalem (épisode coranique justifiant, pour les musulmans, le caractère sacré du Dôme du Rocher), – et l'ouverture de la mer d'Arabie devant les pèlerins est bien entendu un écho de la séquence biblique où la mer Rouge s'ouvre devant Moïse et les Hébreux fuyant l'Égypte. Enfin, parce que le dialogisme propre à l'art du

11. Sur le « dialogisme », voir le travail critique de Mikhaïl Bakhtine, notamment *Problèmes de la poétique de Dostoïevski* et *L'Œuvre de François Rabelais* (Gallimard).

roman, comme l'a montré Kundera [12], ne peut que nuancer ou relativiser les personnages et les situations : Kundera n'a pas tort de noter que l'Imam est *aussi* perçu dans une certaine dimension pathétique, qu'Ayesha est *aussi* une figure émouvante, dont la « *fascination* » attestée dans la fiction s'exerce aussi sur le lecteur, et qu'un lecteur occidental peut *aussi* avoir la révélation, à travers les *Versets sataniques*, d'une certaine « *poésie* » du monde islamique.

Faut-il pour autant faire de ce roman un texte innocent, et de son auteur un écrivain *politically correct*, soucieux de n'offusquer personne et de respecter toutes les communautés ? Ce serait pour le moins exagéré, – et risquerait, du reste, de combattre l'« erreur de lecture » des intégristes en demeurant sur leur propre terrain. En fait, s'il existe dans les *Versets sataniques* quelque chose qui s'oppose au sacré, ce n'est pas le blasphème ; c'est une tonalité spécifiquement romanesque, directement liée à cet art de l'ambiguïté que j'évoquais précédemment : celle de l'*ironie*. Une ironie, remarquons-le, présente dans tous les chapitres, et pas seulement dans les séquences focalisées sur la référence islamique, – même si c'est dans ceux-ci qu'elle s'impose le plus explicitement : l'histoire, par exemple, des « versets » édictés puis reniés par Mahound, et qui révèle avant tout son trouble devant une femme (Hind) capable de lui en imposer ; ou la fausse conversion des habitants de Jahilia, dévoilée par l'épisode burlesque du bordel ; ou encore, le doute introduit par Salman quant au caractère divin des règlements que le Prophète introduit, dont il soupçonne le caractère tout à la fois arbitraire et obsessionnel, notamment en matière de comportement sexuel ; pour ne pas parler de cette définition du monothéisme de Mahound : « *Il y a ici un Dieu qui s'appelle Allah (ce qui signifie simplement le dieu). Demandez aux habitants de Jahilia et ils reconnaîtront que ce type a une sorte d'autorité générale,*

12. Kundera, *op. cit.*

mais il n'est pas très populaire : c'est un généraliste à une époque de statues spécialistes. » L'ironie, encore une fois, se distingue radicalement du blasphème : là où le blasphème se fige dans une attitude farouche de « contre-vérité », l'ironie introduit le rire, la déstabilisation, et la suspension du jugement ; là où le blasphème combat le sacré, l'ironie le détourne ; là où le blasphème est une subversion ou une transgression de la loi, l'ironie tend plutôt à la *troubler*.

Dans tout cela, Gibreel, dont le « point de vue » oriente la plus grande part des références religieuses, mérite un traitement à part : il a tout d'abord renié l'Islam de ses origines (dans une séquence particulièrement drôle où s'expose sa jubilation à manger du porc), mais la fin de ses certitudes a entraîné chez lui un déséquilibre qui ne cesse de s'exaspérer ; après sa chute, un véritable délire religieux s'empare de lui : il s'assimile tantôt à l'archange Gibreel de la tradition coranique, son propre prénom servant de vecteur à cette identification (c'est à ce titre qu'il « rêve » l'histoire de Mahound et celle d'Ayesha, et c'est en tant qu'Archange qu'il apparaît dans ses propres rêves), – tantôt à Satan (*Chatyan*), l'Ange déchu. Cette oscillation, au cours du récit, ne fait que s'accentuer et se précipiter : il lui arrive de se faire l'apôtre enflammé de la stricte distinction entre le Bien et le Mal (que les Anglais, selon lui, méconnaissent à cause de leur climat : brumeux, donc flou, indistinct, sans contraste), mais tout aussi bien de concevoir Dieu comme l'union des contraires (écho direct, ici, de William Blake, du *Mariage du ciel et de l'enfer*). D'où son statut final d'Ange exterminateur : semant le mal au nom du bien, la destruction au nom de la pureté, – il incarne, en quelque sorte, la religion « devenue folle ».

En somme, le véritable paradigme, dans les *Versets sataniques*, c'est celui qui oppose, dans toutes ces mises en scène de la référence religieuse, d'un côté le jeu, et de l'autre l'adhésion, ou la foi ; d'un côté la pluralité, la relativité, et de l'autre la pureté. Or c'est aussi, beaucoup plus qu'une thématique, le ressort même de l'écriture : si l'écriture appartient à un autre univers que celui des religions, c'est d'être le territoire des ambiguïtés, comme je l'ai montré, par opposition aux certitudes, aux orthodoxies. Rushdie lui-même le revendique, dans le commentaire après coup qu'il a donné de son roman : « *Si la religion cherche à privilégier un langage aux dépens de tous les autres, un ensemble de valeurs aux dépens de tous les autres, un texte aux dépens de tous les autres, le roman a toujours traité de la façon dont les différents langages, valeurs et narrations se querellent, et de leurs relations changeantes qui sont des relations de pouvoir. Le roman ne cherche pas à établir un langage privilégié, mais il revendique la liberté de décrire et d'analyser la lutte entre les différents adversaires qui veulent établir de tels privilèges* [13]. » Il existe d'ailleurs un *index* de cela, dans le récit même : c'est l'opposition de Baal, l'écrivain satirique de Jahilia, et du Prophète : en ce sens c'est le personnage de Baal, beaucoup plus que celui de Salman, qui représente le *scriptor in fabula.*

Il est à noter, enfin, que le principe de jeu et d'ironie, dans les *Versets sataniques*, ne met pas seulement en cause l'Islam. Il existe dans la première partie un personnage, Eugene Dumsday, membre d'une secte chrétienne américaine et militant de l'anti-darwinisme, dont le fanatisme aveugle surpasse de très loin celui de Mahound, de l'Imam ou d'Ayesha et l'ironie de Rushdie ne perd rien de son mordant lorsqu'il évoque les fondamentalistes de toutes religions qui, en Inde, par intolérance, finissent par susciter une désagrégation catastrophique du lien social. Même la position « laïque », du reste, n'est pas épargnée : dans le grand récit du voyage des pèlerins, le point de vue incrédule et sceptique de Mirza Saed n'est en rien privilégié par rapport à l'attitude fascinée, envoûtée, des villageois qui suivent Ayesha ; et dans la dernière partie du roman, Rush-

13. Salman Rushdie, « N'y a-t-il rien de sacré ? », dans *Patries imaginaires*, Christian Bourgois.

die figure une controverse, entre Swalilekha (qui, au nom de l'humanisme laïc, rêve de purger la culture de toute référence religieuse) et le poète Bhupen (qui, lui, revendique le droit d'utiliser des métaphores religieuses dans ses écrits, indépendamment de toute foi). Autrement dit : l'intolérance, ici, a changé de camp, – et l'on perçoit bien que ce n'est pas seulement au « sacré » que s'en prend le jeu romanesque, mais à tout système clos, exclusif, prétendant détenir la vérité unique et pure.

L'INTERTEXTE

Il est un autre aspect de l'*impureté* romanesque qui se déploie dans les *Versets sataniques*. On sait que l'art du roman, dès ses origines (Rabelais, Cervantes), et dans une perspective avec laquelle la modernité (Proust, Joyce, Borges) a renoué, s'est fréquemment nourri de textes littéraires déjà là, – non seulement à titre d'« influences » ou de « sources », mais selon toute la panoplie de ce que les théoriciens de la littérature nomment l'« intertexte » : réécritures, allusions, références, détournements, pastiches, emprunts, parodies, etc. [14]. Le roman de Rushdie s'inscrit manifestement dans ce mouvement, – on peut y repérer (au-delà de ce qui relève des cultures islamique et indienne, dont le lecteur occidental échoue hélas souvent à distinguer les traces) des références explicites à William Blake (*Mariage du ciel et de l'enfer*), à Shakespeare (par exemple, la jalousie de Saladin envers Gibreel suscite une allusion à Othello), à Nabokov (dont sont cités des romans comme *Feu Pâle* ou *La Défense Loujine*), voire à des textes mythologiques de l'Antiquité (les métamorphoses de Saladin sont interprétées à travers le double filtre d'Ovide et de

14. L'ensemble de ces procédés est répertorié et analysé dans le livre de Gérard Genette, *Palimpsestes* (Seuil, coll. « Poétique »).

Lucrèce) ou à des légendes plus récentes (l'envoûtement des pèlerins est perçu par Mirza à travers l'histoire de Circé, celle d'Ulysse, ou le célèbre conte du Joueur de flûte de Hamelin). Joyce lui-même, qui représente probablement le principal *background* de l'écriture romanesque de Rusdhie, est cité plusieurs fois : Mimi Manoulian, la partenaire de Saladin, évoque *Finnegans Wake*, et cette référence revient lors de la veillée funèbre du père de celui-ci. On pourrait évidemment trouver une foule d'autres pistes, encore une fois aussi bien occidentales qu'orientales (l'épisode de la « lampe magique », par exemple, provient manifestement des *Mille et Une Nuits*). Or, l'important est que ce tissu citationnel ne soit pas de pure érudition gratuite : il a pour fonction d'inscrire le roman de Rushdie dans une histoire qu'il traite et se réapproprie.

Plus décisif, encore, pour saisir dans quelle constellation littéraire l'œuvre de Rushdie se situe, est l'intertexte *implicite* : Rabelais, par exemple, dont le modèle de l'hyperbole burlesque semble hanter de loin toutes ces pages ; mais aussi Boulgakov (un roman comme *Le Maître et Marguerite*, où le Diable descend sur Moscou et sème le désordre dans la population, est manifestement en résonance avec l'intrigue centrale des *Versets sataniques* [15]) ; et même Kafka, en filigrane de la « métamorphose » de Saladin (il suffit que le texte de Rushdie évoque « *Chamcha, l'insecte, sur le plancher du car de police* » pour que la parenté entre le nom de Chamcha et celui de Samsa saute aux yeux) ; ou encore, plus près de nous, parmi les contemporains, Carlos Fuentes : tout ce que j'ai relevé sur les divers registres du fantastique et le brouillage des régimes de vraisemblance dans l'art de Rushdie pourrait s'appliquer, tout aussi bien, à des romans comme *Terra Nostra* ou *Christophe et son œuf* (et il n'est pas jusqu'à l'orteil supplémentaire dont est affublé l'un des personnages des *Versets sataniques*

---

15. Rushdie lui-même insiste sur cette filiation, dans le texte intitulé « De bonne foi » du recueil *Patries imaginaires (op. cit.)*.

qui ne puisse être perçu comme l'écho d'un motif récurrent de *Terra Nostra* [16]) ; ou Mario Vargas Llosa : l'épisode, chez Rushdie, des pèlerins entraînés vers leur perte par une figure charismatique et prophétique, avec l'hallucination collective qui les frappe, et dont témoignent même les survivants, n'est pas sans analogie avec l'ultime séquence du roman *La Guerre de la fin du monde* [17].

Tout cela, du reste, répond de la « polyculture » que les *Versets sataniques* prennent en charge : car ces références, affichées ou secrètes, loin de nuire à la singularité du roman de Rushdie, permettent au contraire de situer cette singularité dans le contexte qui, seul, permet d'en apprécier la valeur.

L'ÉCRITURE ET LE SPECTACLE

Mais l'un des caractères les plus originaux des *Versets sataniques* est d'étendre l'usage de ce code référentiel, bien au-delà du simple intertexte, à un domaine beaucoup plus vaste d'interactions artistiques : comme si l' « impureté » délibérée du roman ne concernait pas seulement les registres narratif ou religieux, mais s'étendait à l'ensemble du champ esthétique ; ou mieux, comme si l'écriture s'affrontait à ces *zones de défi* où les pratiques artistiques se provoquent réciproquement, et répondait à ce défi par tout un jeu d'emprunts, de détournements, de réappropriations [18].

L'art pictural, de fait, n'a dans les *Versets sataniques* qu'une présence discrète, et toujours fonctionnelle : c'est la

16. Je me permets, concernant *Terra Nostra*, de renvoyer au chapitre que je consacre à ce roman dans *L'Artifice*, Grasset, coll. « Figures ».

17. Un compte rendu de ce roman par Salman Rushdie est inclus dans le recueil *Patries Imaginaires, op. cit.*

18. C'est l'un des axes de mon essai *L'Impureté* (Grasset, coll. « Figures »). Voir, aussi, l'entretien que j'ai accordé à Marc Jimenez, sous le titre « Les zones de défi », dans le n° 5 de la revue *Inharmoniques* (Christian Bourgois).

discussion autour de Picabia, par exemple, qui sert à révéler l'aliénation du père d'Allie Cone, ou encore, comme je l'ai indiqué, l'allusion à l'art hétérogène des Moghols, dont la valeur est clairement emblématique. Le théâtre, et les arts du spectacle, sont plus insistants : ne serait-ce que parce que les deux personnages principaux sont des acteurs, et que cette capacité à « jouer un rôle », à s'identifier à des personnages, n'est pas sans importance s'il s'agit d'éclairer leurs métamorphoses ou leurs incarnations (ce n'est pas un hasard, par exemple, si c'est dans un épisode situé sur une scène de music-hall que Saladin retrouve sa forme humaine initiale) : tout cela pourrait bien désigner leurs transformations comme relevant aussi d'une certaine dimension de simulacre. Mais c'est le cinéma, surtout, qui est convoqué dans l'écriture des *Versets sataniques* : rappelons que les deux récits focalisés sur Mahound et sur Ayesha sont désignés, non seulement comme des rêves de Gibreel, mais encore comme des films de série B qu'il tourne ou qu'il s'apprête à tourner, après avoir épuisé les rôles qu'il a tenus dans les films mythologiques ou folkloriques indiens (et c'est d'ailleurs ce qui permet d'introduire une distance supplémentaire envers la « corruption du sacré » dont ils témoignent : celle-ci relève aussi, d'une certaine façon, de la logique du spectacle). Il n'est pas indifférent de noter que dans ces « rêves » mêmes, Gibreel, lorsqu'il apparaît sous la forme de l'Ange, est parfois décrit selon une technique explicitement cinématographique, et qui ne relève pas seulement de la métaphore : Rushdie évoque par exemple « *le rêveur, dont le point de vue est parfois celui de la caméra et à d'autres moments celui du spectateur* (...) *Quand il est caméra il est toujours en mouvement, il déteste les plans fixes, alors il monte sur une grue et regarde les silhouettes raccourcies des acteurs, ou il plonge pour se retrouver invisiblement au milieu d'eux, tournant lentement sur les talons pour exécuter un panoramique de trois cent soixante degrés, ou il utilise un chariot de travelling* », – etc. En bref, tout se passe comme si

Rushdie dérobait, au cœur même du roman (et d'un roman spécifique, intransposable en images, impossible à adapter à l'écran), les techniques mêmes du cinéma en tant qu'art narratif concurrentiel, comme s'il arrachait au cinéma ses propres armes pour les retourner contre lui ; et je ne vois pratiquement pas de roman, aujourd'hui, qui ait poussé aussi loin cette pratique d'affrontement et de réappropriation [19].

Mais le plus étonnant est sans doute ceci : ce n'est pas seulement le cinéma qui est traité « au second degré » dans le roman de Rushdie, mais plus généralement la société du spectacle, – où nous avons appris à voir, au-delà de simples techniques d'aliénation, le principal ressort d'un mécanisme d'asservissement généralisé, sans précédent, participant du triomphe sans reste du marché sur la société [20]. Cette logique du spectacle, il faut noter que les *Versets sataniques* lui accordent un traitement pluriel, différencié. D'abord, elle est clairement (et ironiquement) désignée dans son caractère profanateur (nous ne sommes pas loin, parfois, de la veine qu'explorait Pasolini dans un film comme *La Ricotta*) : les personnages de producteurs plus ou moins véreux, alternant les films commerciaux, les spéculations boursières, et les combines immobilières douteuses, à la limite de l'escroquerie, sont désignés comme susceptibles de *tout* transformer en spectacle, même les événements les plus sacrés : c'est ainsi qu'ils s'emparent, par exemple, des métamorphoses de Saladin et de Gibreel, pour les absorber dans le music-hall ou le cinéma commercial ; et il n'est pas jusqu'aux villageois pakistanais en pèlerinage vers La Mecque qui ne doivent, eux aussi, affronter

---

19. Il faudrait évoquer, bien évidemment, les relations qui se repèrent entre l'art romanesque de Faulkner et l'art cinématographique de Welles : comme si un même défi traversait les deux codes lorsque chacun, au contact de l'autre, n'hésite pas à lui dérober certains de ses procédés, sans rien céder sur sa spécificité.

20. Voir Guy Debord, *Commentaires sur la société du spectacle*, Gallimard.

la récupération de leur aventure mystique par le journalisme et le show-business. Mais Rushdie ne se contente pas de cette attitude critique, ou satirique : sur ce terrain aussi, il fait régner l'ambiguïté. On peut déceler, par exemple, une certaine tendresse amusée envers la sous-culture de masse dans laquelle toute une partie de la jeunese londonienne est immergée (par exemple, les seuls personnages à ne pas être gênés par la métamorphose de Saladin en diable, et même à être tentés d'en faire un héros, sont les filles de Sufyan, précisément parce que cette « diabolisation » est en phase avec leur mythologie « pop », – à travers la série des *Extraterrestres*, ou la célèbre chanson des Rolling Stones, *Sympathy for the Devil*). Enfin, cet univers de monstres et de mutants, de métamorphoses incessantes, est clairement rattaché par Rushdie à ce que le roman nomme les « *images télévisisuelles des tragédies hybrides* », – et Saladin fait lui-même la relation entre les métamorphoses qu'il a subies, la déréalisation de son univers, et les images télévisuelles, soumises au *zapping*, et qui accordent une même présence à l'actualité et à l'archive, au direct et au différé, au documentaire et à la fiction, jusqu'à transformer le monde en spectacle et faire vaciller l'idée même de réalité : « *jusqu'à ce que* », pense-t-il, « *toutes les émissions, publicités, meurtres, jeux télévisés, les mille et une joies et terreurs du réel et de l'imaginaire aient acquis un poids égal* ». En somme, le roman procède de façon aussi délibérément *équivoque* lorsqu'il aborde le spectaculaire que lorsqu'il touche à d'autres domaines : d'un côté, il en accuse la logique marchande, et en révèle, comme Pasolini, la dimension de corruption et de profanation ; mais d'un autre côté, il le traite par surenchère, l'affronte avec ses propres armes, – et n'est pas loin de suggérer qu'un monde où la réalité s'évanouit dans la prolifération et le télescopage des images est *aussi* une occasion de libérer l'imaginaire, et presque un modèle (ironique) de création. Autrement dit, il ne s'agit pas seulement ici de se situer dans une position critique, extérieure, – mais plutôt d'investir le système de l'intérieur, et de le détourner.

L'IMPURETÉ

« *Au centre du roman* », écrit Rushdie, « *il y a un groupe de personnages, pour la plupart des musulmans britanniques, ou des personnes d'origine musulmane, pas particulièrement religieuses, en lutte avec justement le genre de grands problèmes qui se sont manifestés autour du livre, des problèmes d'hybridation et de ghettoïsation, de réconciliation entre l'ancien et le nouveau. Ceux qui s'opposent le plus bruyamment au roman pensent que ce mélange avec une culture différente affaiblira et ruinera inévitablement leur propre culture. Je suis de l'avis opposé.* Les Versets sataniques *célèbre l'hybridation, l'impureté, le mélange, la transformation issue des combinaisons nouvelles et inattendues entre les êtres humains, les cultures, les idées, les politiques, les films, les chansons. Mon roman trouve son plaisir dans la bâtardisation et les peurs de l'absolutisme de la Pureté.* Le mélange, *le méli-mélo, un peu de ceci et un peu de cela, c'est ainsi que* la nouveauté arrive dans le monde. *C'est la possibilité immense offerte au monde par la migration de masse, et j'ai tenté de l'accueillir à bras ouverts*[21]. »

En lisant ces lignes, j'ai repensé aux images, vues à la télévision, de ces foules de jeunes gens, immigrés ou enfants d'immigrés, qui ont défilé en masse, à Londres ou à Paris, pour conspuer les *Versets sataniques*, et réclamer la mort de leur auteur. Et je ne puis m'empêcher de ressentir, le cœur serré, qu'il y a là l'un des plus tragiques malentendus de notre temps. Car tel est le paradoxe : ce livre, qui télescope les références islamiques et l'art, propre aux Temps modernes, du roman ; qui réinvente la littérature, non pas malgré l'impureté ou l'hybridation culturelles, mais à partir d'elle ; qui fait d'une situation de double ou triple culture, de poly-appartenance, non

21. Salman Rushdie, « De bonne foi », *op. cit.*

pas le ressort d'un malaise ou d'un déchirement, mais celui d'une euphorie créatrice, d'un élargissement de l'imaginaire ; ce livre, qui *anoblit* l'immigration en nous forçant à reconnaître que le plus grand écrivain britannique vivant, aujourd'hui, est précisément un immigré ; ce livre, qui nous rappelle aussi, indirectement, que les moments les plus éblouissants de la culture islamique ne furent pas ceux d'un repli sur la « pureté » ou l' « authenticité », mais ceux où l'Islam (en Andalousie, à Bagdad, en Iran) s'affrontait à son altérité, quotidiennement, et s'enrichissait de cette interaction ; ce livre, enfin, qui conjugue de façon souveraine l'Orient et l'Occident, l'immémorial et la modernité ; ce livre, il faudra bien un jour que les jeunes gens dont je parlais consentent à le lire : car il est avant tout, au fond, LE LEUR.

L'ARTIFICE ET LA VÉRITÉ

Philip Roth, *La Contrevie*, traduit de l'anglais par Michel Waldberg, Gallimard, 1989.

> L'écrivain conçoit la littérature comme fin, le monde la lui renvoie comme moyen : et c'est dans cette *déception* infinie que l'écrivain retrouve le monde.
>
> ROLAND BARTHES.

Quelle est l'originalité, ou la nouveauté, de *La Contrevie* ? Ceci, tout d'abord : le roman se compose de cinq grandes parties, où se retrouvent les mêmes personnages, les mêmes thèmes ; or ces parties, dans leur contenu, sont pour l'essentiel *incompatibles* entre elles. Il y a là tout autre chose, donc, qu'un pur et simple art de la variation narrative (celui auquel la modernité, depuis Faulkner, avec des romans comme *Le Bruit et la Fureur* ou *Tandis que j'agonise*, nous a habitués). Lorsque Faulkner, par exemple, « varie » les points de vue, ou les voix narratives, la cohésion de l'univers fictionnel n'en est pas ébranlée, le puzzle peut être reconstitué (comme c'était le cas, déjà, dans le roman épistolaire du XVIIIe siècle), – le procédé sert surtout à nous renseigner sur « celui qui voit » ou « celui qui raconte », autant que sur ce qui est vu ou raconté. Chez Roth, à l'inverse, c'est la *crédibilité* de la fiction qui vacille, entraînant le lecteur dans un très étrange vertige : chaque partie annule ou contredit les autres, le jeu s'affiche comme tel, – la variation des focalisations, en somme, ne sert pas à relativiser les contenus, mais bien à les transformer.

La composition

Tentons, rapidement, de décomposer ce jeu :

— La première partie *(Bâle)* commence par relater, de l'intérieur, les tourments d'un dentiste juif américain, Henry Zuckerman (celui-ci n'a pas osé remettre en cause sa vie familiale et conjugale pour suivre en Europe sa maîtresse suisse, prénommée Maria ; il est pris par la suite d'une intense passion charnelle pour sa propre assistante ; or, un traitement pour troubles cardiaques finit par le rendre impuissant ; ne pouvant supporter cette situation, il décide de subir une intervention chirurgicale « à risques », pour retrouver sa virilité). Cette première séquence s'avère n'être rien d'autre que le récit « reconstitué » par le frère d'Henry, l'écrivain Nathan Zuckerman, et qu'il a un moment songé à prononcer en guise d'oraison funèbre, – car Henry est effectivement décédé des suites de l'opération. Nathan, par souci des convenances, et aussi par une sorte de « culpabilité d'écrivain » devant la réalité, renoncera à ce projet, et se contentera d'assister aux obsèques d'Henry, de méditer sur le destin (tout à la fois ironique et tragique) de son frère, tout en rencontrant divers témoins et acteurs de sa tragédie, qui manifestent tous leur version propre de l'événement.

— La deuxième partie *(Judée)* nous raconte la visite que fait Nathan à son frère Henry : celui-ci, en l'occurrence, n'est pas mort le moins du monde (il est explicitement mentionné que son opération a été « *un succès* »), mais il a fini par quitter sa famille pour s'installer en Israël, dans une colonie des territoires occupés.

— La troisième partie *(En haut)* nous relate le retour de

Nathan à Londres, où il va rejoindre sa nouvelle femme, une Anglaise prénommée elle aussi Maria. Dans l'avion, il rédige une lettre à Henry (commentaire sur la situation exposée dans la partie précédente), se remémore (en flash-back) le coup de téléphone qu'il a envoyé à la femme d'Henry (restée aux États-Unis), lit une lettre que lui a adressée, avant son départ, son ami israélien Shuki, et lui répond (enjeu de la discussion : un écrivain a-t-il le droit de donner d'Israël une image « romanesque » qui puisse fournir des arguments aux antisémites ?). Un incident tragi-comique avec son voisin de vol finit par dégénérer : les services de sécurité de l'avion s'emparent de Nathan, le prenant pour un terroriste.

— La quatrième partie *(Gloucestershire)* contredit toutes les précédentes : ici, c'est Nathan qui est mort, et précisément de l'opération qui était attribuée à Henry dans la première partie. Henry, son frère, qui n'a jamais eu la moindre envie d'émigrer en Israël (le fait est expressément mentionné), assiste aux obsèques de Nathan, dont l'oraison funèbre est prononcée par son éditeur : elle porte sur les droits de l'imaginaire romanesque, sur la nécessité de ne pas confondre la fiction et la réalité (!), – et l'on finira par apprendre que c'est Nathan lui-même, avant de mourir, qui l'a rédigée. Après l'enterrement, Henry pénètre dans l'appartement de son frère mort, où il découvre, parmi les manuscrits, quatre nouvelles : précisément *Bâle*, *Judée* et *En haut*, les trois parties que nous venons de lire, et *Chrétienté*, celle qui termine le roman : il est effaré par la façon dont l'art de son frère pouvait se nourrir de ce qui arrivait à ses proches, et dont il pouvait (en projetant ses propres fantasmes) transformer ou déformer la réalité, sans souci apparent des effets *dans le réel* d'une telle transposition. Un dialogue avec Maria, la maîtresse anglaise de Nathan, permet de comprendre que celle-ci n'était que sa voisine, qu'il n'avait jamais été question qu'ils se marient, ni qu'ils partent s'installer en Angleterre : là encore, Nathan a transformé la réalité, en la modelant selon ses propres obsessions.

— Dans la cinquième partie *(Chrétienté)*, nous retrouvons Nathan, bien vivant, de retour d'Israël (mais sur le « *tranquille vol en provenance de Tel-Aviv* », ce qui contredit les péripéties de la troisième partie). Il assiste, avec sa femme Maria, aux fêtes de Noël (qu'il vit, en tant que Juif, sur le mode d'un exotisme absolu), semble décidé à vivre désormais en Angleterre, est reçu (non sans tensions) dans la famille de sa femme. Une conversation avec la sœur de Maria, suivie d'un incident explicitement antisémite dans un restaurant londonien, l'amène peu à peu à se sentir étranger dans ce monde : il finira (après une longue conversation) par se séparer de Maria ; le récit se termine par un monologue de Nathan, où s'effondre l'illusion qu'il avait eue d'être un Juif « assimilé », et où il va, lui qui n'avait eu jusqu'alors que sarcasmes envers la dimension rituelle ou religieuse du judaïsme, jusqu'à faire l'éloge de la circoncision.

Une lecture équivoque

Un tel enchevêtrement, assez vertigineux, place le lecteur dans une position inconfortable, déstabilisée. En fait, si l'on s'en tient au simple repérage des « niveaux de réalité » convoqués par ce roman, *deux* lectures sont possibles :

1. Il est légitime d'admettre que la quatrième séquence (focalisée sur Henry, et désignant Nathan comme un écrivain qui vient de mourir) « coiffe » les quatre autres, qu'elle en est la vérité (ou le métalangage) : *Bâle, Judée, En haut* et *Chrétienté* ne seraient, dans cette perspective, que les récits *imaginés* par Nathan, à partir de situations dont Henry et Maria nous livrent la « vérité » : par exemple, l'émigration d'Henry en Israël ne serait que la transposition du désir de Nathan d'aller vivre avec Maria en Angleterre ; la thématique de l'impuissance, et de l'opération rédemptrice, ne serait que la projection sur Henry d'une situation vécue par Nathan lui-

même ; *En haut* et *Chrétienté* ne seraient que la version romanesque (la « mise en récit ») des préoccupations de Nathan quant à son identité juive. En somme, *La Contrevie* fonctionnerait sur le mode des récits « enchâssés » et auto-référentiels : les parties, 1, 2, 3 et 5 seraient hiérarchiquement subordonnées à la partie 4, qui en donnerait la clé. On peut signaler que Roth s'était déjà livré à ce type d'enchâssement (et de « distanciation » d'une série de récits par un récit hiérarchiquement supérieur) dans un très beau roman antérieur, trop mal connu : *Ma vie d'homme.*

2. Mais il est possible, aussi, d'admettre que cette technique du « second degré » généralisé, où chaque récit se désigne *comme* un récit, un artifice littéraire, finit par contaminer le récit-cadre *(Gloucestershire).* Dans cette perspective, les effets de réalité, les codes de vraisemblances (rigoureusement présents dans *chaque* récit, et qui font qu'on ne peut s'empêcher, à chaque fois, d' « y croire ») susciteraient une lecture sans hiérarchie : aucun récit ne serait plus « crédible » qu'un autre. *La Contrevie*, dès lors, fonctionnerait comme une œuvre ouverte, aléatoire (au sens musical), où chacune des séquences pourrait être considérée comme une « possibilité », une « variation », un jeu (avec, en l'occurrence, des incompatibilités logiques : si l'on se refuse à donner à la partie 4 le sens d'un récit-cadre, si on la ramène au même niveau que les autres, alors seules les parties 2 et 3 et les parties 2 et 5 sont compatibles entre elles ; toutes les autres s'excluent).

Cette conception, on le sait, était déjà postulée par Paul Valéry (comme une utopie), dans sa lutte contre l'arbitraire de la représentation narrative : « *Peut-être* », écrivait Valéry, « *serait-il possible de faire une fois une œuvre qui montrerait à chacun de ses* nœuds, *la diversité qui peut s'y présenter à l'esprit, et parmi laquelle il* choisit *la suite unique qui sera donnée dans le texte. Ce serait là substituer à l'illusion d'une détermination unique et imitatrice du réel, celle du* possibleà-chaque-instant, *qui me semble plus véritable* [1]. » Ce programme, il a été en partie réalisé, depuis l'époque de Valéry, aussi bien dans le champ de la poésie (Ponge) que dans celui du roman (*Le Voyeur*, d'Alain Robbe-Grillet). L'originalité du livre de Roth, c'est qu'il ne se contente pas, à partir de là, de dénoncer l'arbitraire de la narration, ou de décevoir une lecture trop directement impliquée dans l'illusion référentielle ; autrement dit, si la lecture de *La Contrevie* nous désoriente, si nous finissons pas être égarés dans un univers fictionnel où les illusions se détruisent l'une par l'autre, où la « vérité » ne cesse de fuir, où la fiction s'affiche comme telle [2], ce n'est pas pour contester la *mimesis* (la représentation romanesque), mais plutôt pour la *complexifier* (y compris à travers tout le jeu, extrêmement subtil, de symétries cachées et d'échos à distance qui trame le récit). En somme, il y a bien pour Roth, à l'opposé de tout formalisme, une *relation* entre l'écriture et le réel : c'est même, au-delà d'un postulat d'écriture, l'un des thèmes majeurs de son livre.

La fiction et la réalité

Il n'est pas indifférent, en ce sens, que le personnage central (sinon le héros) de *La Contrevie*, Nathan Zuckerman, soit un écrivain, – que l'on a un peu trop rapidement assimilé à un « double » de Philip Roth lui-même. Certes, un certain nombre de traits caractéristiques du personnage renvoient bien à l'expérience de Roth : la naissance et l'enfance dans un milieu juif du New Jersey, la parution d'un roman scandaleux, *Carnovsky*, dont le succès a provoqué des réactions hor-

---

1. Paul Valéry, *Œuvres*, tome I, Bibliothèque de la Pléiade, p. 1467.
2. On pourrait faire ici un rapprochement avec l'œuvre cinématographique de Buñuel, – notamment *Le Charme discret de la bourgeoisie*, où le « niveau de réalité » des séquences, par l'exaspération du procédé du « rêve dans le rêve », devient vite indiscernable.

rifiées tant dans le milieu familial le plus proche (qui s'est senti outrageusement caricaturé) que dans la communauté juive en général (qui a pu accuser l'auteur de donner des armes à l'antisémitisme) : tout cela, bien évidemment, est une transposition transparente de ce qui est arrivé à Roth, notamment avec la publication de *Portnoy et son complexe*. Mais en même temps, il serait totalement abusif de réduire Nathan Zuckerman à cela ; si l'on veut, le « pacte autobiographique »[3], ici, est bien sollicité, – mais en même temps contesté, subverti, « tourné ». Car Nathan est aussi un *personnage*, désigné comme tel (c'est tout le sens, en particulier, du « décrochage » de la quatrième partie), pris dans un dispositif fictionnel dont la fonction est précisément d'interroger l'*écart* entre fiction et réalité (donc, aussi, entre « personnage » et « auteur »). D'où, là encore, une tension, une ambiguïté sans cesse maintenue :

1. Nathan Zuckerman, dans le roman, ne cesse de défendre les *droits* de la fiction. Il revendique, d'une certaine façon, l'autonomie de la littérature, qui n'a pas à se soucier d'être un « reflet exact » du monde (et encore moins un « échantillon représentatif »), qui doit se méfier plus que tout du piège de l'idéalisation, – et n'a de sens, en définitive, qu'à s'exercer *sans tabou*. Position qui culmine dans l'oraison funèbre de Nathan, qu'il a lui-même rédigée, et qui précise la nécessité absolue de ne pas confondre la fiction et la réalité, l'auteur et le personnage (« *L'exhibitionnisme de l'artiste supérieur est lié à son imagination ; la fiction est pour lui en même temps une hypothèse frivole et une sérieuse supposition, une forme imaginative d'investigation* » ; « *Contrairement à l'opinion générale, c'est la* distance *entre la vie de l'écrivain et son roman qui constitue l'aspect le plus fascinant de son imagination* »).

---

3. Voir Philippe Lejeune, *Le Pacte autobiographique*, Seuil, coll. « Poétique ».

2. Mais, simultanément, l'« autonomie » revendiquée de la littérature ne saurait être absolue : elle se nourrit bien de la réalité (même en la déformant outrageusement), et produit aussi des effets dans le réel, dont il est impossible de ne pas tenir compte. C'est ce que viennent manifester, ici, le personnage d'Henry (qui supporte mal que la famille de Nathan soit transformée en « matériau littéraire », et passablement défigurée) ou celui de Maria (qui finit par refuser le risque que constitue la vie commune avec un écrivain, et décide de « *sortir du roman* »). C'est aussi le sens de la lettre adressée à Nathan par Shuki, et qui, tout en reconnaissant le droit d'un écrivain à choisir dans la réalité ce qui lui convient, et à ne pas toujours caresser sa communauté dans le sens du poil, redoute que Nathan ne retienne de son séjour en Israël que les éléments les plus spectaculaires (pas forcément les plus représentatifs), et met en garde le romancier contre ce que l'on pourrait appeler les effets pervers de son art : celui, notamment, de fournir, même malgré lui, des arguments à l'ennemi.

Cette tension (disons, pour aller vite : entre la liberté et la responsabilité d'un écrivain) fait apparaître l'acte d'écrire, dans *La Contrevie*, comme une activité à la fois perverse (au sens où elle « détourne » la réalité dans une pratique souverainement a-sociale) et fondamentalement coupable (au sens que Bataille pouvait donner à ce mot) : de cette culpabilité dont Roth avait déjà exploré les ravages (notamment dans cette extraordinaire tétralogie romanesque recueillie en volume sous le titre *Zuckerman enchaîné* [4]), et qui devient ici l'un des facteurs majeurs de l'ironie qui traverse le roman.

Roth, je l'ai dit, laisse la contradiction en suspens ; aucune leçon à en tirer, sinon ce constat : un écrivain est écrivain vingt-quatre heures sur vingt-quatre, et pas seulement quand

4. Qui comprend, dans l'ordre : *L'Écrivain fantôme, Zuckerman délivré, La Leçon d'anatomie* et *L'Orgie de Prague* (Gallimard, coll. « Folio »).

il écrit ; du coup, sa vie est la plupart du temps la *conséquence* de ce qu'il écrit (ce que suggère Maria, dans *Gloucestershire*, en indiquant que même l'intervention chirurgicale décidée par Nathan pourrait bien avoir une cause proprement littéraire). C'est là le renversement radical opéré par *La Contrevie* : là où le préjugé courant définit la vie comme source de la fiction, Roth explore le processus inverse, et les effets de la fiction sur la vie (y compris celle de l'écrivain). Rien, en somme, n'est « normal » pour un romancier : l'écriture n'a aucune légitimité sociale à attendre, dans la mesure où, à la limite, elle détruit tout ce qu'elle touche.

La question juive

Il fallait, sans doute, passer par cette a-socialité de l'écrivain (qui fait de lui un étranger à toute communauté, à l'identité forcément problématique) pour révéler avec le maximum d'intensité cette *autre* étrangeté, qui définit la condition juive. Car le judaïsme, pour Roth, n'est pas une appartenance « qui va de soi », – et l'identité juive, aujourd'hui, ne saurait être, elle aussi, que problématique.

Cela, qui s'oppose manifestement à tout confort intellectuel, à toute bien-pensance (y compris celle des intellectuels juifs qui prétendent « incarner » les valeurs de leur communauté), se développe, dans *La Contrevie*, non sous la forme d'une thèse (rien n'est plus étranger à l'art romanesque de Roth), mais de façon *dialogique* (au sens que Bakhtine pouvait donner à ce mot : la vérité n'est pas dans un discours, mais dans ce qui se joue *entre* les discours). D'où, à propos de la question juive (formule stéréotypée, mais à laquelle Roth permet de restituer sa dimension interrogative), un véritable montage de discours, et de positions, – qui, d'une partie à l'autre du livre, peuvent se contredire, s'annuler, et interdisent en tout cas à la « question » d'être trop vite refermée. On peut repérer, ainsi :

1. La position de Shuki, juif ashkénaze, héritier des valeurs « progressistes » des fondateurs d'Israël, littéralement écœuré par l'évolution actuelle de ce pays, en train, selon lui, de « s'orientaliser » dans ses mœurs politiques, et de trahir la morale des pionniers du sionisme.

2. La position, inverse, du rabbin Lippman, leader d'une communauté de colons dans les territoires occupés, qui soutient que les Juifs n'ont aucun complexe à avoir à montrer leur force et à l'exercer, que c'est la seule façon d'agir envers l'ennemi arabe, – et qui n'a que mépris pour les « colombes » (qui, selon lui, rêvent de principes démocratiques dans une situation qui les exclut) et pour les Juifs « assimilés » de la diaspora (il considère, en particulier, les « mariages mixtes » comme une sorte de deuxième holocauste, une attitude d'autodestruction).

3. La position de Nathan, Juif de la diaspora, qui se sent étranger à toute dimension religieuse du judaïsme (sa culture est fort éloignée de l'Ancien Testament), et qui considère volontiers que si le but de la fondation d'Israël était de créer un territoire où les Juifs n'aient plus jamais à redouter de persécutions, ce but est en définitive infiniment mieux atteint aux État-Unis que du côté de Jérusalem [5].

Or, toutes ces positions (qui contiennent manifestement chacune une part de vérité : il n'y a pas « les bons » et « les mauvais »), le roman de Roth ne se contente pas de les faire dialoguer ; il va, aussi, jusqu'à les faire *déraper*, – comme s'il s'agissait de montrer que tout cela, même « fondé », peut à chaque instant basculer dans l'irrationalité. Le rabbin Lippman, entraîné par son fanatisme, est parfois le porte-parole d'une idéologie ouvertement raciste, qui n'est pas sans évo-

5. Un tel éventail sera encore élargi, et d'une certaine façon encore plus « déliré », dans un roman plus récent de Roth, *Opération Shylock*, qui rassemble dans un dialogisme étourdissant à peu près TOUT ce que la « question juive » peut susciter comme positions (y compris la voix des Palestiniens).

quer la logique même des nazis (il n'existe selon lui de vrais Juifs que liés par le sang et le sol). Shuki, le « démocrate », se laisse parfois aller lui aussi à une sorte de racisme paradoxal : il perçoit l'arrivée en Israël des falashas (« *des Juifs noirs !* ») comme une combine manigancée par les Sépharades pour isoler encore un peu plus les Ashkénazes « civilisés ». Quant à Nathan, sa position de Juif « assimilé » est proprement *caricaturée* par le personnage d'un jeune Juif américain, qu'il rencontre par deux fois, – et qui rêve de base-ball devant le mur des Lamentations (!), avant de concevoir le projet délirant de détruire le Mémorial (afin que les Israéliens, débarrassés du poids traumatique de l'holocauste, deviennent enfin un peuple « comme les autres »).

Il faut noter, aussi, la façon dont l'illusion qu'avait Nathan d'être un Juif complètement « assimilé » se voit démentie dans le réel : il lui suffit d'être l'objet, en Angleterre, de quelques agressions antisémites, pour qu'il saisisse qu'un Juif ne sera *jamais* assimilé, nulle part, – et pour que s'opère en lui une sorte de « redevenir-juif », qui culmine dans l'éloge de la circoncision qui termine le livre.

Tout cela, ici encore, reste en suspens : le roman ne propose aucune conclusion, aucune interprétation globale et positive, mais se livre plutôt à une sorte d'*exaspération*, proprement romanesque, des positions en jeu (des différentes façons d'être juif aujourd'hui), susceptible de révéler en profondeur la complexité de cette question, et aussi la dimension irrationnelle, fantasmatique, qu'elle peut atteindre. D'où ce paradoxe, essentiel : le roman de Roth, qui affiche ouvertement son jeu, ses artifices, qui se désigne de l'intérieur comme une fiction, débouche *aussi* sur un extraordinaire effet de vérité. En fait, si l'on veut comprendre (sans préjugé, sans cliché) la « question juive » telle qu'elle se pose aujourd'hui, sans doute vaut-il mieux lire *La Contrevie* que tous les traités historiques, politiques ou sociologiques qui lui sont consacrés.

Le refus de l'idylle

Je reviens, rapidement, sur le dernier discours de Nathan : « *La circoncision établit aussi clairement que possible que tu es ici et non là, que tu es dehors et non dedans – et aussi que tu es à moi et non à eux. Il n'y a pas moyen d'y échapper : tu entres dans l'histoire par mon histoire et par moi. La circoncision est tout ce que la pastorale n'est pas, et selon moi elle souligne ce qui est en jeu dans le monde, et qui n'est pas l'unité ni l'absence de conflits. De façon tout à fait convaincante, la circoncision donne congé au rêve matriciel de l'existence dans le magnifique état de l'innocente préhistoire, la séduisante idylle de la vie " naturelle ", libre de tous les rituels conçus par l'homme. La lourde main des valeurs humaines tombe sur toi dès l'origine, marquant ton sexe pour se l'approprier.* »

Il ne s'agit pas là, encore une fois, d'une conclusion (d'une « vérité » ultime qui achèverait le récit, et lui donnerait son sens, comme la morale des fables) : car Nathan est bien un personnage (pas un pur « porte-parole » de l'auteur), qui écrit ces phrases *en situation*, et notamment pour répondre à celles de Maria. Mais il n'en reste pas moins que nous pouvons *aussi* lire au premier degré ce rappel de la Loi, et de ce que les psychanalystes nommeraient la primauté de l'ordre symbolique sur l'imaginaire « nature ». Or, le plus étonnant, c'est que ces paroles de désillusion, ce congé donné aux fantasmes d'harmonie, d'innocence originaire, au « *rêve matriciel* », sont aussi, par une ultime ruse romanesque, *ce qui définit et qualifie l'écriture*. Car l'écriture littéraire elle aussi (dont l'éthique se dégage peu à peu du roman, « en abyme ») n'a de valeur qu'à refuser l' « *idylle* », la « *pastorale* », et à jouer la vérité (fût-elle multiple, conflictuelle) contre toute tendance à l'idéalisation. D'où, pour Nathan (ou pour Roth ? la superposition, ici, redevient légitime), la nécessité de l'exercer lucidement, ironiquement : pour un écrivain véritable, il n'y a *rien de sacré*, – la « circoncision », véritable métaphore de l'écriture, ne relève pas du sacré, mais de ce qui s'en sépare.

Il y aurait évidemment bien autre chose à dire de ce roman foisonnant, vertigineux, – on pourrait évoquer, précisément, son fantastique art de l'introspection, son sens du sarcasme, du « regard inconvenant », son formidable et irrésistible humour (car l'on ne cesse de rire tout au long de ces pages). Mais c'est probablement dans ce parti pris radical de désidéalisation, tout autant que dans la subtilité diabolique de son jeu structurel, que réside la qualité majeure de *La Contrevie* : ce qui fait de ce roman, indubitablement, l'une des œuvres majeures de notre temps.

UNE IRONIE DÉSENCHANTÉE

Milan Kundera, *L'Immortalité*, traduit du tchèque par Éva Bloch, Gallimard, 1990.

> Il ressemblait au hasard, car il n'avait aucune logique ; il n'était pas sans affinité avec la providence, car il établissait des rapports. Tout ce qui pour nous était limité, il semblait pouvoir le traverser de part en part.
>
> GOETHE (à propos du Démon).

On sort de la première lecture de ce roman tout étourdi : il a été question de la rivalité entre deux sœurs, au XXe siècle, et du malentendu qui liait Goethe à Bettina von Arnim ; d'un chroniqueur de radio affronté à l'arbitraire du pouvoir médiatique, et de la façon dont Beethoven gardait son chapeau sur la tête ; d'une phrase célèbre de Rimbaud (« *Il faut être absolument moderne* »), et d'un professeur qui, par haine des voitures qui encombrent et polluent sa ville, réalise la nuit des expéditions pour crever des pneus ; de la vie érotique d'un homme surnommé Rubens (pour avoir, autrefois, caressé l'ambition de devenir peintre), et du culte de l' « éternel féminin » chez Rilke, Éluard, ou Romain Rolland ; de la valeur métaphorique de l'astrologie, et d'une rencontre posthume (au Paradis) entre Goethe et Hemingway ; d'une réhabilitation de la pudeur comme élément érotique indispensable, et de François Mitterrand au Panthéon ; de l'« *hypertrophie de l'âme* » chez les Russes, et de la façon dont Robert Musil est mort en faisant de la gymnastique...

C'est là, sans doute, ce qui frappe immédiatement : l'extraordinaire habileté avec laquelle *l'art du roman*, chez Milan Kundera, consiste à faire « tenir ensemble » les registres les plus hétérogènes, sinon les plus apparemment hétéroclites, – ce que j'ai moi-même appelé, il y a quelque temps, le roman comme « *dispositif d'intégration maximale* », ou « *le comble du métalangage, apte à traiter tous les autres discours (philosophie comprise) comme des sous-ensembles* [1] ».

Autant dire qu'un tel roman (ne serait-ce que par l'inextricable enchevêtrement, en lui, de l'action et de la réflexion, du récit et du discours) n'est absolument pas *résumable*. D'ailleurs, le texte le suggère explicitement, de l'intérieur, dans l'une de ces micro-séquences dispersées qui fonctionnent comme l'*index* du roman lui-même, sa mise en abyme : « *Quiconque est assez fou pour écrire encore des romans aujourd'hui doit, s'il veut assurer leur protection, les écrire de telle manière qu'on ne puisse pas les adapter, autrement dit qu'on ne puisse pas les raconter.* »

C'est peut-être, en l'occurrence, dans ces segments autoréférentiels (ceux où l'art du roman s'expose dans le roman lui-même, soit directement, soit métaphoriquement) que nous pouvons trouver les meilleurs points de repère susceptibles d'orienter notre lecture. Par exemple : « *Je regrette que presque tous les romans écrits à ce jour soient trop obéissants à la règle de l'unité d'action. Je veux dire qu'ils sont tous fondés sur un seul enchaînement causal d'actions et d'événements. Ces romans ressemblent à une rue étroite, le long de laquelle on pourchasse les personnages à coups de fouet. La tension dramatique, c'est la véritable malédiction du roman.* » Ou : « *Aucun épisode n'est a priori condamné à*

---

1. « Introduction à Hermann Broch », dans *L'Impureté* (Grasset, coll. « Figures ») – texte auquel Kundera m'a fait l'honneur de se référer dans sa préface à *L'Art du roman.*

rester à jamais épisodique, puisque chaque événement, même le plus insignifiant, recèle la possibilité de devenir plus tard la cause d'autres événements, se transformant du même coup en une histoire, une aventure » ; ou encore : « *Telle est bien la vie : elle ne ressemble pas au roman picaresque où le héros, d'un chapitre à l'autre, est surpris par des événements toujours nouveaux, sans nul dénominateur commun : elle ressemble à la composition que les musiciens appellent* thème avec variations. »

Principes d'écriture

S'il s'agit bien de convoquer, dans un roman, les éléments les plus disparates, les plus hétérogènes, – cela implique, une fois de plus, un art très strict et très souple de la composition, – où se manifeste une connivence étroite avec l'art de la création musicale.

Je relève, rapidement, quelques-uns des partis pris compositionnels dans ce roman de Kundera :

1. La relative autonomisation des séquences, qui, loin d'être soumises à une « unité organique », peuvent être *savourées* isolément, indépendamment de leur enchaînement logique ou chronologique, comme les différents mouvements d'une sonate ou d'une symphonie (ou encore mieux : d'une suite), – ce que confirme, métaphoriquement, un autre segment indexiel : « *Le roman ne doit pas ressembler à une course cycliste, mais à un banquet où l'on passe quantité de plats.* »

2. La perturbation délibérée de l'« unité d'action », – d'où la substitution, à l'intrigue unique et centrée, d'un *tressage* de voix, ou de « lignes d'intrigue », – passage de la monodie à la polyphonie, de la mélodie simple au contrepoint.

3. La subversion du principe de causalité qui orientait le

roman traditionnel (le « *post hoc, ergo propter hoc* » des rhétoriques narratives, qui établissait entre deux séquences contiguës d'un récit un lien simultané de succession et de conséquence) ; ici, à l'inverse, l'écriture ne cesse de disloquer et de redistribuer la chronologie (en décevant tout effet de « suspense » : c'est ainsi, par exemple, que la mort d'Agnès, le personnage central, est annoncée une centaine de pages avant d'être décrite), – et les « épisodes » sont ramifiés selon la logique d'un écho à distance, ou d'une causalité à retardement (celle, par exemple, de la jeune fille qui marche au milieu d'une autoroute, et qui provoque ainsi une série d'accidents automobiles, – motif présent dès les premières pages, et dont on ne comprendra qu'à la fin du roman qu'il participe à l'un des nœuds de l'action : la mort d'Agnès). Principe de composition *fuguée*.

4. La présence « diagonale » de certains thèmes majeurs (et des motifs qui s'y rattachent) *traversant* les différentes « lignes de narration » (pour reprendre une formule de Kundera lui-même [2]), – et établissant entre elles des jonctions ponctuelles ou des courts-circuits : principe de l'unification *par* le dispositif thématique et motivique.

Tout cela, en somme, autorise la possibilité d'une double lecture de *L'Immortalité* : l'une, romanesque (au sens traditionnel), « horizontale », qui se laisse entraîner par l'enchaînement apparemment capricieux des séquences, épouse leur va-et-vient, leur suspension, leurs détours, leurs changements de registres : cette lecture-là n'est pas interdite, même si elle laisse fatalement au lecteur l'impression, à la fin du livre, d'avoir été piégé (mais il y a aussi un plaisir propre à ce « piège ») ; l'autre, musicale, « verticale », c'est-à-dire attentive à la polyphonie des voix, au jeu des variations-digressions, aux *raccords* dans le volume du texte, à la dialectique retorse de la dispersion et de la cohésion : celle dont

2. Dans *L'Art du roman*, Gallimard, p. 106.

le plaisir procède aussi d'une découverte progressive des « règles du jeu [3] ».

LA COMPOSITION

Ces quatre principes ordonnent pour une large part la *composition* du roman (depuis l'architecture globale jusqu'à la dissémination secrète des motifs). S'il est impossible de « raconter l'histoire » de *L'Immortalité* (de résumer le roman, de réduire son volume à une ligne) sans en perdre l'essentiel, – du moins pouvons-nous dégager les principaux thèmes (ou groupements thématiques), et tenter de repérer la façon dont ils s'articulent.

L'architecture, en gros, s'organise autour de trois grandes « lignes de narration », qui *dominent* tour à tour chacune des sept grandes parties [4].

1. L'histoire d'Agnès (une femme d'une cinquantaine d'années, vivant à Paris à notre époque), dans ses rapports conflictuels avec sa sœur Laura (tout à la fois son contraire et sa rivale) et avec son mari Paul (dont elle se détache peu à peu). La propre histoire de Paul (professionnelle, idéologique, sexuelle, affective) se développe en *contrepoint* à celle d'Agnès (parfois mêlée à celle-ci, parfois parallèle, autonome). Personnages secondaires : Brigitte, la fille de Paul et d'Agnès (qui introduit le thème de la « jeunesse »), et le professeur Avenarius (l'un des amants de Laura), qui établit un lien direct avec le narrateur lui-même. Cette « ligne de narration » domine les parties impaires du roman (1, 3, 5 et 7), avec, selon les cas, des focalisations différentes.

3. Une méditation sur l'histoire des relations (pour le

3. Voir Michel Picard, *La Lecture comme jeu*, Minuit.

4. Voir ce que Kundera lui-même dit de la répartition de presque tous ses livres en sept parties (chiffre fétiche) dans *L'Art du roman*, *op. cit.*, pp. 108-109.

moins conflictuelles) entre Goethe et Bettina von Arnim, qui autorise une réflexion, ironique, paradoxale, sur le romantisme, l'amour-passion, l'hystérie, – et qui fait surgir, elle aussi, des personnages secondaires : Beethoven (opposé à Goethe dans une séquence emblématique, quasi allégorique) et Hemingway (qui retrouve Goethe outre-tombe, et dialogue avec lui à propos de leurs destins *post mortem* respectifs). Cette « ligne de narration » domine les parties 2 et 4 – dans une *tonalité* sensiblement différente de celles des parties impaires : à la fois plus historique (les situations évoquées sont attestées, véridiques) et plus discursive (c'est la part du roman qui se rapproche le plus du registre de l'*essai*).

3. Une histoire plus autonome (mais qui permet de dialectiser les deux « lignes de narration » que je viens de mentionner, de briser leur symétrie) : celle de la vie sexuelle (passablement mouvementée, et découpée en « périodes ») de l'homme surnommé Rubens. Cette histoire (qui occupe l'essentiel de la partie 6) a une double fonction : tout à la fois de contraste (par le champ d'expérience qu'elle explore) et de contamination (elle permet, en retour, de poser sur les deux autres séries le regard de la lucidité sexuelle).

Pour poursuivre l'analogie musicale : on pourrait avancer que les parties paires sont en *majeur*, et les parties impaires en *mineur* (tonalité du « désenchantement »).

Cette architecture, notons-le, n'a rien de rigide, – il ne s'agit pas d'une simple alternance ou d'un simple entrelacement de « lignes de narration » sans rapports entre elles. Certaines situations ou certains personnages de la première « ligne » sont évoqués dans la seconde, – et vice versa (par exemple : il y a une parenté manifeste entre le personnage de Laura et celui de Bettina von Arnim) ; certains thèmes, comme je l'ai indiqué, traversent les trois séries ; la sixième partie, la plus autonome, voit surgir le personnage d'Agnès (elle a été l'une des maîtresses de Rubens), qui l'articule ainsi à la première « ligne ».

Il existe, surtout, ce que l'on pourrait nommer des *motifs de raccord*, qui assurent la solidarité ponctuelle des trois séries : ainsi, par exemple, du « geste du désir d'immortalité », qui associe Laura à Bettina ; de l'épisode des lunettes brisées, qui relie à distance deux scènes de rupture violente (Christine, l'épouse de Goethe, exaspérée par Bettina, brise les lunettes de celle-ci, – *comme*, près de deux siècles plus tard, Agnès brisera les lunettes de sa sœur Laura, dans un autre moment d'exaspération) ; du motif du sein caressé (doublé par le motif annexe de « l'érotisme de la pudeur »), que l'on retrouve *à la fois* dans un épisode concernant Goethe et Bettina, et dans un épisode concernant Rubens et Agnès, distant de plusieurs dizaines de pages.

Ce dispositif de micro-liaisons, destiné à assurer la cohésion entre des parties différemment focalisées, peut aussi prendre la forme, comme je l'ai déjà suggéré, des « épisodes à retardement » (ou mieux : des *développements motiviques discontinus*). C'est le cas, par exemple, du motif de la « jeune femme sur l'autoroute » : celui-ci apparaît dans les premières pages du roman comme un détail insignifiant (une simple information donnée à la radio, entre deux pubs) ; plus tard, il devient un objet de méditation, de la part du narrateur (amené à imaginer les mobiles de cet acte) ; ensuite, il est décrit de l'intérieur, comme si le narrateur pénétrait enfin dans les pensées et les sentiments de la femme (moment où cette silhouette fugitive devient un véritable personnage) ; enfin, il cesse d'être un épisode pour devenir une péripétie (un « tournant » du récit central) : c'est cette femme, en fait, qui provoque la mort d'Agnès. Le motif, en somme, s'est peu à peu *développé*, – selon un principe de dérivation, ou de changement de fonction. On pourrait dire que ce qui distingue ce type de micro-liaison (entre des segments narratifs distants, séparés) des précédents (« motifs de raccord ») est qu'il est ici affecté d'une valeur manifestement dynamique.

On sait qu'un compositeur comme Alban Berg, confronté

aux contraintes de la « Grande Forme » (assurer l'unité latente d'un matériau proliférant, dispersé), avait proposé la notion de l'*Errinerungsmotiv* (« motif de mémoire »), – qu'il distinguait du simple *Leitmotiv* wagnérien. « *Les motifs* », écrit Pierre Boulez à propos de Berg, « *sont de plus ou moins grande envergure : il y a des motifs généraux qui circulent dans toute l'œuvre et des motifs locaux qui ne sont liés qu'à une situation spécifique. Certains participent à un développement; d'autres ne participent qu'à une mise en place de signaux* » ; et plus loin : « *Berg cherchait à concilier l'expression instantanée du texte avec le développement formel. Il voulait faire coïncider l'évolution dramatique avec une forme rigoureuse, c'est-à-dire une structure* sans retours *avec une structure basée sur le principe du retour et de la répétition, même varié*[5] ». Ces quelques indications de Boulez (qui concernent *Wozzeck*, ou *Lulu*), on pourrait très exactement les appliquer à l'art compositionnel de Kundera : comme dans les opéras de Berg, il y a dans *L'Immortalité* un conflit constant de la forme et de la dynamique, – résolu par ces « motifs de mémoire » (locaux ou généraux, ponctuels ou développés) qui supposent (comme chez Berg, encore) un art étourdissant de la composition *labyrinthique*, enchevêtrée, ramifiée.

Le récit et le discours

Pour parachever cette analogie musicale (mais elle est essentielle : c'est l'un des apports les plus décisifs de Kundera à la modernité romanesque que d'avoir à ce point *musicalisé l'art du roman*, – participant ainsi de cette « interaction entre les arts » où se situent, aujourd'hui, dans tous les

5. Pierre Boulez, *Jalons (pour une décennie)*, Christian Bourgois, pp. 175 *sqq.*

domaines, les zones les plus effervescentes de l'invention artistique [6]), – il conviendrait d'évoquer les *timbres* dont ce roman est tissé. Il y a, si l'on veut, deux « instruments » que Kundera mêle, intrique, et dont il neutralise l'opposition : le récit, et le discours. Mais il ne s'agit pas, encore une fois, d'un simple entrelacement (c'est ce qui distingue Kundera de Broch) : plutôt d'une sorte de transfusion ou de translation, où, comme dans les grandes sonates pour clavier et violon (Bach, Mozart, Beethoven), un thème ou un motif surgi de l'un des timbres (récit ou discours) peut être prolongé dans l'autre, sans qu'aucun des deux timbres domine jamais l'ensemble. Du coup, Kundera perturbe les catégories littéraires établies, force la distinction des genres : le « récit », chez lui, vire sans cesse à l'essai (mais c'est un essai ouvert, suspendu, spécifiquement romanesque), – et l'essai n'a de sens qu'à procéder de la narration, et à la relancer (ce pourquoi le récit, chez lui, n'est jamais naïf, innocent). Ou, pour le dire autrement : dans la lecture d'un tel roman, le plaisir de l'imaginaire et celui de l'intelligence sont strictement indissociables.

LA CRITIQUE DU « MODERNE »

Il me reste à relever, rapidement, quelques-uns des grands thèmes qui traversent l'ensemble, aussi bien horizontalement (variations thématiques d'un mouvement à l'autre) que verticalement (d'un registre ou d'un « timbre » à l'autre).

Celui qui s'impose, d'emblée, pourrait être nommé : la critique du « moderne ». Il se manifeste explicitement dans une

6. Je me permets de renvoyer à ce que j'avance, à ce propos, dans *L'Impureté (op. cit.)*. Kundera lui-même développe longuement les leçons qu'un romancier peut tirer de l'art musical dans *Les Testaments trahis* (Gallimard), livre paru après *L'Immortalité*, – notamment à propos de Chopin, Janáček et Stravinski.

méditation consacrée à la phrase célèbre de Rimbaud (« *Il faut être absolument moderne* »), – transformée par la *doxa* en slogan quasi terroriste, justifiant toutes les démissions de l'esprit critique devant l'apologie sans réserve de l' « esprit du temps », – et autorisant par là même toutes sortes d'attitudes de servitude volontaire, des plus futiles (soumission aux impératifs de la mode) aux plus graves (adhésion aux idéologies « révolutionnaires »). Ce thème s'expose, aussi, dans certaines séquences plus précisément narratives : celle de l'agacement du narrateur devant le flot de voitures qui, dans les villes, défigure le paysage urbain, – et contre quoi le professeur Avenarius se révolte en crevant des pneus ; celles où est dénoncée la tyrannie médiatique (le ton d'euphorie obligatoire qui accompagne, à la radio, la météo ou les informations, – et qui se retrouve dans le sourire obligé des photographies officielles des hommes d'État ; plus généralement, l'envahissement des médias par la tonalité du « futile », – à quoi Paul souscrit, contre son propre intérêt, par pur « conformisme moderniste », devenant ainsi le *« brillant allié de ses fossoyeurs »*). Celle, ensuite, où est dénoncée la religion de la « jeunesse » (Paul, toujours, fait *a priori* crédit à ce que pense sa fille Brigitte, « parce qu'elle est jeune », – ce qui l'entraîne à prendre des décisions absurdes). Celle, enfin, où Rubens, visitant le musée d'Art moderne de New York, perçoit une coupure radicale entre l'étage inférieur (où sont exposés Matisse, Picasso, Dali) et l'étage supérieur (celui des œuvres contemporaines), – comme si la peinture contemporaine avait mis fin à un art immémorial, comme si nous étions entrés dans une période où la peinture se survivait artificiellement, sans nécessité.

On trouve là, bien entendu, un thème (dénonciation des illusions et des impasses du « progrès ») qui rattache Kundera à ce « *modernisme anti-moderne* » qui caractérise, selon lui, la culture centre-européenne (par opposition aux « futurismes » russes et occidentaux), – et dont il trouve les jalons chez Kafka, Musil, Broch ou Gombrowicz [7]. Car c'est un paradoxe, ici, qu'il faut saisir : celui d'une pensée manifestement hostile au *modernisme* (comme idéologie), mais s'exposant dans une écriture qui ne nie rien des acquis de la *modernité* (comme esthétique) : en l'occurrence, la conception du roman polyphonique (issue de Broch), du récit intellectuel (inspiré de Proust et de Musil : les actions ne sont pas seulement décrites, mais aussi pensées), ou même un certain héritage du Nouveau Roman (le processus d'écriture s'affichant explicitement au cœur même du récit).

On peut noter, ici, que cette part discursive, si elle relève bien de ce que Kundera nomme l'« *essai spécifiquement romanesque* », où la pensée est tout à la fois ludique et relativisée par la fiction, n'en produit pas moins (et c'est la singularité de ce livre, dans l'œuvre de Kundera) un certain effet de convergence. Question d'énonciation, sans doute (il est significatif que le discours unilatéral du narrateur, dans son « autorité », soit celui qui surplombe le plus grand nombre de ces variations sur la modernité [8]) : du coup (et cela contribue à la tonalité désenchantée qui domine le roman) la part du « jeu » et de l'« hypothèse » y est, sans doute, plus restreinte que lorsque le texte aborde d'autres thèmes...

---

7. Selon les termes proposés par Kundera dans le n° 78 de la revue *Art press* (« L'esprit centre-européen »).

8. Ce qui ne signifie pas qu'il faille lire cette part discursive comme relevant des affirmations simples et des certitudes qui caractérisent le « roman à thèse », – mais, plutôt, que ce « *territoire du jeu et des hypothèses* » qu'est le roman pour Kundera (*L'Art du roman*, p. 101) est entraîné ici vers une méditation plus homogène.

L'IMAGE

Le second grand thème récurrent, ramifié, c'est celui de l'*image*, et de l'aliénation qu'elle suscite. Thème ouvertement exposé dans la méditation sur la « fin de l'Histoire », – référée à la façon dont, aujourd'hui, de plus en plus, le pouvoir des « *imagologues* » se substitue à l'ancienne emprise des idéologies. Ce thème est, à son tour, « varié » : dans une réflexion ironique sur « *l'œil de la caméra* », qui immortalise les hommes célèbres, mais de manière risible (Jimmy Carter frappé par un incident cardiaque « en direct », à la télévision, alors même qu'il voulait donner en lui l'image d'un chef d'État en pleine forme) ; dans une mise en scène des *clichés* à quoi certains artistes (Goethe, Beethoven, Hemingway) sont réduits pour la postérité ; dans la séquence où Agnès perçoit que l'« œil de Dieu » (ancienne instance de jugement, avec laquelle on pouvait jouer, de manière perverse) est désormais remplacé par « l'appareil-photo » (indiscret, trompeur, et avec lequel il est impossible de jouer) ; dans celle, aussi, où Rubens échoue à se souvenir avec précision de sa vie érotique passée, dans la mesure où celle-ci, justement, se réduit à quelques « images » fuyantes et lacunaires.

Une hypothèse latente, dans tout cela : le triomphe actuel de l'image affecte non seulement le reflet de nos vies, mais leur sens. Or, le plus intéressant, ici, est qu'un tel thème implique certaines conséquences *quant au genre romanesque lui-même.* Le roman, si l'on veut, n'a de sens qu'à résister, par tous les moyens, à cette « imagologie » généralisée. Si « *l'essentiel, dans un roman, est ce qu'on ne peut dire que par le roman* », cela entraîne la nécessité d'éviter soigneusement tout ce qui pourrait autoriser sa « *transformation en film, en dramatique de télévision ou en bande dessinée* » (dialogue du narrateur avec Avenarius). Autrement dit : le refus de l'image n'est pas seulement un thème (sociologique ou idéologique), – c'est aussi, délibérément, un parti pris d'écriture.

Le Romantisme et le Libertinage

Goethe, poursuivi par les avances (pour le moins passionnelles) de Bettina von Arnim, tient ses distances, – jusqu'au moment où, à la suite d'un esclandre (l'épisode des « lunettes brisées »), il doit *choisir* entre l'amour de Bettina et celui de son épouse légitime, Christine. Il prend alors le parti de Christine, – ce que toute la tradition romantique, jusqu'à Rilke et Romain Rolland, lui reprochera comme un signe de conformisme ou de lâcheté. Dans l' « essai » que le roman de Kundera consacre à cet épisode, Goethe est au contraire justifié, réhabilité. C'est tout le thème (insistant, récurrent) de la « critique du Romantisme » qui se met en place ici, – et qui connaîtra de nombreuses variations. S'agit-il, pour Kundera, de déprécier le « sentiment » ? Non, – mais plutôt le « *sentiment érigé en valeur* », c'est-à-dire la mythologie de la possession, de l'amour-passion (jusqu'en son avatar surréaliste : l'amour fou), révélé ici comme une sorte d'amour sans objet (« *un tel amour ne connaît pas l'infidélité, car même si l'objet change, l'amour reste la même flamme, allumée par la même main céleste* »). C'est même pourquoi un tel amour est, fondamentalement, hystérique : « pur », absolu, sans objet véritable (sinon social ou mythique : la « grandeur »), il ne peut que se déployer « *dans un espace extra-coïtal* », et avec tous les symptômes de la simulation ou de la pose (ce qu'aime Bettina, c'est son propre amour, au-delà de tous les hommes qu'elle poursuit).

Il est, dans notre culture, on le sait, une autre tradition, qui s'oppose délibérément à cette mythologie romantique de l'amour-possession, – c'est celle du Libertinage. D'un côté, le héros romantique, objet de son propre désir, auquel il est

« enchaîné » ; de l'autre, le héros libertin, sujet souverain et lucide d'un plaisir qu'il ne cesse de contrôler, et qui exclut toute sentimentalité déplacée. Or, le plus surprenant, dans le roman de Kundera, c'est que cette figure du libertinage (incarnée par le personnage de Rubens) est elle aussi soumise au même regard ironique et désabusé. Comme si l'érotisme le plus intense (celui du « détournement » des conventions et des situations) ne pouvait être qu'*involontaire* : par exemple, ces femmes qui, à Prague, au début des années soixante-dix, sous prétexte d'une psychothérapie de groupe d'inspiration vaguement lacanienne, se dénudaient ensemble devant un miroir. Quant à Rubens, son libertinage ne cesse d'échouer : parce qu'il est finalement décevant (l'épisode où une jeune fille australienne, violemment désirée par Rubens, gâche tout en arrivant à leur rendez-vous affublée d'horribles baskets) ; parce qu'il est insuffisant (Rubens cherche, en vain, à concilier l'« *amour* » et la « *lubricité* ») ; parce qu'il est inaccessible (Rubens, à travers toutes ses partenaires, cherche un « *au-delà de l'amour* », purement physique, – mais finit toujours par retomber dans la tendresse, la jalousie, le sentiment) ; enfin, parce qu'il est insaisissable (comme je l'ai indiqué, Rubens ne parvient à en fixer que quelques « images » dérisoires : s'il en vient à envier Casanova, ce n'est pas pour le nombre de ses conquêtes, mais pour la précision de sa mémoire à leur propos). En définitive, Rubens, qui a voué sa vie « aux femmes », en est réduit à se demander si cette vie n'a pas été, de ce fait même, gâchée...

On peut noter, ici, un très net déplacement par rapport à la façon dont ces thèmes étaient traités dans le précédent roman de Kundera (*L'Insoutenable Légèreté de l'être*[9]) : tout se passe, désormais, comme si le Romantisme (avec son idéalisation, son emphase, « sa possession ») et le Libertinage

9. Gallimard. Je me permets, de nouveau, de renvoyer au chapitre que je consacre à ce roman dans *L'Impureté*, *op. cit.*

(horizon idéal de souveraineté, mais hors de portée) étaient renvoyés dos à dos, – soumis à la même ironie pénétrante et impitoyable. Non parce que l'érotisme aurait cessé d'être désirable (en un sens, il est infiniment plus désirable que l'« amour »), mais parce qu'il comporte lui aussi ses pièges, ses aveuglements, ses impasses : le « *regard froid du vrai libertin* » (selon l'expression de Sade, reprise par Vailland), Kundera n'hésite plus désormais à le poser sur le libertinage lui-même.

L'IMPASSE DE L'ART

Tous ces thèmes, on le voit, sont essentiellement critiques, négatifs : déterminant, dans le roman, une tonalité, sinon nihiliste, du moins clairement désabusée. On pourrait s'attendre, en contrepartie, à ce que l'art lui-même (l'écriture du roman) soit au moins défini positivement, – comme exercice d'une liberté et d'une lucidité inaccessibles par ailleurs. Chez Thomas Bernhard, par exemple, pourtant le plus « nihiliste » des écrivains modernes, l'art (métaphorisé par la musique) apparaissait comme le dernier lieu de salut dans le naufrage généralisé. Or, Kundera semble pousser le pessimisme jusqu'à nous refuser cet ultime recours, ou cette ultime illusion. C'est le dernier grand thème récurrent : celui de l'échec de l'art. Celui-ci, tout d'abord, est largement inefficace : le narrateur, ainsi, doit accepter l'idée que la subtilité de l'écriture (le soin maniaque avec lequel un écrivain pèse le moindre mot) est imperceptible pour le lecteur (comme ces dernières retouches par lesquelles Mahler, fébrilement, corrigea l'une de ses symphonies, et qui lui semblaient décisives, – alors qu'elles sont largement inaudibles pour l'auditeur moyen). Ensuite, l'art, dans nos sociétés, ne sert plus guère que d'alibi : on aime « l'idée de l'art » plus que l'art lui-même (c'est ainsi que Lénine déclarait aimer l'*Appassionata* de Beethoven, – mais pour des raisons fort peu musicales, – ou que Beethoven, plus généralement, est admiré en tant que personnage emblématique, plus que réellement et authentiquement apprécié pour son œuvre). Enfin, il existe dans le monde actuel une tendance, de plus en plus insistante, à réduire certains créateurs à une image simple, stéréotypée (Rimbaud ramené au slogan : « *Il faut être absolument moderne* », – au détriment de toute sa poésie), ou à s'intéresser beaucoup plus aux *biographies* des artistes et des écrivains (au besoin pour les déprécier, les discréditer) qu'à leurs créations : c'est tout le sens, dans le roman de Kundera, de l'éblouissant dialogue outre-tombe entre Goethe et Hemingway (qui discutent du destin posthume de leur « image »), ou de la rencontre finale de Paul et du narrateur (où c'est, dans la bouche de Paul, une véritable *haine de l'art* qui se manifeste, sous le prétexte de sa démystification). C'est probablement là l'aspect le plus poignant de ce roman : son aptitude à traiter ce qui le nie, – à refuser toute illusion quant au destin social de l'art. La dernière « *immortalité* » à laquelle, dans un monde privé de Dieu, nous pouvions prétendre, ne nous est même pas garantie.

Le regard

Je ne suis parvenu, me semble-t-il, qu'à donner une très faible idée de ce roman foisonnant, multiple, dont la complexité échappe pour une large part à l'analyse. Un roman, on l'aura compris, qui, beaucoup plus que les précédents, est placé sous le signe du désenchantement. S'il est permis de ne pas forcément « adhérer » à toutes les pensées qui s'y exposent, ou à la conception du monde qui s'y profile, – un fait, du moins, est indéniable : Kundera est l'un des rares, aujourd'hui, à oser « regarder le mal en face », sans la moindre complaisance, – mais avec suffisamment d'humour pour ne pas tomber *non plus* dans le cliché du « désespoir systématique ». J'aimerais insister, pour terminer, sur deux choses : la fantastique acuité, ou pénétration, du *regard* qui se déploie dans ces pages, – et que l'on pourrait rapprocher de cet « *art du vivisecteur* » qui, selon Musil, devait qualifier un romancier authentique. L'effet de contagion, ensuite, d'un tel regard : nous ne pouvons plus, après avoir lu *L'Immortalité*, percevoir le monde qui nous entoure *comme avant*. Cet effet-là, que seuls de très rares romanciers (Proust, Musil) peuvent produire, revient en somme à *complexifier* et à *dénaturaliser* ce qui, ordinairement, « va de soi ». Le roman de Kundera, autrement dit, est l'un de ceux qui rendent le lecteur plus éveillé, plus intelligent, – ce qui est, pour moi, l'un des plus grands compliments que l'on puisse faire à un roman.

L'AFFOLEMENT DU RÉCIT

Mario Vargas Llosa, *La Tante Julia et le Scribouillard,* traduit de l'espagnol (péruvien) par Albert Bensoussan, Gallimard, 1980.

> L'homme dépend le plus profondément de son reflet dans l'âme d'autrui, fût-ce celle d'un crétin.
>
> GOMBROWICZ, *Ferdydurke.*

> Repoussez l'incrédulité : vous me ferez plaisir.
>
> ISIDORE DUCASSE, *Poésies.*

Voici un roman qui, *a priori*, a tout pour séduire les amateurs de livres légers, drôles, « réalistes », aisément « lisibles » (entendons ces deux derniers termes non comme une propriété du texte, mais comme une convention d'écriture devenue norme de réception). Et pourtant, il se pourrait bien que le jeu qui ordonne sa composition, extrêmement subtil, ne soit pas tout à fait innocent ; que la lecture en soit troublée, déstabilisée ; et que le sens lui-même (puisque pour tout véritable romancier le sens est *dans* la technique, comme j'ai déjà commencé à le postuler dans les chapitres qui précèdent) ne se réduise pas aux anecdotes amusantes que l'histoire déploie en surface. Quel est, donc, le mode de composition de *La Tante Julia et le Scribouillard* ? Il peut sembler, dès la première approche, facilement perceptible : c'est celui que les théories du récit désignent ordinairement sous le nom d'« alternance », ou d'« entrelacement ». En l'occurrence, deux séries narratives distinctes se répartissent alternativement les chapitres impairs et pairs, – clivage d'ailleurs indiqué dès le titre, en sa bipolarité. Dans la première série, énoncée sur le mode du récit autobiographique, le narrateur, Mario, est un jeune étudiant péruvien, bouillonnant d'ambitions littéraires, qui doit travailler dans une station de radio de Lima pour gagner sa vie. Il tombe amoureux de la sœur de sa tante, fraîchement divorcée, et sensiblement plus âgée que lui ; après avoir surmonté plusieurs obstacles, et au terme de nombreuses péripéties, il réussira à l'épouser, et à réaliser son rêve : partir avec elle à Paris, pour y commencer sa carrière d'écrivain. La seconde série, en contrepoint de cette intrigue amoureuse, nous fait pénétrer dans l'univers des feuilletons radiophoniques à succès qui inondent les ondes péruviennes, en ces années cinquante, et que rédige Pedro Camacho, auteur prolifique, tout à la fois grotesque, ridicule, et d'une certaine façon fascinant. Ces chapitres prennent la forme de récits passablement « romanesques », jusqu'à l'extravagance, se terminant tous sur un *suspense*, et dont nous comprenons peu à peu qu'ils sont les épisodes mêmes, retranscrits sous une forme narrative, de quelques-uns des feuilletons de Camacho diffusés à la radio. Seul le dernier chapitre, fonctionnant comme un épilogue, échappe à cette stricte distribution : il nous évoque, plusieurs années après les faits évoqués, les retrouvailles de Mario et de Camacho, – le premier en pleine ascension, le second irrémédiablement déchu.

Cette composition en alternance, on le sait, est fréquente au début de certains longs romans, – lorsque le récit se focalise successivement sur différents personnages, avant que l'intrigue ne noue leurs histoires respectives. Il est assez rare, en revanche, qu'elle soit *tenue* d'un bout à l'autre d'une même œuvre, – même si les exemples célèbres ne manquent pas, depuis *Les Palmiers sauvages* de Faulkner (où s'entrelacent deux récits pratiquement indépendants) jusqu'à *L'Aca-*

cia de Claude Simon (qui fait alterner les séquences centrées sur la Première Guerre mondiale et celles qui évoquent la Seconde). La fonction de cette structuration, généralement, est d'établir un art du contrepoint narratif, – où chacune des séries présente, dans des proportions variables, des contrastes et des accords avec l'autre (dans *Les Palmiers sauvages* les liens, d'ordre thématique, sont extrêmement lâches, presque indistincts, alors qu'ils sont particulièrement nombreux et resserrés dans *L'Acacia*). Or, ce qui fait l'originalité du roman de Vargas Llosa, c'est que le « pacte de lecture » posé dès que l'on a pris conscience du procédé ne cesse d'être ébranlé, et de se transformer. En gros, nous percevons d'abord les chapitres pairs (ceux des feuilletons de Camacho) comme pratiquement étrangers (jusque dans leur style) aux chapitres pairs (ceux de la chronique biographique, de l'intrigue amoureuse), – mais au fur et à mesure que le roman progresse, les liens entre ces deux séries deviennent plus fréquents, plus intenses, plus explicites, selon la progression même des indices parsemés dans chacune des deux séries (c'est d'ailleurs le repérage de ces indices qui finit par perturber la lecture « simple », celle qui se contente de « suivre » les histoires racontées). Le tissu, au terme du processus, finit par se resserrer à un tel point que la lecture en vient à s'affoler : plus aucun récit n'est à prendre au premier degré, et comme dans ces pièces baroques où la technique du « théâtre dans le théâtre » en arrive à brouiller toute crédibilité, et à faire porter le soupçon sur la réalité elle-même, le jeu mis en place par le roman ne peut que nous entraîner dans un très étrange vertige, presque immaîtrisable.

La construction du narrateur

Tentons de préciser cela, en repérant comment nous sommes amenés à discerner *qui* raconte les histoires. Dans les chapitres impairs, ce statut de la voix narrative est aisément perceptible : les récits sont écrits à la première personne, le « pacte autobiographique » est mis en place (le narrateur est nommé par ses proches « Mario », « Marito », « Varguitas », et rien de ce qu'il relate n'est incompatible avec ce que nous pouvons savoir de l'auteur), – quant au point de vue de ce narrateur, il est omniprésent, exclusif (toute l'histoire est vue par son regard) : tout cela ne peut que susciter une impression d'authenticité, c'est-à-dire amener le lecteur à croire à l'histoire qui lui est racontée. Il en va tout autrement des chapitres pairs, ceux des feuilletons : initialement, il semble qu'ils soient pris en charge par un « narrateur effacé », à la vision omnisciente (comme les récits qui paraissent « s'écrire tout seuls ») : seules certaines fioritures de style, et le conformisme un peu niais de quelques commentaires, peuvent nous faire soupçonner, vaguement, la présence d'un narrateur différent de « Mario ». Or, peu à peu, ces soupçons se précisent : des indices apparaissent, comme je l'ai déjà indiqué, qui renvoient à un narrateur bien précis (un « narrateur-personnage »), dont nous pouvons progressivement deviner qu'il n'est autre que Pedro Camacho, le « scribouillard » évoqué dans les chapitres impairs. Il s'agit, tout d'abord, de clichés, de stéréotypes, que nous retrouvons dans chaque feuilleton, – celui, par exemple, qui désigne dans toutes les séquences un personnage « *quinquagénaire* », gratifié d'être « *dans la fleur de l'âge* », et qui accorde à ce personnage la même description récurrente (« *large front, nez aquilin, regard pénétrant, esprit plein de bonté et de droiture* ») : cette répétition systématique ne peut nous apparaître que comme une obsession du narrateur, voire une trace de sa propre complaisance narcissique égarée dans la fiction (la marque du *scriptor in fabula*). Ensuite, nous percevons vite que chaque épisode de feuilleton comporte, de façon purement gratuite, une formule xénophobe concernant les Argentins (par exemple : « *Cette coutume des gens de Buenos Aires de faire leurs besoins dans un seau là même où ils dorment et mangent* ») – formules outrancières et répétées qui, elles aussi, ne peuvent que renvoyer à une obsession personnelle du narrateur (ce n'est que dans l'épilogue que nous en comprendrons la source, en apprenant que Camacho avait été marié à une Argentine qui chantait des tangos, à moitié nue, dans des beuglants sordides, et qui, à l'époque où ces feuilletons étaient écrits, venait de le quitter).

Mais cette construction progressive d'un narrateur procède aussi de la façon dont les chapitres pairs (les feuilletons) trouvent un écho, rétroactif ou anticipateur, dans les chapitres impairs, ceux de l'intrigue amoureuse. Le premier de ces « motifs de raccord » [1] apparaît au chapitre 5, où Julia raconte à Mario l'histoire, entendue à la radio, d'un garçon de San Isidro qui a engrossé sa sœur (le lecteur peut alors deviner qu'il s'agit en fait de l'histoire racontée au chapitre 2). Dans le même chapitre 5, il nous est dit, incidemment, que Camacho, le feuilletoniste, s'est débarrassé d'un métis chargé des effets spéciaux dans ses émissions, – et le lecteur attentif peut alors soupçonner qu'il y a là l'origine « biographique » du chapitre 4, où nous est racontée l'histoire du sergent Lituma, officier de police de Lima, chargé par ses supérieurs d'exécuter un nègre surgi nu dans les entrepôts des docks. Au chapitre 7, on nous relate les plaintes de l'ambassadeur d'Argentine au Pérou, concernant les insultes envers son peuple dont les feuilletons de Camacho sont parsemés, avec notamment une allusion précise au « *seau* » mentionné dans le chapitre 6. Dès lors, aucun doute n'est plus permis, le narrateur des chapitres pairs est clairement identifié, – et, surtout, nous ne pouvons plus lire ces séquences de la même façon. Elles cessent alors en effet d'être perçues comme des récits simplement *alternés*, et prennent le statut de récits *enchâssés* (de « récits dans le

1. Je renvoie ici à la façon dont je définis et analyse ces « motifs de raccord » dans le chapitre précédent, à propos de *L'Immortalité* de Milan Kundera.

récit »), explicitement référées au personnage de Camacho. D'où un déplacement inévitable du centre d'intérêt du lecteur : ce n'est plus seulement l'intrigue de ces feuilletons qui sollicite son attention, mais aussi, de plus en plus, la trace en eux de cette présence de Camacho, – trace dont les indices vont désormais proliférer, en même temps que se multiplient les « raccords » entre les deux séries. Dans le chapitre 9, ainsi, la famille de Mario trouve « *excessif* » le ton adopté par Camacho envers les Témoins de Jéhovah, – ce qui renvoie à l'histoire racontée au chapitre 6 ; on apprend que Camacho se fait dévorer ses provisions par des rats, – ce qui peut apparaître comme la source d'inspiration concrète de l'épisode initial du chapitre 8 ; et la Tante Julia évoque, en discutant avec Mario, un feuilleton radiophonique où un jeune homme a le sommeil troublé parce qu'il rêve sans cesse qu'il écrase une fillette, – ce qui annonce le sujet du chapitre 10.

Enfin, ces « motifs de raccord » entre les deux séries vont prendre de plus en plus d'importance à partir du chapitre 11, – où l'on apprend que Camacho commence à ne plus contrôler les feuilletons qu'il écrit, qu'il « *change les noms* », « *fait passer les personnages d'un feuilleton à l'autre* », qu'il accumule les bourdes et les incohérences (on baptise un enfant qui, dans l'épisode précédent, était mort-né, – « *le curé de Mendocita s'appelle comme le Témoin de Jéhovah et celui-ci comme le curé* », – etc.). Dans le chapitre 13, les comédiens des feuilletons s'inquiètent de ces incongruités, les auditeurs commencent à protester (« *les feuilletons s'embrouillent les uns les autres* »), et Camacho lui-même, manifestement surmené, confie au narrateur qu'il ne parvient plus à maîtriser ses livrets. Dès lors, c'est la progression de Camacho vers la folie qui retient l'attention du lecteur (au chapitre 15, nous apprenons qu'il invente dans ses feuilletons des catastrophes qui lui permettent de « *liquider* » tous ses personnages, en une sorte de « *génocide* » fictionnel systématique et délirant), – et nous ne lisons plus guère les chapitres pairs que comme le résultat de ce délire : ils ont perdu toute autonomie par rapport au récit-cadre.

LES ÉCHOS THÉMATIQUES

Tous les « raccords » que je viens d'évoquer, en somme, sont fonctionnels : ils ont pour but de rattacher les séquences de feuilletons au récit tuteur, en exhibant leur caractère de fiction, – et, donc, en entravant le pouvoir d'illusion qui était initialement le leur : nous ne pouvons plus « croire » à ces histoires. Mais il est, dans la logique du contrepoint qui ordonne l'alternance des deux séries, un autre type de lien, plus subtil, et aussi plus implicite, qui assure leur unité : il s'agit de raccords (ou d'échos) proprement thématiques.

Tout d'abord, on peut noter que le personnage de Camacho et celui de Julia, au-delà de leur opposition fonctionnelle dans l'intrigue, sont liés : ils sont tous les deux boliviens, et apparaissent dans la vie du narrateur au même moment (« *Je me rappelle fort bien le jour où il me parla du phénomène radiophonique parce que c'est le même jour, à l'heure du déjeuner, que je vis pour la première fois Tante Julia* ») ; comme si leur surgissement simultané les rendait d'une certaine façon indissociables dans le destin de Mario.

Ensuite, il est à remarquer que le caractère « insensé » du projet du narrateur (épouser sa tante) coïncide, dans son rythme même, avec la progression de la folie de Camacho : c'est au moment où la crise éclate (Mario a été surpris en train de flirter avec Julia, on l'a dénoncé à ses parents) que Camacho commence à dérailler ; au moment où, contre toute raison, le narrateur précise son projet en préparant leur mariage, et en bousculant tous les obstacles, que Camacho se débarrasse de tous ses personnages ; au moment, enfin, où Mario parvient à « réaliser » sa folie, et à épouser Julia, au terme d'une précipitation de péripéties burlesques, que les feuilletons de Camacho, eux-mêmes *accélérés*, deviennent totalement délirants. Comme s'il y avait, dans la dynamique respective des deux séries, une véritable solidarité rythmique, – indice de l'écho de deux « folies ».

Enfin, et c'est le plus important, il existe entre chacun des feuilletons de Camacho et l'histoire même (présentée, elle, comme « véridique ») du narrateur un grand thème commun, qui assure leur cohésion : c'est celui de la Transgression. Dans le récit-cadre, ce thème est explicite, puisqu'il s'agit de l'amour de Mario pour sa tante par alliance (« *La sœur de la femme de mon oncle Lucho* »), et de la façon dont il finit, contre toutes les conventions sociales et malgré tous les interdits familiaux, par l'épouser. La dimension « incestueuse » de cette intrigue n'est en rien dissimulée (par exemple, lorsque Julia évoque la différence d'âge qui la sépare de Mario : « *Presque assez* », lui dit-elle, « *pour que tu puisses être mon fils* »), – et quant à la séquence consacrée à la célébration du mariage, où l'on voit les protagonistes s'acharner, presque désespérément, à *tourner la loi*, elle joue bien évidemment sur ce même ressort narratif et thématique. On pourrait montrer, sans doute, que cette dimension « transgressive » sollicite du lecteur une attitude clivée, ambiguë [2] : dans la part « consciente » que la lecture met en jeu, il est confronté, de façon aisément identificatoire, à une sorte de « récit de formation », dont l'enjeu est l'émancipation du narrateur hors des contraintes familiales, son passage à l'âge adulte ; alors que, plus inconsciemment, le récit touche en lui quelque chose de beaucoup plus archaïque, – un schéma proprement œdipien. Quoi qu'il en soit, on trouvera même un écho à distance (une « reprise avec variation ») de ce grand thème central dans l'épilogue, – où le narrateur nous apprend, comme innocemment, qu'après avoir divorcé de

2. Voir Michel Picard, *La Lecture comme jeu*, Minuit, et Vincent Jouve, *L'Effet-personnage dans le roman*, P.U.F.

Julia, plusieurs années après leur mariage, il se sera empressé d'épouser sa propre cousine...

Or, ce thème de l'inceste (c'est-à-dire de la transgression du tabou majeur, fondateur de toute société), – c'est précisément celui que l'on retrouve dans le premier récit de feuilleton : celui où le docteur Alberto de Quinteros finit par deviner que son neveu, Richard, a couché avec sa propre sœur. Et il est significatif que *tous* les autres récits enchâssés (ceux qui sont censés émaner de l'imagination de Camacho) ont, systématiquement, une intrigue centrée autour d'un motif de transgression. Dans le deuxième, il s'agit d'un meurtre (le sergent Lituma est chargé de tuer le nègre retrouvé nu dans les docks) ; dans le troisième, d'un viol et d'une menace d'autocastration ; dans le quatrième, d'un parricide (les enfants et l'épouse du « *tueur de rats* » tentent d'assassiner le tyran domestique qu'il est devenu) ; le sixième récit, celui de la « *Pension Coloniale* », évoque un viol et une tentative de meurtre ; le septième raconte l'histoire d'un prêtre voleur, bagarreur, un tantinet maquereau, qui règne sur une communauté de brigands et de « *fornicateurs* », – etc. En somme, chacun des récits qui composent la série des chapitres pairs figure un avatar de ce grand thème central, la Transgression, – comme autant de contrepoints thématiques au récit tuteur. Ou plus exactement : ce qui, dans l'intrigue « biographique », sollicite du lecteur un investissement latent (prégénital, œdipien) s'expose ouvertement dans les feuilletons de Camacho (où se trahit une sorte de « perversion polymorphe »). Autrement dit, ce n'est pas seulement une différence de crédibilité (ou de degré d'illusion) qui distingue les deux séries, – mais aussi, si l'on peut dire, une différence d' « âge psychique [3] ». Il n'en reste pas moins, et c'est le plus troublant, que les feuilletons fonctionnent un peu comme la « vérité enfouie »

3. Sur la théorie des différents « âges psychiques » mis en jeu dans l'activité de lecture, voir Michel Picard, *Lire le temps*, Minuit.

des désirs et des affects mobilisés dans le récit amoureux, – d'une certaine façon, son *inconscient en acte.*

La lecture troublée

Dans les derniers récits de Camacho, comme je l'ai indiqué, la logique s'embrouille, – c'est-à-dire que le code de vraisemblance censé assurer la cohérence de la narration « réaliste » est profondément perturbé. La première fêlure intervient au chapitre 12 : l'histoire d'un voyageur de commerce, client de la « Pension Coloniale », qui, saisi d'un coup de folie subit, viole la propriétaire de la Pension et tente d'assassiner son mari ; au cours du récit, ce personnage change de nom, – d'Ezequiel Delfin, il devient Lucho Abril Maroquin, comme le personnage central du chapitre 10. Au chapitre 14, les signes de dérèglement se précisent : c'est l'identité sociale d'un personnage, Doña Mayte Unzátegui, qui varie sans raison : ce nom désigne tour à tour une femme du monde, une sorcière, une guérisseuse, une maquerelle, une putain, – et l'on voit surgir des personnages issus d'autres feuilletons (le sergent Lituma du chapitre 4 devient l'assistant de Doña Mayte, et le pasteur évangélique qui vient défier le héros du récit porte le même nom, Don Sebastian Bergua, que la victime du forcené dans le feuilleton précédent). Dans le chapitre 16, les anomalies deviennent proprement délirantes (et du reste fort réjouissantes pour le lecteur) : les personnages des épisodes antérieurs réapparaissent, parfois avec une autre profession, ou sous une autre apparence ; tous les feuilletons se mélangent ; le métier du père du héros ne cesse d'être différent d'un paragraphe à l'autre ; le héros lui-même (ce « roc » de l'identification dans les récits classiques) change de nom au cours de l'histoire, et même de fonction sociale (d'arbitre de football, il devient torero), – et à la fin, tous les personnages sont victimes d'une hécatombe apocalyptique, dans un cadre lui-même incertain (cette péripétie de la bagarre meurtrière commence dans un stade qui, contre toute logique, se transforme en arène de corrida). Quant au dernier récit attribué à Camacho, celui du chapitre 18, il porte la confusion à son comble : tous les repères se déglinguent, les mêmes personnages (y compris ceux qui venaient d'être tués) reviennent, ils se métamorphosent, échangent leurs identités, l'héroïne finit par devenir sa propre sœur, – dans une sorte d'apothéose burlesque et destructrice, où plus rien n'obéit à aucune cohérence.

On pourrait dire, d'une certaine façon, que nous assistons là à un nouveau type de transgression : dans les premiers feuilletons, celle-ci affectait le contenu (c'est un interdit moral ou social qui était bafoué) ; elle porte dans ces ultimes séquences enchâssées sur la *narration* elle-même, sur les conditions de sa crédibilité. Ce qui permet de préciser, pour compléter ce que j'ai déjà évoqué, la variation ici imposée au statut même de la lecture, – qui ne cesse d'être déstabilisée tout au long du roman. Le lecteur, tout d'abord, convié dans un « pacte autobiographique », a son attention retenue par la mise en place des enjeux du récit-cadre, celui de Mario et de Julia ; la première infraction prend la forme d'une dispersion : il est aussi sollicité par les intrigues des premiers feuilletons, qui impliquent, comme je viens de l'indiquer, de tout autres investissements inconscients et imaginaires, qu'il lit comme des « parenthèses », et dont l'inachèvement ne peut que le laisser dérouté, frustré. Ensuite, dès qu'il devient clair que ces chapitres pairs relatent des histoires émanant de Camacho, un autre type de lecture se superpose au premier, sans complètement l'annuler : devant chacune de ces histoires, le lecteur est pris dans l'attitude traditionnelle (il se demande « ce qui va arriver », « comment ça va se dénouer »), mais perturbée par un autre centre d'intérêt : il cherche aussi à repérer dans ces épisodes de feuilletons la trace des manies ou des extravagances de Camacho (son attention n'est plus requise seulement par la fiction, mais aussi par la narration). Enfin, dans le dérèglement final, l'enjeu des intrigues perd pratiquement toute importance, au fur et à mesure que se disloquent les codes de vraisemblance ou de cohérence narrative : le lecteur ne cherche plus à savoir comment le récit va progresser, mais *comment il va se brouiller*. Or, cette progressive « déréalisation » finit insidieusement par contaminer l'ensemble du livre : plus les récits enchâssés s'affichent comme des récits, plus ils révèlent leur arbitraire, et plus le soupçon s'installe, puis se généralise, jusqu'à affecter à son tour le récit-cadre, – que nous ne pouvons plus lire « au premier degré », en oubliant qu'il s'agit *aussi* d'un récit, soumis *comme les autres* à l'arbitraire d'un narrateur, que le « pacte autobiographique » maintenu jusqu'au bout ne suffit plus à garantir complètement comme source d'authenticité. Telle est, en quelque sorte, la ruse (et la modernité) d'un tel roman : qui pose les conditions d'une lecture orientée par la vraisemblance, pour les détruire peu à peu, et entraîner le lecteur dans ces zones instables où la représentation se désagrège, où elle perd toute innocence, et où l'illusion est contestée par l'affolement (baroque) de ses propres procédés.

Le devenir-écrivain

Il existe encore, dans *La Tante Julia et le Scribouillard*, une autre modalité de trouble, qu'il convient de ne pas éluder, et qui concerne l'enjeu même de l'intrigue définie par le récit-cadre. Contrairement, en effet, aux récits conventionnels, où l'intrigue se construit à partir d'un enjeu unique et stable (une « question » posée dès le début, qui oriente la lecture, et doit trouver sa résolution à la fin), – ici, l'enjeu même de l'histoire de Mario est double : le principal objet de sa quête, ou de son désir, c'est bien entendu la « conquête » de Julia, puis sa volonté de l'épouser ; et le roman mobilise dans cette poursuite de l'action tous les schémas classiques, notamment ceux qui répartissent les personnages secondaires entre « adjuvants » (ici : son ami Javier, sa cousine Nancy) et « opposants » (les membres de la famille, appuyés sur les lois). Mais il est un autre désir, parallèle, qui définit le narrateur : c'est celui de devenir écrivain, avec l'objectif plusieurs fois rappelé de venir vivre « *à Paris* », et d'y écrire « *dans une mansarde* » (désir dont le caractère stéréotypé, romantique, ne contredit pas formellement le premier enjeu : puisqu'il s'agit dans les deux cas d'échapper à la sphère familiale, et au destin conformiste qu'elle tente d'imposer à Mario). Cet enjeu second, il est au fil du roman sans cesse relancé, et en particulier par l'évocation de ces « nouvelles » que Mario s'essaie à écrire, – nouvelles dont il nous résume le sujet, qu'il lit à ses proches, et qu'il finit généralement par détruire. Il faut noter, ici, que ces « récits virtuels », dont le roman ne nous livre que l'épure, sont une autre forme de « récit dans le récit » (avec tout le *jeu* qu'induit le procédé). On remarque en effet que les deux premières nouvelles mentionnées (celle des paysans déguisés en diables, et celle de la chute d'un comédien incarnant le Christ) concernent le paradoxe de la réalité et de l'illusion, – et fonctionnent donc comme une sorte de mise en abyme du récit en tant que tel. Par ailleurs, l'un de ces récits virtuels ne peut apparaître que comme une transposition de l'histoire même que vit Mario : c'est au moment où il est sur le point de défier ses parents qu'il écrit une histoire dont le sujet est un épisode, lui aussi « transgressif », de la chronique familiale (un récit centré sur la figure de sa tante Eliana, répudiée par sa famille pour avoir épousé un Chinois). Enfin, la dernière nouvelle mentionnée porte sur un curé qui fait commerce d'images pieuses et de fausses reliques : ce qui fait écho tout à la fois à l'un des feuilletons de Camacho (celui du prêtre indigne) et plus généralement au thème de la « fausseté », – au moment même où Mario vient de conclure avec Julia un mariage légalement douteux, dont la validité est contestée par son père et sa mère. Autrement dit, le sujet (même simplement esquissé) de ces récits virtuels n'est, lui non plus, pas gratuit : il renvoie aux autres séries narratives, plus ou moins allusivement, et contribue ainsi à resserrer le tissu des échos et des contrepoints.

Mais cet enjeu secondaire (le « devenir-écrivain » de Mario) permet, aussi, d'entrevoir ce qu'il peut y avoir d'ambigu, d'équivoque, dans ses relations avec Camacho : on ne saurait, à y regarder de près, réduire la fonction de ce dernier à sa seule intrusion dans la vie du narrateur. Il n'est pas indifférent, par exemple, que le premier épisode où Camacho apparaisse soit précisément celui où il dérobe à Mario *sa machine à écrire* : la valeur symbolique de cette scène saute aux yeux, – un coefficient de « rivalité littéraire » ne va cesser, à partir de là, d'affecter le rapport que Mario entretient avec le feuilletoniste à succès ; où l'on pourra déceler, en fait, une attitude mêlée de mépris, de consternation, de dérision, de jalousie, et même, à un certain degré, d'identification. Certes, Mario commence par trouver ridicules l'affectation de Camacho, son narcissisme, et ses « recettes » d'écrivain (qui vont des règles diététiques les plus saugrenues jusqu'à sa manie de se déguiser, pour mieux « entrer dans la peau » de ses personnages, à l'aide de tout un attirail de perruques, de costumes, et d'ustensiles divers). Mais il est aussi impressionné par le souci de précision du « scribouillard », qui se documente scrupuleusement sur la topographie sociale et humaine des quartiers de Lima avant d'y situer ses récits, – puis par sa capacité phénoménale de travail et d'invention (Camacho écrit tous les jours une dizaine d'épisodes de feuilletons différents). Une scène est significative : celle où Genaro fils, l'un des employeurs de Mario à la radio, va jusqu'à lui proposer Camacho comme modèle : « *Il me fit rougir* », confesse Mario, « *en me recommandant, puisque j'avais moi aussi des " goûts littéraires ", de prendre exemple sur le Bolivien* » ; il n'est pas interdit d'interpréter ce rougissement comme un signe équivoque, qui peut renvoyer à la honte ressentie par Mario, mais peut-être *aussi* au fait que Genaro, sans le savoir, a « touché juste ». Car cette ambiguïté, il arrive parfois à Mario de l'afficher, – comme dans la séquence où il avoue rendre visite à Camacho avec « *une curiosité mêlée de pitié et d'envie* » ; et même, il finira par se persuader que Camacho, parce qu'il se consacre entièrement à l'écriture, qu'il lui subordonne tous les aspects de sa vie quotidienne, est en définitive beaucoup plus un « *écrivain* » (au sens idéal que Mario attribue à ce terme) que tous ceux (politiciens, avocats, professeurs) qui, au Pérou, revendiquent ce titre pour quelques rares livres écrits en marge de leur activité principale. Enfin, dans l'épisode où Mario, pour assurer sa vie commune avec Julia, est obligé de se livrer à plusieurs travaux alimentaires simultanés, il finira par confesser qu'il a un peu l'impression, alors, d'être « *l'émule de Camacho* ». Telle est, en bref, l'image que se fait Mario du « scribouillard » : il est pour lui tout à la fois un contre-exemple ridicule (l'ambition littéraire de Mario, qui se réfère parfois à Hemingway, n'a rien de commun avec ces feuilletons de quatre sous, rocambolesques, *kitsch*, au style outrageusement fleuri et stéréotypé) et aussi, d'une certaine façon, un modèle, participant presque de l'« idéal du moi » (la rigueur et l'imagination de Camacho ne peuvent que fasciner un apprenti-écrivain). Du coup, nous lisons un peu différemment les épisodes de feuilletons insérés dans le récit-cadre : ils représentent aussi cette part de fascination dont « Mario » a dû s'émanciper pour que la narration romanesque (y compris celle du roman que nous lisons) puisse commencer ; c'est même là toute l'ironie du dispositif.

L'écriture et la culture de masse

Dans son mode de représentation, *La Tante Julia et le Scribouillard* assume tous les protocoles d'un récit « réaliste », – susceptible, en particulier, de nous renseigner sur l'univers social et culturel du Pérou des années cinquante : et cela, à travers mille notations, mille « petits faits vrais », concernant les codes sociaux (extrêmement spécifiés et hiérarchisés), idéologiques (le rôle de la religion, des préjugés nationaux ou raciaux), moraux (la série d'obstacles que Mario et Julia doivent surmonter), symboliques (le rôle de la moustache comme signe de virilité adulte), voire les indications d'ordre alimentaire (elles-mêmes surdéterminées socialement) ou climatique (la bruine qui enveloppe Lima). Mais cette réalité péruvienne, nous la pénétrons aussi autrement : c'est même l'une des fonctions essentielles des feuilletons de Camacho que de nous renseigner sur cette part de la réalité qui ne pourrait pas faire l'objet d'un simple reportage, et qui concerne *l'imaginaire collectif* de tout un peuple (et cela, seule une écriture romanesque, même affectée, comme c'est le cas ici, d'un coefficient de parodie, peut nous le faire percevoir). Un imaginaire, donc, où se révèle, au-delà des codes sociaux et moraux que je viens d'indiquer (et peut-être même en opposition à ceux-ci), un goût immodéré du romanesque, de l'extravagant, du scabreux.

Ces feuilletons radiophoniques, en effet, apparaissent bien comme des exemples de la sous-culture de masse dominante, qui tout à la fois répond du goût populaire et contribue à le former, – comme l'équivalent de ce que sont, aujourd'hui, les « séries » télévisuelles ; une manifestation significative, en somme, de ce qu'Adorno nommait, à l'époque où l'histoire se situe, l'« *industrie culturelle* », et qui s'est depuis étendu dans ce phénomène généralisé qu'est la société du spectacle [4], qu'clle ne faisait guère qu'annoncer. Le roman de

4. Voir Max Horkheimer et Theodor Adorno, *La Dialectique de la raison*, Gallimard (notamment le chapitre : « La production industrielle des biens culturels »), et Guy Debord, *Commentaires sur la société du spectacle*, Gallimard. On peut aussi se référer au travail de l'universitaire canadienne Eva Le Grand sur le traitement du *kitsch* par un certain nombre d'écrivains contemporains, dont Mario Vargas Llosa.

Mario Vargas Llosa, si l'on veut, ne se contente pas de contester cette industrie culturelle de l'extérieur : il la traite, pénètre dans tous ses mécanismes (sociaux et subjectifs), en fait la matière même de son jeu. Tout en la désignant, explicitement, comme l'ennemi et le concurrent direct de la « vraie » littérature (Mario note à un moment que, malgré leurs dénégations, ses oncles et ses tantes substituent les feuilletons radiophoniques à la lecture des livres).

Or, et c'est là toute la subtilité du roman, nous sommes amenés à soupçonner que le héros, Mario, quelles que soient ses ambitions artistiques, n'est pas lui-même complètement étranger à cette passion collective, et à l'aliénation qu'elle introduit. Un certain nombre d'indices, en effet, nous montrent que l'histoire qu'il vit avec Julia (et c'est peut-être, pour lui, une part de ce qui en fait le prix) n'est pas sans présenter certains caractères romanesques, et même feuilletonesques. Julia elle-même, par exemple, définit ironiquement leur aventure comme « *les amours d'un bébé et d'une vieillarde qui est en plus quelque chose comme sa tante* (...) *Tout à fait ce qu'il faut pour un feuilleton radio de Pedro Camacho* » ; et une fois le mariage accompli, c'est Mario, lorsque sa mère lui fait une scène, qui retrouve la même référence : « *Ma petite maman* », lui répond-il, « *ne commence pas encore avec tes feuilletons radio* »... Si bien que pour le lecteur, un doute s'insinue : il n'est pas exclu qu'un sentiment comme l'amour, loin d'être spontané, « naturel », comme le proclame le lieu commun, soit obscurément déterminé (dans son objet comme dans ses formes) par cet imaginaire collectif, et par les modèles identificatoires qu'il propage. En l'occurrence, on peut presque penser que cet amour de Mario pour Julia correspond lui-même à un cliché feuilletonesque (le stéréotype de l'« amour interdit », de la « passion triomphant des tabous et des conventions »), – et c'est peut-être même là la *cause* dérobée de cet amour, que tout le roman, dans la complexité de son dispositif, s'évertue tout à la fois à voiler et à suggérer. C'est ce que semblent indiquer, en tout cas, quelques-uns des « motifs de raccord » que j'évoquais précédemment (les « échos » entre l'histoire de Mario et les séquences référées à Camacho). Il n'est pas jusqu'au caractère rocambolesque des péripéties du mariage qui ne puisse se lire, d'une certaine façon, « comme un feuilleton »...

Tel est le dernier paradoxe de ce roman : le narrateur (mais peut-on à ce niveau continuer à l'assimiler à l'auteur, à Mario Vargas Llosa ?) se met dans la situation d'échapper à l'univers du feuilleton dans son projet artistique, tout en lui étant plus ou moins inconsciemment subordonné dans sa vie (contraste souligné par le double enjeu explicite de l'intrigue centrale). Autrement dit, puisque l'analyse, ici, nous autorise à dissocier ce que le « pacte autobiographique » fait coïncider, et donc à distinguer le *personnage* du *narrateur*, – on pourrait définir *La Tante Julia et le Scribouillard* comme un roman dont le personnage adhère précisément (même si c'est largement à son insu) à l'univers dont le narrateur se détache. C'est là l'ultime ambiguïté d'un roman, on le voit, qui en comporte beaucoup, – et qui se révèle infiniment plus trouble qu'il n'y paraît à la première lecture.

L'ARBRE DE L'ÉCRITURE

Claude Simon, *L'Acacia*, roman, Minuit, 1989.

> Un monde qui se fait sauter lui-même ne permet plus qu'on en fasse le portrait.
>
> HERMANN BROCH.

PRÉAMBULE : POUR EN FINIR AVEC LE NOUVEAU ROMAN

Pour pénétrer dans ce livre de Claude Simon, sans doute faut-il se décider, enfin, à abandonner toute référence au Nouveau Roman. L'emploi d'une telle formule, en effet, ne fonctionne plus guère aujourd'hui que comme un réflexe automatique, stéréotypé, destiné avant tout à *empêcher la lecture* des œuvres auxquelles on l'applique, – ou à ramener ces œuvres à des polémiques figées, vieilles de plus de trente ans, où tous les arguments sont connus, tous les rôles distribués d'avance. Ceci, du reste, a de quoi intriguer. Que l'on compare, par exemple, avec le domaine du cinéma : il ne viendrait à l'idée de personne, actuellement, de réduire l'ensemble des films de Fellini ou de Visconti au « néo-réalisme italien », ceux de Rohmer ou de Godard à la « nouvelle vague » ; il est généralement admis que ces termes renvoient, non à des écoles esthétiques homogènes, mais à des regroupements tactiques et stratégiques, limités dans le temps, au sein desquels certains cinéastes ont dû affronter au même moment les mêmes ennemis, ou le même conformisme, – rassemblements éphémères à partir de quoi se sont développées des œuvres singulières, très différentes les unes des autres, et qu'il convient d'aborder dans leur spécificité. Or, le Nouveau Roman, d'évidence, était un phénomène similaire, – et l'on persiste pourtant à coller cette étiquette sur des œuvres aussi diverses (et aussi divergentes) que celles d'Alain Robbe-Grillet, Nathalie Sarraute, Claude Simon, et même Marguerite Duras, sans autre forme de procès.

Pourquoi cela ? Peut-être parce que cette étiquette (la plupart du temps supposée infamante : impliquant la « sécheresse », la « vacuité », l' « inhumanité », le « formalisme ») fonctionne en fait comme un épouvantail facile pour tous ceux (ils sont légion) qui ne rêvent en somme que de revenir en arrière, c'est-à-dire de liquider une fois pour toutes l'exigence d'invention présente au cœur de la modernité romanesque, – et dont le Nouveau Roman n'aura finalement été qu'un avatar local et ponctuel. Qu'est-ce qui rassemblait, au fond, à la fin des années cinquante, les écrivains que je viens d'évoquer ? Non pas un dogme, un programme, une conception commune de la littérature (même si Robbe-Grillet, par ruse tacticienne, a estimé un temps devoir faire croire le contraire), mais quelques idées simples : que le langage romanesque n'avait pas toujours ressemblé au code balzacien, et qu'il n'y avait aucune raison pour qu'il lui ressemble toujours ; que l'on avait le droit, dans l'art du roman comme dans les autres arts, d'inventer des formes ; que des notions comme celles de « personnage », d' « intrigue », de « représentation », pouvaient être soupçonnées (et dévoyées) dès lors qu'on les présentait comme « naturelles » ; que l'écriture n'avait pas forcément à se faire oublier derrière ce qu'elle figurait ; qu'un langage ancien était incapable de faire passer un contenu nouveau, et qu'à l'inverse seul un bouleversement du langage pouvait déstabiliser notre relation au monde. Rien là, en fait, qui ne puisse s'appliquer *aussi* à tous les grands romanciers de ce siècle (de Proust à Kafka, de Broch à Céline, de Joyce à Faulkner, de Musil à Gombrowicz) – au point que l'on en vient à se demander si ce n'est pas cela qui est aujourd'hui visé par les contempteurs (anachroniques et virulents) du Nouveau Roman [1] : tout simplement, l'exigence minimum qui fait du roman un *art*, et non un simple schéma de communication.

Il faut certes faire la part (non négligeable) de ce qui a pu, dans la mouvance même du Nouveau Roman, alimenter ces préventions : notamment le durcissement théorique des années soixante et soixante-dix, où sont apparues (sous la plume de Robbe-Grillet d'abord, puis, de façon plus terroriste, sous celle de Ricardou) un certain nombre de thèses plutôt dogmatiques (c'est-à-dire : débouchant surtout sur une série d'interdits), et qui, prises à la lettre, auraient très certainement risqué de stériliser l'art du roman, et de l'amener dans une impasse : notamment la thèse du « progrès en art », visant en l'occurrence à condamner certaines notions romanesques comme « périmées », et à dresser un tableau normatif de l'évolution du genre, forcé (dans une sorte de radicalisation continue) de se débarrasser toujours plus du « personnage », de l' « intrigue », de la « représentation ». Il

1. Cet acharnement récurrent peut avoir de quoi inquiéter, dans la mesure où il suffit de regarder le tout-venant de la production littéraire française (par exemple, les centaines de « romans de la rentrée » déversés chaque année) pour s'apercevoir qu'il y a bien longtemps que LES ENNEMIS DU « NOUVEAU ROMAN » ONT GAGNÉ. Comme le disait Serge Daney : « *Il faut toujours se méfier quand ceux qui exercent la réalité du pouvoir – fût-il médiatique – sont prêts à ressusciter leurs " ennemis " d'hier afin de mieux continuer à passer pour leurs victimes* » ; le même Daney, réfléchissant sur l'étrange façon dont « *ceux pour qui ça marche plutôt bien (...) deviennent de véritables blocs de ressentiment* » (il évoque, dans le champ du cinéma, Tavernier, Berri et Beneix, mais il ne serait que trop facile de leur substituer des noms de romanciers), conclut : « *C'est toujours mauvais signe quand les gagnants sont à ce point si malheureux de leur réussite.* » (Serge Daney, *Devant la recrudescence des vols de sacs à main*, Aléas.)

va de soi qu'un tel programme, s'il avait été appliqué, aurait pu conduire à une véritable extinction du genre, qui n'aurait dès lors plus guère eu d'issue que dans l'abstraction pure (ou l'écriture auto-référentielle, ne parlant que d'elle-même), – au détriment de ce que Broch, par exemple, nommait la « *fonction de connaissance* » du roman, c'est-à-dire sa capacité (constamment renouvelée) à nous dire quelque chose du réel (terme à entendre ici dans un sens presque lacanien, comme ce qui résiste à la symbolisation, et doit pour advenir faire craquer le système des représentations établies). Mais précisément, rien de tout cela ne fut vraiment pris à la lettre, sinon par quelques universitaires péremptoires et largués : les œuvres des « nouveaux romanciers », elles, ont pour la plupart heureusement débordé ce programme, quand elles ne l'ont pas ouvertement contredit, – de la même façon, pour risquer une autre analogie, que les plus grandes œuvres de Schönberg, et surtout de Berg, ont très largement débordé les interdits du strict programme « sériel ». De plus, et c'est là le plus important, l'évolution même du parcours de ces romanciers va clairement dans le sens d'un affranchissement, d'un dépassement des dogmes « néo-romanesques » auxquels ils ont pu un temps donner l'impression de plus ou moins se conformer (la comparaison avec les cinéastes dont je parlais prend ici tout son sens [2]) ; c'en est fini désormais de l' « avant-garde », des programmes « radicaux » : il suffit de lire, par exemple, les trois grands romans auto-fictionnels récents de Robbe-Grillet (et notamment *Les Derniers Jours de Corinthe,* l'admirable ultime volet de la trilogie), ou les dernières œuvres de Claude Simon (cette « quatrième période » qui commence avec *Les Géorgiques,* et qui culmine

2. Il faudrait, pour évoquer ce franchissement, parler d'un art *post-avant-gardiste*, où l'on peut repérer l'un des axes les plus intéressants de la création contemporaine, qu'il s'agisse de la littérature, du cinéma (au premier chef : Godard), ou de la musique (Ligeti, Berio). Les peintres semblent passer nettement moins bien l'épreuve.

avec *L'Acacia*[3]) pour percevoir que les tabous anciens sont franchis, qu'il y a bien *retour* des personnages, de l'intrigue, de la représentation (ou mieux : de la reconstitution) du monde, voire de l'exploration d'un matériau « vécu », – même si ce retour est sans innocence, si ces éléments un moment suspectés ou discrédités ne peuvent que revenir *à une autre place*. Ce qui n'empêche pas, dans la réception de ces romans, le préjugé ambiant de continuer à prendre prétexte de textes théoriques anciens pour rejeter des œuvres nouvelles qui n'ont plus grand rapport avec eux, dans une mauvaise foi intellectuelle consternante, – cette mauvaise foi qui, lorsque Claude Simon a reçu le prix Nobel, a pu aller jusqu'à la pure et simple abjection.

Sans doute faudrait-il, pour sortir de ce débat piégé, reprendre la question tout autrement : cesser, par exemple, de penser les mutations modernes de l'art romanesque en simples termes d'*invention* pour les aborder en tant que *découvertes* ; c'est-à-dire mettre l'accent sur cette part de l'expérience humaine que le roman révèle, qui était invisible avant lui, et ne saurait être accessible par d'autres voies que les siennes ; ce qui revient à postuler, en d'autres termes, que la fonction du roman est précisément de dire ce que les autres systèmes de représentation ou d'interprétation (philosophiques, sociologiques, psychologiques, religieux, politiques) échouent à dire, et ne pressentent le plus souvent

---

3. J'adopte ici la périodisation de l'œuvre de Claude Simon proposée par Bernard Andrès (*Profils du personnage chez Claude Simon*, Minuit, coll. « Critique »). Ce qui distingue la troisième période, néo-romanesque, ou « textuelle » (celle qui commence à *Histoire*, en 1967, et va jusqu'à *Leçon de choses*, en 1975), de l'ultime période (qui commence avec *Les Géorgiques*, en 1981) ne me semble pas relever seulement de la technique narrative utilisée, mais surtout de l'objectif visé (importante accrue du référentiel en tant que tel) et des effets de lecture produits (notamment la possibilité d'un plaisir de lecture « au premier degré » auparavant souvent déçu ou entravé).

même pas [4]. A s'en tenir à ce critère, on comprendrait vite que si Robbe-Grillet ou Claude Simon comptent pour nous, s'il n'est pas question de les répudier en même temps que les théories désormais obsolètes à quoi l'on s'obstine à les ramener, c'est avant tout pour ces territoires nouveaux qu'ils ont explorés, beaucoup plus que pour de pures inventions formelles qui n'en sont, en définitive, que la condition d'émergence : dans le cas de Robbe-Grillet, le domaine du fantasme (ou, plus largement, de l'imaginaire) en tant qu'il est indissolublement lié aux perversions cérémonielles de la représentation ; et dans celui de Claude Simon, l'expérience même d'une conscience confrontée à la guerre (et à ses effets de désagrégation subjective), ou la profondeur temporelle, généalogique, du monde social : tout ce qui fait qu'il n'est pas déplacé de le considérer *aussi* comme un très grand écrivain *réaliste*.

Peut-on, à propos de Claude Simon, employer un tel terme ? Certainement : à condition, bien entendu, de l'arracher à toute conception normative, figée (comme celle qui assimilerait le « réalisme » à un système de figuration romanesque et de conventions de vraisemblance propres au XIXe siècle), et de voir plutôt en lui l'indication d'une très ancienne fonction, sans cesse à réinventer, de la littérature, – l'évocation de cette part de réel (ou de référentiel) qui est l'objet même (toujours fuyant, jamais acquis, jamais délimité d'avance) de l'écriture, et que les romans récents de Claude Simon s'attachent à scruter avec une acuité et une pénétration proprement stupéfiantes. De ce point de vue, il se pourrait bien que *L'Acacia* soit le sommet de son œuvre, – quelque chose, à tous les sens du mot, comme son accomplissement [5].

---

4. Thèse énoncée par Broch *(Création littéraire et connaissance)*, reprise et élargie par Kundera *(L'Art du roman)*, – et dont je postulais dans l'introduction de ce livre qu'elle pouvait s'appliquer à tous les romans ici rassemblés.

5. Le plus amusant est que Claude Simon pourrait bien être le seul écrivain à avoir écrit son chef-d'œuvre APRÈS avoir reçu le prix Nobel...

De la guerre

L'Acacia parle de la guerre, et d'une certaine façon ne parle que de cela. Ce n'est pas là, chez Claude Simon, un thème nouveau (la guerre était déjà le sujet central de *La Route des Flandres*, du *Palace*, d'*Histoire*, des *Géorgiques* : autant de romans auxquels *L'Acacia* n'hésite pas à emprunter un certain nombre de motifs, comme en une sorte de récapitulation et de redistribution) – et il n'est pas le seul à l'avoir traité. On se souvient que les théories littéraires se sont plu, par exemple, à opposer la vision panoramique, globale, de la guerre (celle de Tolstoï dans *Guerre et Paix*, de Hugo dans le chapitre des *Misérables* consacré à Waterloo) et la vision subjective, interne, limitée aux sensations et aux pensées d'un personnage qui s'y trouve plongé (Fabrice à Waterloo, dans *La Chartreuse de Parme*). Mais notre siècle nous a fourni une somme d'autres exemples, mémorables : la guerre dénoncée, selon le protocole du « roman à thèse » (Barbusse) ; la guerre occasion d'une réflexion éthique et d'une exaltation de la fraternité de combat comme « anti-destin » (Malraux) ; la guerre en tant qu'épreuve de la valeur humaine, qui ne se révèle jamais tant que dans l'affrontement à la mort (Hemingway : *L'Adieu aux armes, Pour qui sonne le glas*) ; la guerre comme apocalypse délirante, déflagration du monde et dérive carnavalesque des sujets qui sont soumis à son onde de choc (Céline, notamment ses ultimes romans, de *Féerie pour une autre fois* à *Rigodon*). Or, ce qui caractérise toutes ces visions de la guerre, même les plus négatives, c'est que celle-ci relève encore de l'espace des « valeurs » (ou du moins d'une interrogation sur la qualité des comportements humains au sein du plus immaîtrisable des bouleversements). Ce qui distingue le point de vue sur la guerre présent dans *L'Acacia*, à l'inverse, c'est qu'elle révèle *la part de non-humain dans l'homme* : ce qui reste (ou resurgit) lorsque toutes les valeurs, justement, ont été anéanties, lorsque tout ordre rationnel s'est écroulé (en ce sens, l'expérience cruciale, chez Claude Simon, ce n'est pas le combat, mais la débâcle, la déroute), et tout aussi bien l'ordre social et culturel (ou mieux : symbolique) qui garantissait tant bien que mal l'intégrité des sujets [6]. Autrement dit : la guerre, dans ce roman, pourrait être définie comme l'épreuve de *l'élémentaire* : celle où l'homme (mais le mot lui-même est impropre) doit tout reprendre à zéro, où « tout se vaut » (dans une sorte d'écrasement des valeurs où la description du chant d'un coucou ou du couvercle d'une boîte de cirage n'a pas moins d'importance que la pensée des hommes, du reste démunie, saccagée), où les perceptions elles-mêmes cessent d'être hiérarchisées, où l'homme est en quelque sorte ramené à sa part la plus animale : acuité des sensations, ténacité, réflexes de survie, – comme s'il fallait réapprendre à vivre au cœur même de l'insensé le plus absolu.

D'où l'étonnante prolixité des métaphores animales qui parsèment *L'Acacia*, et qui suggèrent avec insistance une sorte de devenir-animal de l'espèce humaine (comme dans tout grand style baroque, la métaphore est ici vecteur de métamorphose) : un jockey mobilisé devient ainsi l'incarnation d' « *une race*

---

6. Sur l'inanité de la culture humaniste traditionnelle face à la barbarie moderne, et la façon dont elle s'écroule pour les sujets que cette barbarie ramène à l' « élémentaire », on peut se référer au célèbre passage de *La Route des Flandres* où Georges, détenu dans un camp de prisonniers, vient de recevoir une lettre de son père déplorant le bombardement de la bibliothèque de Leipzig, et lui répond, ainsi qu'il le raconte à Blum, que « *si le contenu des milliers de bouquins de cette irremplaçable bibliothèque avait été précisément impuissant à empêcher des choses comme le bombardement qui l'a détruite, je ne voyais pas très bien quelle perte représentait pour l'humanité la disparition sous les bombes au phosphore de ces milliers de bouquins et de papelards manifestement dépourvus de la moindre utilité* », – et s'empresse de réclamer, beaucoup plus essentiels pour lui que les livres, des « *objets de première nécessité* », tels que « *chaussettes, caleçons, lainages, savon, cigarettes, saucisson, chocolat, sucre, conserves* » ; voir le commentaire qu'en fait Lucien Dällenbach (*Claude Simon*, Seuil, coll. « Les Contemporains »).

spéciale, à mi-chemin entre le cheval et l'homme » ; tel autre personnage est décrit comme un « *nain* (...) *sans cou, pourvu d'une tête de rat* » ; les cavaliers dont le roman évoque les périples sont eux aussi des « *hommes-chevaux* », ou, à cause de leurs visières et de leurs éperons, sont assimilés à « *des sortes d'oiseaux aux plumages détrempés, pourvus de becs et d'ongles de fer* », – on pourrait multiplier les exemples, appliqués à ces hommes que l'on a envoyés au massacre selon les critères mêmes permettant de sélectionner les « *bestiaux* » ou les « *animaux de trait* » ; tandis qu'à l'inverse, comme par un monstrueux retournement, c'est le monde animal qui acquiert des caractères plus ou moins humains (tels ces chevaux évoqués dans un chapitre, « *ne conservant plus de vivant ou plutôt d'humain que leurs grands yeux d'almées* »). Processus d'hybridation, ou d'indistinction des genres, auquel, en une sorte d'insidieuse contamination, même le règne minéral finit par participer : c'est ainsi qu'une automobile devient un « *coléoptère* », ou qu'un tank aperçu par les cavaliers leur apparaît « *semblable à une sorte de crustacé* », – cette confusion générique culminant dans l'impressionnante description de la débâcle, des foules humaines fuyant la guerre, « *traînant avec eux leurs entassements de bahuts, d'édredons, de machines à coudre et de moulins à café couronnés de vieilles bicyclettes couchées sur le flanc, semblables à des squelettes, des carcasses d'insectes à la morphologie compliquée, arachnéenne et cornue* ». Du reste, cela ne concerne pas uniquement les séquences spécifiques consacrées à la guerre : même lorsque le roman aborde le monde civil, les années de paix, ce champ lexical de l'animalité, par contagion, continue d'informer les figures analogiques (métaphores, images, comparaisons) : depuis, par exemple, la mère du héros, désignée comme une « *génisse* », jusqu'au paysan visité par l'aïeul, coiffé d'une casquette dont la visière est « *semblable à un bec* ».

Dans ce jeu analogique, c'est donc la traditionnelle distinction entre l'univers animal et l'univers humain, entre nature et culture (ou entre nature et histoire) qui vacille : jusqu'à appréhender la guerre elle-même comme un phénomène « naturel », quelque chose, est-il précisé, « *d'essence aussi naturelle que la pluie, la sécheresse, les épidémies ou le gel* » (autant d'images qui renvoient à la perception, implicitement rurale, d'un phénomène tout à la fois récurrent, hostile, et inévitable, fatal), – cette guerre que le roman, ailleurs, compare à la crue qui détruira ultérieurement une station balnéaire, ou assimile à une sorte de convulsion cosmique avalant les hommes. Ce que *L'Acacia* expose, en bref, c'est bien la façon dont la guerre, derrière sa logique apparente ou son ordre stratégique (l'une des expériences cardinales relatées ici est celle d'un régiment délibérément sacrifié par l'état-major), participe d'une naturalisation du monde, et précipite en particulier le devenir-animal des hommes, perdant peu à peu toute l'armature symbolique qui faisait tenir ensemble ce « *magma de passions, de désirs, de contraintes, de brutalité, de tendresse, de terreurs, de fiertés, de convoitises et de calculs* », – et réduits en l'occurrence à un statut de bêtes traquées, ne fonctionnant plus selon les repères culturellement ou socialement acquis ; comme le héros fuyant, trébuchant, rampant, marchant à quatre pattes, envahi par « *quelque chose qui sans doute, en accord avec sa position de quadrupède, tient du règne animal, comme si resurgissait en lui ce qui confère à une bête (chien, loup ou lièvre) intelligence et rapidité en même temps qu'indifférence* ». Il n'est pas, au fond, jusqu'à l'extrême précision des sensations évoquées, l'excessif détail de la perception, caractéristiques de toutes les séquences descriptives du roman, qui ne renvoient le lecteur à ce qu'on imagine être l'acuité (sur-humaine, pour le coup) du système sensoriel d'un animal ; d'où ce fantasme : ce que nous lisons, dans certains passages, c'est ce que pourrait décrire un animal s'il était pourvu du don du langage...

Et pourtant, quelque chose ici résiste à la régression générique omniprésente : qui tient, d'une part, à la narration elle-même (c'est-à-dire, d'une certaine façon, à ce don du langage, justement, dont seule l'humanité est pourvue), dont l'extrême élaboration (et même sophistication) contre-investit sans cesse en pratique le chaos originel qu'elle évoque ; mais aussi, de manière plus retorse, à ces fragments de pensées ou de jugements qui apparaissent çà et là, – et qui relèvent soit de l'opinion des personnages (cette sorte de fatalisme cynique des hommes qui se savent sacrifiés, et qui accusent sourdement ceux de l'arrière, des états-majors aux « planqués »), soit d'une appréhension plus globale, et plus intellectuelle, qui ne peut guère se référer qu'au narrateur reconstituant après coup cette confusion, en y introduisant son savoir ou sa sagesse ultérieure (j'y reviendrai). Car il ne faudrait pas tomber ici dans le piège consistant à croire que l'univers fictionnel de Claude Simon se réduit à ce monde élémentaire, indifférencié, non hiérarchisé, excluant toute lucidité et toute pensée. Contrairement à ce que l'on a pu avancer un peu trop hâtivement (et à ce que lui-même, polémiquement, a pu parfois laisser entendre), il y a bien des « idées » dans les livres de Claude Simon, et au premier chef dans celui-ci : non pas formulées comme des thèses, des constructions abstraites élaborées (on est très loin de Musil ou de Broch), mais passant en quelque sorte en contrebande, sous la forme de simples incidences de la narration : comme pour indiquer que ce chaos régressif est pensé, malgré tout, par un homme ; ou plus exactement : comme si, à la dés-humanisation exposée par la fiction, s'opposait la ré-humanisation (et c'est un thème autant qu'un procédé) dont témoigne superbement l'écriture.

Le contrepoint des temporalités

C'est l'une des règles d'or de la « Grande Forme », qu'elle soit musicale (les symphonies de Mahler, les opéras de Berg) ou littéraire (Proust, Joyce, Faulkner) : plus le matériau convoqué est multiple, hétérogène, enchevêtré, plus la composition se doit d'être stricte et minutieuse. *L'Acacia* n'échappe pas à ce principe : non seulement parce que tout l'art de Claude Simon, depuis *La Route des Flandres*, se caractérise par la façon d'introduire, comme on l'a dit, « *un ordre dans la débâcle* [7] » – mais encore parce que dans ce roman précis (celui où le matériau est le plus apparemment chaotique) la composition, à l'inverse, introduit le maximum d'intelligibilité : c'est elle, encore une fois, qui *fait sens*.

La structuration d'ensemble est assez simple : elle repose sur une rigoureuse alternance entre des chapitres (impairs) centrés sur la période de la guerre de 14-18 (avec des incursions sur ses antécédents et ses conséquences), et des chapitres (pairs) centrés sur la guerre suivante (plus précisément : les années 1939 et 1940), – avec, à l'intérieur de chacune de ces deux séries temporelles, une liberté envers la chronologie, autorisant chaque chapitre impair (ou pair) à ne pas être la simple succession de celui qui précède, ni la simple antériorité de celui qui suit : ce que Claude Simon nomme « *deux lignes chronologiques qui s'entrecroisent, et sur ces lignes des avancées et des reculs* [8] ». De fait, cette oscillation, ou plutôt cette légère perturbation de la linéarité temporelle de chaque série, permet, tout en conservant la logique d'un « déroulement », de privilégier la cohérence thématique sur la progression dramatique (qu'elle n'exclut pas pour autant). Il est à noter, aussi, que seul le chapitre XI (où les deux axes temporels se mêlent) échappe à la régularité du schéma, – comme si les deux époques évoquées devaient à un moment se télescoper. Enfin, il n'est pas indifférent de remarquer que Claude Simon, dans *L'Acacia*, contrairement à ses romans antérieurs (comme *La Route des Flandres*) où il pratiquait volontiers l'effacement des transitions et des changements de

---

7. La formule est de Jean Ricardou.

8. Voir J.-C. Lebrun, « Visite à Claude Simon. L'atelier de l'artiste », *Culture*, n° 37.

niveaux temporels de la narration, désigne chaque chapitre par des dates explicites, comme pour permettre au lecteur de se repérer plus aisément dans l'ordre du récit, – ou, d'une certaine façon, de reconstituer le puzzle.

Un résumé schématique du roman (ramené à sa « fable ») permettra sans doute de mieux saisir cet ordonnancement :

— Chapitre I : 1919. Trois femmes (deux d'un certain âge, l'autre dans sa maturité), accompagnées d'un petit garçon, recherchent la sépulture d'un soldat mort à la guerre.

— Chapitre II : 17 mai 1940. Des cavaliers d'un régiment français, en déroute, parviennent épuisés à un village où on les avertit de la présence de blindés allemands.

— Chapitre III : 27 août 1914 : un capitaine se rend au front, en chemin de fer. Lors d'une bataille, cet homme, âgé de quarante ans, est tué. A partir de là s'opère un retour en arrière sur sa vie : l'enfance, sous la surveillance de deux sœurs plus âgées, dans une région austère. La modestie du milieu social. Les études, puis l'accident qui lui interdit de se présenter à l'École polytechnique, et l'amène à entrer à Saint-Cyr, prélude à une carrière militaire. Le récit se focalise ensuite sur le point de vue des deux sœurs : l'homme est devenu officier, il leur envoie des cartes postales des divers pays coloniaux où il est affecté, et leur annonce un jour sa décision de se marier.

— Chapitre IV : 17 mai 1940. Quelques heures après ce qui a été raconté au chapitre II, un cavalier, seul survivant de l'embuscade où son régiment est tombé, s'enfuit à pied à travers champs, et connaît la faim, la soif, l'épuisement ; il ne semble mû que par un réflexe animal de survie. Il finit par rejoindre, sur une route, un groupe de trois cavaliers à cheval, dont l'un mène deux chevaux par la bride. Il monte sur l'un de ces chevaux, et les accompagne dans leur chevauchée.

— Chapitre V : 1880-1914. Portrait de la femme de l'officier mort, qu'une série d'indices permet d'identifier à la plus jeune des trois femmes du premier chapitre. Son milieu : une famille de la bourgeoisie rurale, dans le Midi, possédant des terres et des vignes, et se prévalant d'un ancêtre général de la Révolution et de l'Empire. Sa jeunesse, marquée par l'oisiveté, la futilité, et une sorte d'attente vide et sensuelle. A l'occasion d'un mariage, elle fait la connaissance d'un officier (que l'on peut assimiler au personnage du chapitre III), qui, plus tard, lui écrira depuis les différentes garnisons coloniales où le mène sa carrière. Évocation à distance de cette vie « exotique ». Leur mariage, après la rencontre (problématique, en raison de la différence sociale) des deux familles. Elle le suit dans une île tropicale, et le couple revient en France, avec leur enfant nouveau-né, à la veille de la guerre.

— Chapitre VI : 27 août 1939. Un train mène au front les soldats mobilisés. L'un d'eux (dont on pressent peu à peu qu'il est le fils de la femme décrite au chapitre précédent, donc aussi l'enfant du premier chapitre) se souvient de son passé récent : ses études de peintre, un voyage en Union soviétique, après une halte à Berlin (en proie au nazisme) et une autre en Pologne. Retour au présent (l'atmosphère du wagon de mobilisés), puis nouveau retour en arrière concernant ses souvenirs de la Guerre civile espagnole, à laquelle il a été mêlé durant une brève période. Enfin, l'arrivée dans sa ville de garnison, dans un état de lassitude et de désabusement.

— Chapitre VII : 1982-1914. Un vieil homme (dont on devine qu'il est identifiable au personnage des chapitres pairs) retrouve deux vieilles femmes de sa famille, et se fait raconter certains éléments de l'histoire de celle-ci (les fils des deux séries temporelles sont alors explicitement noués) : l'arrivée de son père, en 1914, avec femme et enfant ; la négresse qui servait de nourrice ; le départ de ce père pour la guerre (le raccord se fait alors avec la fin du chapitre V, et le début du chapitre III).

— Chapitre VIII : 1939-1940. Le personnage central se souvient de la mobilisation, de la vie de garnison, des camarades qu'il s'est faits (notamment un Juif et un Italien). Il est pour l'heure dans un wagon de prisonniers, qui l'emmène dans un camp allemand. Nouveau *flash-back* : la chevauchée de son régiment, la nuit, au début de la guerre, alors qu'ils croisent les foules de la débâcle, fuyant les troupes ennemies. La confusion, la difficulté à localiser un « front » (la rapidité de l'avance allemande a laissé loin derrière elle ce régiment battant en retraite), l'arrivée dans une région dévastée.

— Chapitre IX : 1914. Un hôtel dans une station balnéaire, au début de la guerre, où l'on retrouve la mère et l'enfant. Retours en arrière : le départ du père pour la guerre (suite immédiate de la fin du chapitre VII), l'évocation de la vie dans l'île tropicale. Scène tragique où la femme apprend la mort, au front, de son mari.

— Chapitre X : 1940. Reprise du récit qui s'achevait à la fin du chapitre IV. L'officier qui mène le groupe de cavaliers (dont le héros, rescapé du massacre) continue obstinément à suivre l'axe de repli qui lui a été assigné, comme s'il ne voulait pas savoir que les Allemands sont déjà là, – quelques *snipers* laissés derrière lui par Rommel, embusqués derrière une haie, font parfois un carton sur le groupe. Brève anticipation : le héros, quelques mois plus tard, racontera cela à une prostituée, dans un bordel. L'officier (fou, inconscient, ou simplement stupide) finit par être tué par l'un de ces *snipers*, et le héros en profite pour quitter enfin cette route-abattoir.

— Chapitre XI : 1910-1914-1940. Série de courts paragraphes en forme de « flashes » (contrastant avec le chapitre précédent, composé d'une seule très longue phrase). Soit, successivement : les deux sœurs au mariage de leur frère l'officier ; une brève séquence de film montrant l'arrivée de l'empereur Guillaume II au front ; le train de prisonniers ; la retraite des cavaliers, en 1940, sous les tirs allemands ; l'enfant du premier chapitre jouant avec des balles trouvées sur les champs de bataille ; l'officier fou se croyant invulnérable ; reconstitution de la mort du père ; scène évoquant les relations, au régiment, des deux camarades du héros, le jockey italien et le petit Juif égaré dans une unité de cavalerie ;

le suicide de Rommel, évoqué par anticipation ; la mère, devenue veuve, s'injectant de la morphine, sous la photo de son époux ; des soldats blessés (seule séquence, on peut le noter, qui soit difficile à dater : rien ne permet de distinguer précisément s'il s'agit de la guerre de 1914-1918 ou de celle de 1940) ; retour aux archives cinématographiques : le défilé après le départ de l'Empereur ; l'image pathétique de trois musiciens dans le camp des prisonniers de guerre. L'ensemble forme une sorte d'entrelacs, – quelque chose, pourrait-on dire, comme le « nœud » du récit, en prenant le terme au sens thématique, et non dramatique.

— Chapitre XII : 1940. Souvenirs du camp de prisonniers. Le héros, pour survivre, réalise des dessins pornographiques. Le retour, après son évasion, dans la ville méridionale de son enfance. La difficulté à se réadapter. Il se rend dans un bordel, où il se livre à un plaisir élémentaire, purement physique, que viennent hanter d'insurmontables souvenirs de la guerre et du camp. Il revient, peu à peu, à la vie normale, – puis, plus tard, commencera à écrire dans sa maison d'où, par la fenêtre, il voit les branches d'un acacia.

Un tel synopsis, qui réduit le roman à ses grandes fonctions et articulations, ne saurait évidemment rendre compte de l'essentiel : comme dans le cas de Proust ou de Faulkner, l' « anecdote », chez Claude Simon, n'est pas l'unique centre d'intérêt du récit – l'important est aussi, largement, dans ce qui « enveloppe » les éléments d'intrigue, dans les excroissances narratives ou les variations qui s'y greffent. Mais il permet de saisir, me semble-t-il, comment cette structuration implique un art élaboré du *contrepoint* romanesque. Autrement dit : il existe entre les deux séries temporelles tout un jeu, très finement distribué, d'harmonies et de dissonances, d'échos et de contrastes. Les échos, d'abord : ceux-ci peuvent prendre la forme d'analogies thématiques ou dramatiques, concernant les situations ou les actions (par exemple : le père comme le fils partent à la guerre en chemin de fer ; les deux guerres présentent des similitudes : d'absurdes boucheries où les hommes sont délibérément sacrifiés; c'est le 27 août 1914 que le père est tué, et c'est, par coïncidence, le 27 août 1939 que le fils mobilisé part rejoindre sa garnison) – tout cela suggérant une sorte de temps cyclique (motif de la fatalité, du retour irrévocable) qui vient renforcer l'assimilation de la guerre à un phénomène naturel, aussi régulier et inévitable que le retour des saisons. D'autres échos, eux, sont purement fonctionnels : simples rappels, ou motifs de liaison, permettant d'assurer la cohérence de l'univers fictionnel au-delà de sa dispersion chronologique, et assurant des repères pour le lecteur. Quant aux contrastes, ils sont de divers ordres : présents à l'intérieur d'une même série (l'opposition, presque terme à terme, du milieu paternel et du milieu maternel); jouant entre les deux séries (par exemple : le contraste entre l'ordre social hiérarchisé, très précisément codé, du début du siècle, et le chaos de la débâcle, où le lien social se défait); ou surtout : renvoyant à une contradiction dans la façon dont la guerre est vécue, à une génération d'intervalle : du côté du père, selon une tradition militaire, un sens du devoir, qui semble exclure tout état d'âme personnel; du côté du fils : avec un scepticisme de fond (renforcé par de vagues convictions anarchistes), et surtout avec une constante volonté de survie, – comme si la mort du père servait inconsciemment de « réactif », comme s'il n'était rien de plus important que d'échapper, justement, à la fatalité d'un destin frappant chaque génération. C'est même cela (qui n'est jamais dit explicitement, mais simplement suggéré) qui fait que *L'Acacia*, d'une certaine façon, tient au « roman de formation »; car tout au long des tribulations du cavalier (dont toutes les épreuves reviennent en somme à refuser avec acharnement l'identification à la figure du père mort), ce qui s'impose, comme le vecteur d'un long et harassant travail du deuil, c'est précisément cette obstinée volonté de survivre : à la guerre proprement dite (où il est envoyé dans un régiment sacrifié d'avance), à l'embuscade où tombe son régiment, à son statut d'animal traqué, à la folie d'un officier suicidaire, au camp de prisonniers, aux péripéties de l'évasion, à la fatigue et au découragement (ou au dégoût) après le retour au foyer. Dès lors, cet art du contrepoint a un sens très précis : celui d'une *conjuration* du destin familial. Et il n'est pas interdit, même, de percevoir une parenté entre la reconstitution minutieuse, précise, quasi archéologique, de ce qui s'est joué à la génération précédente (sur le plan de la narration) et la façon dont le personnage (sur le plan de la fiction) doit lutter pour échapper à ce « destin » symbolisé par la mort du père, qui semble fonctionner pour lui comme une sorte de mythe d'origine, tout à la fois traumatique et fascinant, dont il s'agit de s'arracher : deux modalités, en somme, de la même conjuration. Et, de fait, ce personnage ne commencera réellement à « renaître » que le jour où il pourra commencer à raconter des histoires (celles de ses parents, de sa généalogie), à se forger sa propre histoire (pour que le chaos où il a été plongé, et qui a failli l'engloutir, trouve un ordre, sinon un sens) – comme si la conjuration ne pouvait s'accomplir que par l'écriture.

Le temps suspendu

Dans ses livres antérieurs, Claude Simon pouvait apparaître comme un romancier (dans la lignée, si l'on veut, de Proust, de Faulkner, ou de Leiris) chez qui le traitement du temps s'affranchit de toute convention chronologique : restituant (parfois à l'intérieur d'une même phrase) les rapprochements, bonds, courts-circuits, télescopages par quoi l'écriture se calque sur les caprices et les désordres de la mémoire elle-même. Or, ce qui frappe, à la lecture de *L'Acacia*, c'est que d'une certaine façon le temps y est traité de façon beaucoup plus cohérente, sinon classique : comme si le jeu consistant à désorienter le lecteur avait épuisé sa fonction, comme s'il n'était plus interdit, désormais, d'assurer la cohésion temporelle propre à faire consister (dans l'esprit du lecteur) l'univers représenté, – comme si, autrement dit, la fiction reprenait ses droits sur la narration. L'ordre du récit, comme je viens de l'indiquer, correspond, à une exception près (celle du chapitre XI), à une alternance simple de deux séries temporelles (selon le schéma : ABABABABABAB) ; les oscillations du temps entre les deux dates charnières de ces séries (1914 et 1939-1940) offrent du reste un caractère suffisamment explicite pour que le lecteur puisse, au-delà de l'enchaînement thématique propre à la narration, reconstituer aisément un « déroulement » des histoires racontées. A l'intérieur de chaque grande séquence, on peut observer de fréquents retours en arrière : mais si certains (les souvenirs du jeune soldat mobilisé lorsqu'il se rend en chemin de fer vers sa caserne, ceux de l'ancien prisonnier évadé au cœur même d'un bordel) ont pour fonction de rendre compte du temps « subjectif » du héros, de se mouler sur le mouvement des associations propres à la mémoire ou à la rêverie éveillée, – d'autres (par exemple : la reconstitution d'éléments manquants de la chronique familiale, au chapitre VII) jouent un rôle beaucoup plus traditionnel dans l'art du récit : éclairer une situation, combler des lacunes, divulguer le passé d'un personnage après qu'on l'ait vu surgir *in medias res.* On peut repérer, aussi, quelques anticipations : par exemple, la mort du père, annoncée dans le chapitre I, précisée dans le chapitre III, décrite dans le chapitre IX ; ou la débâcle, annoncée dans le chapitre VIII, alors que celui-ci concerne une période antérieure, celle de la mobilisation ; ou encore la scène du bordel, longuement traitée dans le chapitre XII, mais préfigurée dans une incidente du chapitre X. Ces anticipations, elles aussi, ont une fonction classique : jouer sur le « suspense » (en l'alimentant ou en le brisant), établir des raccords entre les différentes séquences (des échos thématiques à distance).

Le traitement de la fréquence elle-même [9] ne s'écarte guère des conventions : il y a, dans *L'Acacia*, assez peu de discours répétitifs (au sens où un élément unique du temps fictionnel serait assumé par plusieurs occurrences de la narration), – et la plupart sont de simples rappels de péripéties cardinales (le mariage des parents, la mort du père), propres à aider le lecteur dans son repérage, et à assurer par là la cohésion du processus de représentation. Quant aux procédés concernant la durée narrative, il y a parfois des ellipses, notables, entre les séquences (nous ne savons rien, par exemple, de la façon dont le personnage principal a été fait prisonnier : un « trou » apparaît entre le moment où il abandonne ses compagnons de déroute et celui où il se retrouve dans un wagon à bestiaux en route vers l'Allemagne ; la péripétie de son évasion hors du camp, de même, est sensiblement éludée) ou à l'intérieur d'une même séquence (notamment lors de l'évocation des années trente par le jeune soldat mobilisé, ou dans le dernier chapitre, celui du retour à la vie, qui fonctionne par « plans » successifs et discontinus), – mais aucune d'elles n'entrave véritablement l'intelligibilité des situations. Les résumés, de même, sont pour l'essentiel fonctionnels : destinés à éviter au récit de trop se fragmenter ou se disperser, à le focaliser sur quelques épisodes privilégiés entre lesquels ils ont un rôle de transition, et à éviter l'insignifiant. Tout se passe donc comme si, encore une fois, la fiction (avec ses protocoles, ses contraintes) reprenait ses droits : l'effet de réalité (avec ce qu'il suppose d'illusion référentielle) n'est plus écarté, ni même perverti ; l'écriture, ici, a souverainement accepté d'être à nouveau *transitive*.

En fait, la seule véritable audace (ou anomalie en regard des normes classiques du récit) dans ce traitement du temps

9. Les termes techniques que j'utilise ici pour évoquer le traitement du temps romanesque sont ceux qu'a définis Gérard Genette, – notamment dans *Figures III* (Seuil, coll. « Poétique ») à propos de *La Recherche du temps perdu.*

concerne les *pauses* (les moments, descriptifs par exemple, où au temps de la narration ne correspond aucune durée de la fiction) et les *expansions* (les passages où le temps de la narration, par la surabondance des détails, des précisions, excède largement la durée de la fiction, et dont le prototype peut être trouvé dans les cinq ou six pages correspondant à la fraction de seconde où le narrateur de *La Recherche* décide, pour la première fois, d'embrasser Albertine) : dans *L'Acacia*, ces pauses et ces expansions pullulent, et dominent d'ailleurs quelques-unes des séquences les plus fascinantes, et les plus hallucinées : la fuite du héros dans la campagne après l'embuscade, la cavalcade de nuit, la description de la chevauchée derrière l'officier devenu fou, etc. C'est là, sans aucun doute, la marque du maintien de ce qui est l'une des principales inventions techniques de Claude Simon dans l'art du roman : celle qui consiste à faire perdre toute pertinence à l'opposition traditionnelle entre « description » et « narration ». Le récit, ici, comme dans la plupart des romans antérieurs de Claude Simon, procède *par* descriptions, – les actions sont décomposées, fouillées, les sensations superlativement détaillées, les développements annexes (notamment métaphoriques ou analogiques) ne cessent de se développer et de proliférer, jusqu'à ces passages-limites (correspondant à ce que serait au cinéma le procédé de l'arrêt sur image) où le temps est littéralement suspendu, où le récit se fixe en « plans » minutieusement inventoriés. D'où l'importance, par exemple, de ces photos (celles que le père adresse à ses sœurs et à sa fiancée) qui sont le seul indice permettant d'imaginer ce que fut, avant son mariage, sa vie aux colonies, – et peut-être aussi, on le devine, l'une des sources réelles du récit ; ou de ce plan cinématographique, permettant de faire apparaître la figure de Guillaume II, scrupuleusement décrit, avec un souci d'exhaustivité excédant largement la vision d'un film « en temps normal ». Or, cette technique narrative (Claude Simon parle lui-même de

« *ralentisseurs de fiction* [10] ») n'a au fond pour effet que de renforcer l'impression de réalisme (et même de l'exacerber, de la pousser au paroxysme), soit qu'on la réfère à une hypertrophie de la perception (ce que je désignais comme une sorte de perception « animale »), soit qu'on suppute en elle une étrange et insatiable passion du concret. Tel est, en somme, le paradoxe de ces séquences qui dilatent ou suspendent la durée : d'un côté, ce sont celles où l'écriture s'affiche comme telle, – car on sent bien que tout cela est « exagéré », que seule l'imagination a pu suppléer à ce point aux limites vraisemblables de l'observation, et qu'il y a par là même une part manifeste d'arbitraire dans les modalités de la description (nous ne sommes pas très loin, parfois, de Raymond Roussel) ; mais en même temps cela n'annule en rien l'objectif réaliste que visent ces pages (le lecteur est amené à « croire » à ce qui est aussi précisément représenté), et qui semble impliquer une passion pour la réalité en ce qu'elle a d'inépuisable, suscitant comme le moteur même du récit l'impossible et nécessaire ambition de « tout dire ».

La mère

On a pu montrer [11] comment Claude Simon, après les romans de sa période la plus avant-gardiste, où les personnages étaient délibérément déconstruits, a pu, à partir des *Géorgiques*, opérer un « retour du personnage » dans ses récits, sans plus rien éluder de leur fonction référentielle : processus qui culmine dans *L'Acacia*, où il semble que les anciens interdits soient souverainement levés. Ce retour n'est évidemment pas innocent : il ne s'agit en rien de revenir à une conception essentialiste du personnage, comme dans ces

10. Propos recueillis par Marianne Alphant, *Libération* du 31 août 1989.
11. Bernard Andrès, *op. cit.*

romans où l'on procède à un portrait (complet, homogène) des individus dès qu'ils apparaissent, avant de les plonger dans l'action. Ici, pour l'essentiel, les personnages surgissent *in medias res* (ou sont même parfois simplement suggérés), avant que plusieurs retours (ou retouches) ne permettent de les préciser (en évoquant, par exemple, leur intériorité, ou leur passé). S'il y a « portrait », il est donc éclaté, progressif, et forcément lacunaire (la plupart de ces personnages sont « saisis » à différents moments, entre lesquels existent, pour ce qui les concerne, de vastes zones d'ombre). De plus, l'illusion référentielle qui s'attache à eux n'est jamais absolue : nous n'ignorons pas, le plus souvent, qu'il s'agit de reconstructions ou de reconstitutions, autrement dit que leur être est un effet de la narration. Il n'en reste pas moins qu'ils « existent », pour le lecteur, avec une remarquable intensité, – et sans doute a-t-on tort, dans certains milieux post-avant-gardistes, de sous-estimer ou de mépriser cette capacité (à la fois très rare et encore assez mal comprise) qu'ont certains romanciers à « faire exister » leurs personnages, et que la technique seule n'explique en rien [12] ; le cliché des personnages qui « continuent à vivre » dans l'imaginaire du lecteur « après que le livre soit refermé », pour éculé qu'il soit, pourrait bien cependant indiquer l'une des qualités premières de tout vrai romancier, y compris (qu'on pense à Proust, à Musil, à Céline, à Faulkner) au cœur de la modernité la plus affichée.

De ce point de vue, le « portrait » le plus fascinant, dans *L'Acacia*, est incontestablement celui de la mère : présente dès les premières pages (en tant que femme « *au profil bourbonien* », saisie depuis un point de vue purement extérieur), puis longuement appréhendée, y compris de l'intérieur, au chapitre V (qui lui est pour l'essentiel consacré), avant de réapparaître ponctuellement lors de certaines péripéties cru-

12. Sans doute serait-il plus pertinent d'aborder la question depuis le point de vue de la *lecture* : voir, en ce sens, les hypothèses de V. Jouve (*L'Effet-personnage dans le roman*, P.U.F.).

ciales (le départ du père pour la guerre, l'annonce de sa mort) ou de certains épisodes annexes (le séjour dans la station balnéaire, les injections de drogue). Au-delà des métaphores qui la désignent, et qui renvoient à cette indistinction générique que je signalais précédemment (la mère est successivement comparée à une « *sultane* », une « *génisse* » et une « *plante d'appartement* »), elle est dotée, dans le roman, d'un portrait des plus complets : nous n'ignorons pas grand-chose, à la lecture du chapitre V, de son enfance, de son milieu géographique (une ville jamais explicitement nommée, mais où il est possible, à plusieurs indices, de reconnaître Perpignan) et social (une bourgeoisie terrienne de province au début du siècle, conformiste et aisée) ; rien non plus de ce qui peut la caractériser en fonction de ses codes vestimentaires ou alimentaires (ces derniers connotant tout à la fois l'opulence et la gourmandise), de ses loisirs (les séjours à Paris, à l'occasion de réunions hippiques et de cérémonies mondaines, les corridas à Barcelone), de son oisiveté (trait à la fois social et individuel : où l'inutilité se mêle à la paresse), de la superficialité de sa culture (elle ne lit pas ses livres, elle en regarde les pages), de ses préjugés, repérables dans certaines notations (concernant, par exemple, les gitans, ou les personnages qu'elle a pu rencontrer sans qu'ils soient de son milieu : le Juif turc de Salonique, le violoniste d'un orchestre de brasserie) qui ne peuvent manifestement relever que de son propre point de vue ; rien, enfin, de son caractère, ou de sa psychologie : où se mêlent paradoxalement une sorte de sensualité spontanée, quasi inconsciente (décelable dans l'évocation, à l'occasion d'une corrida, d'un éclat dans les yeux « *dont on n'aurait pu dire s'il était d'horreur ou d'excitation* », ou dans ces photographies qui la représentent, accompagnée d'une amie, dans « *des attitudes de fausses danseuses à castagnettes dont elle semblait ignorer la lascivité* »), et une sorte de vacuité, d'attente élémentaire et presque végétative (elle qui, « *à la façon de ces génisses préservées des taureaux, ignorantes même de leur existence et amoureusement engraissées pour quelque sacrifice* (...) *se savait destinée à quelque chose d'à la fois magnifique, rapide et atroce qui viendrait en son temps* »).

Ce qui fascine, ici, c'est probablement cette conjonction dans le personnage d'une armature sociale extrêmement stricte, codifiée (le réseau de conventions réglant tous les aspects de la vie) et d'une sorte d'animalité foncière, irrépressible, – conjonction troublante, d'une certaine façon séduisante, et qui va culminer, tragiquement, dans le « destin » du personnage : tomber amoureuse (mais presque passivement) d'un officier, l'épouser (seul moment, dans sa vie, de transgression des normes : car ce mariage sera perçu dans sa caste comme une mésalliance, un déclassement), le suivre aux colonies, faire un enfant, et revenir en France, en 1914, pour être à jamais séparée de lui, tué dès les premiers combats de la guerre (comme dans le schéma classique des tragédies, toute transgression porte en elle son châtiment) ; et ce n'est pas un hasard si ce sont encore des analogies animales qui sont convoquées pour rendre compte, en raccourci, d'un tel schéma tragique (« *l'inaccessible princesse, l'indolente et oisive sultane dans laquelle il pourrait déposer sa semence, tirant d'elle un fils, et, cela fait, comme ces insectes mâles après avoir accompli leur fonction, s'en aller mourir* »). Mais le plus saisissant, dans ce portrait, c'est l'étonnante alliance de détachement et de pénétration qui s'y investit, – jusqu'à ce point inouï, qui correspond à l'événement « *magnifique, rapide et atroce* » annoncé précédemment : l'évocation de la jouissance proprement sexuelle du personnage (« *projetée ou plutôt catapultée au plein de sa vorace trentaine dans une sorte de vertigineux maelström qui avait pour centre le bas de son ventre d'où déferlait en vagues sauvages quelque chose qui était aux plaisirs qu'elle avait connus jusque-là comme un verre d'alcool à du sirop d'orgeat, ne s'arrêtait même pas aux limites de son corps, se prolongeait encore au-dehors* »). Passage qui, soit dit en passant, devrait suffire à faire justice du lieu commun déplorant le caractère « sec », « inhumain » ou « formaliste » d'une œuvre marquée au sceau du Nouveau Roman ; mais passage, surtout, dont il ne faudrait pas méconnaître la formidable audace, en ceci qu'il transgresse un tabou omniprésent dans la littérature romanesque ; car si, dans *L'Acacia*, les limites ne cessent de se brouiller entre le personnage central, le narrateur et l'auteur (je vais y revenir), – alors, il est clair que Claude Simon ne fait rien d'autre ici qu'exposer, de l'intérieur, *la jouissance de sa propre mère* : et cela, à ma connaissance, nul autre écrivain ne l'a jamais osé [13].

Les ambiguïtés de la narration

La question se pose, en effet : *qui* raconte cette histoire ? Pour l'essentiel, ce que les théories littéraires désignent du terme (d'ailleurs équivoque) de « narrateur effacé », c'est-à-dire un narrateur qui n'est pas présent comme personnage dans l'histoire qu'il relate. C'est du moins la première impression qui s'impose au lecteur, du simple fait que le roman n'est nulle part écrit à la première personne. L'examen des points de vue n'infirme d'ailleurs en rien cela : dans les chapitres pairs, ceux qui sont centrés sur la période 1939-1940, le point de vue est unique, et interne, – c'est celui du personnage central, du brigadier ; dans les chapitres impairs, ceux qui sont centrés sur la guerre de 1914-1918, le point de vue est parfois externe (purement descriptif), parfois interne et multiple (se focalisant sur la vision successive de plusieurs personnages), en notant que le père est le plus souvent vu de l'extérieur, à travers le

13. *Ma Mère*, de Georges Bataille, est un livre trop explicitement fictionnel (et même fantasmatique) pour qu'on puisse le référer à la mère réelle de l'auteur. Il y a bien des indications concernant la sensualité maternelle chez Colette, et chez Marguerite Duras, mais aucune ne va jusqu'à aborder la jouissance proprement sexuelle. On peut remarquer, d'ailleurs, que le tabou semble plus fort encore pour les écrivains de sexe masculin.

regard que les autres portent sur lui ; rien là, en tout cas, qui implique *a priori* un narrateur interne à la fiction. Or, cette première impression doit cependant être nuancée, – et l'on découvre peu à peu que ce statut du narrateur, dans *L'Acacia*, est infiniment plus ambigu et plus retors qu'il ne semble initialement. Tout d'abord, ce narrateur présumé « effacé » apparaît bien à un moment dans la fiction (mais toujours à la troisième personne) : c'est au début du chapitre VII, sous la forme d'un vieil homme venu recueillir auprès de parentes plus vieilles encore des témoignages sur l'époque (le début de la guerre de 1914) où il était encore bébé, et notamment le départ de son père pour la guerre ; il acquiert, du coup, le statut de ce qui est habituellement nommé un « narrateur-relais » (c'est-à-dire celui qui raconte une histoire qu'on lui raconte), – et l'on devine peu à peu, grâce à toutes sortes d'indices habilement distribués, que cet enquêteur n'est autre que le fils de l'officier mort au combat en 1914, et aussi le cavalier des chapitres pairs, attaché plus de quarante ans après les épisodes rapportés dans ces chapitres à reconstituer son passé familial antérieur. Ensuite, on peut remarquer que l'ensemble du livre est constellé d'indices de narration, qui témoignent d'une instance organisatrice à la source du récit (celui-ci ne prétend aucunement donner l'illusion de « s'écrire tout seul »). Je reviendrai ultérieurement sur ce point ; qu'il me suffise pour l'instant d'indiquer qu'il n'est pratiquement pas une page de *L'Acacia* où l'écriture ne se désigne elle-même, au point de confronter le lecteur à une forme (atténuée, mais non dissimulée) de *work in progress*, où le travail de la représentation ne se laisse jamais oublier. Processus qui culmine dans ce passage, qu'on me pardonnera de citer intégralement : « *Plus tard, quand il essaya de raconter ces choses, il se rendit compte qu'il avait fabriqué au lieu de l'informe, de l'invertébré, une relation d'événements telle qu'un esprit normal (c'est-à-dire celui de quelqu'un qui a dormi dans un lit, s'est levé, lavé, habillé, nourri) pouvait la constituer après coup, à froid, conformément à un usage établi de sons et de signes convenus, c'est-à-dire suscitant des images à peu près nettes, ordonnées, distinctes les unes des autres, tandis qu'à la vérité cela n'avait ni formes définies, ni noms, ni adjectifs, ni sujets, ni compléments, ni ponctuation (en tout cas pas de points), ni exacte temporalité, ni sens, ni consistance* » – séquence où s'affiche (comme un *index* du roman tout entier) la tension, qui semble être le paradoxe moteur même de l'écriture simonienne, entre l'ordre obligé du langage (sa syntaxe, ses articulations, ses conventions obligées, la logique qu'il impose obligatoirement au monde en le découpant et en le soumettant à une inévitable linéarité) et le chaos de l'expérience que ce langage entend malgré tout suggérer.

En outre, d'autres indices de narration, moins directs, constellent le roman : notamment sous la forme de commentaires ou de jugements incidents portant sur les situations et les faits relatés. Certains de ces indices semblent renvoyer à la voix anonyme d'une *doxa*, c'est-à-dire d'une sagesse collective ou d'une opinion commune (par exemple : « *cette sorte d'acharnement que les pauvres apportent à l'entretien de ce qu'ils possèdent* »). D'autres, à l'inverse, peuvent être référés au point de vue plus singulier de certains des personnages, lorsque le récit les saisit « de l'intérieur » : ainsi, par exemple, de cette vision des gitans, propre au regard de la mère : « *les femmes momifiées ou éléphantines aux visages crevassés par le soleil, les enfants titubant sous le poids des seaux, les hommes aux têtes d'égorgeurs* » ; ou cette évocation récurrente des soldats nègres aux cicatrices rituelles (connotant la « sauvagerie ») chargés de surveiller les trains militaires, d'assurer le maintien de l'ordre, voire de dissuader ou de réprimer toute velléité de mutinerie, où se laisse deviner le préjugé (négatif, et vaguement raciste) des militaires du front, peut-être partagé par le personnage central ; ou encore cette vision des « planqués » propre à ceux qui affrontent le feu de l'ennemi : « *les parents des chefs de cabinet, ou encore les parents des petites amies et des concierges des chefs de cabinet, qui paradaient en uniformes fantaisie dans les cafés des garnisons du Midi* », où l'on perçoit un mépris amer témoignant de tout un état d'esprit, – autant de traces d'un « jugement » plus ou moins diffus (on s'éloigne ici clairement du principe flaubertien de l'impassibilité narrative) qui viennent en quelque sorte trouer la description pure, et dont il est parfois difficile de dire (notamment lorqu'ils trahissent une sorte de cynisme désabusé à propos de l'ordre social) s'ils ne correspondent pas aussi au point de vue ultérieur du narrateur. En particulier, la limite est à plusieurs reprises indécise entre la vision du personnage central (dans les chapitres pairs) et celle du narrateur, – ainsi, par exemple, de cette définition de Berlin : « *cette ville à la fois sévère et frivole qui avait l'air de quelque chose comme une série de coïts compliqués entre le style rococo, l'ordre dorique, la philosophie en redingote et l'opéra wagnérien* » ; passage qui, par la culture dont il témoigne, avec son aisance, son élaboration, et l'étendue des références qu'elle mobilise, pourrait tout aussi bien être attribué au narrateur qu'au personnage dont on suit les pensées.

Enfin, au-delà de cette indécision (que l'on peut qualifier de « proustienne »), autre chose encore achève de perturber le statut de la narration. Si, dans *L'Acacia*, le « pacte autobiographique »[14] n'est jamais, au sens strict, sollicité (ne serait-ce que parce que rien n'est écrit à la première personne), le roman n'en présente pas moins certains éléments qui n'interdisent pas de penser que l'expérience relatée relève du vécu de l'auteur lui-même, – et que dès lors une équation peut être posée entre le personnage central, le narrateur et l'écrivain. Pour le dire autrement : *L'Acacia* n'impose pas au lecteur une telle hypothèse (on n'y trouve aucun des protocoles qui caractérisent les Mémoires ou les autobiographies), mais

---

14. Voir Philippe Lejeune, *Le Pacte autobiographique*, Seuil, coll. « Poétique ».

ne l'exclut pas pour autant. La matière même de certains chapitres (le régiment sacrifié, la débâcle), le lieu de naissance du héros (cette île tropicale où l'on peut deviner Madagascar), les lieux de l'enfance et de la généalogie maternelle (la campagne viticole près des Pyrénées, la ville jamais nommée mais suffisamment décrite, comme je l'ai déjà dit, pour qu'un lecteur averti puisse reconnaître Perpignan), – tout cela renvoie à ce qui circule publiquement de la biographie de Claude Simon lui-même (ou du moins aux quelques rares éléments qu'il en a çà et là, ne serait-ce que dans des entretiens ou dans *Le Discours de Stockholm*, laissé filtrer). Ce qui n'est peut-être pas sans contribuer à l'impression de lecture très justement formulée, à propos de *L'Acacia*, par Georges Raillard : « *On entend les phrases comme si elles étaient prononcées à la première personne* [15]. » Un ultime indice permet d'abonder en ce sens : comme on a pu le remarquer [16], la dernière page de *L'Acacia* se contente de reprendre, à quelques mots près, un passage du début d'un autre roman de Claude Simon, *Histoire* : si bien qu'il est permis, rétroactivement, de considérer que *L'Acacia* se termine lorsque son héros (le brigadier rescapé de la guerre) commence à écrire *Histoire*, – ce qui autorise manifestement à identifier ce héros au narrateur, et ce narrateur à Claude Simon lui-même.

Tout cela, certes, suppose du lecteur un minimum de savoir extérieur au livre, ne serait-ce qu'une connaissance de l'œuvre et de la vie de Claude Simon dont il n'est pas obligatoirement pourvu. Il n'en reste pas moins que dans la lecture même du roman (fût-elle, à la limite, supposée « vierge ») cette impression de vécu ne cesse de s'imposer, qui incite à classer *L'Acacia* dans ce registre impur, hybride, que l'on a pu récemment désigner du terme d' « auto-fiction », et qui semble caractériser tout un pan de la création romanesque contemporaine (de

15. Georges Raillard, « *L'Acacia* de Claude Simon », *La Quinzaine littéraire*, 1er-15 septembre 1989.
16. Bernard Andrès, *op. cit.*

Thomas Bernhard à Alain Robbe-Grillet, de Danilo Kiš à Marguerite Duras, de Philip Roth à Philippe Sollers) : celui où se mêlent, à des degrés divers, et selon des procédures très différenciées, la matériau biographique et les artifices de la fiction, le témoignage vécu et la liberté de l'imagination [17]. Rien de plus significatif, en ce sens, que le chapitre VII de *L'Acacia* : un « vieil homme », donc, se fait raconter certains épisodes de sa chronique familiale, datant de 1914, qui viennent d'une certaine façon combler les lacunes de ce que nous avons déjà lu sur cette période ; comme je viens de l'indiquer, il apparaît alors comme un narrateur-relais, se bornant à reproduire le récit qui lui est fait. Mais, peu à peu, presque insensiblement, cette narration change de statut : d'abord, par l'intrusion de plus en plus fréquente d'indices d'énonciation, et notamment de doutes ou d'hésitations quant à la véracité de ce qui est décrit (marqués par la formule « *peut-être* »), qui suggèrent que le récit n'est pas seulement rapporté mais aussi enrichi, développé ; ensuite, parce que ces épisodes (la façon dont la mère a reçu l'annonce de la mort du père, le départ de celui-ci pour le front) accueillent de plus en plus de détails, de précisions, qui excèdent manifestement ce dont des témoins peuvent se souvenir près de soixante-dix ans plus tard (surtout si l'on garde en tête que les deux vieilles femmes censées relater les faits n'étaient à l'époque que de très jeunes enfants) : ainsi, par exemple, de la description fouillée, quasi photographique, de la vieille concierge boiteuse et goitreuse refermant le portail après le départ du père ; ou d'une notation comme celle qui évoque « *le martellement sonore des fers répercuté par la voûte du porche, comme un crépitement d'étincelles, le bruit que peut faire une poignée de billes tombant au hasard sur une tôle* » ; dès lors, le lecteur est amené à penser qu'une telle netteté et une telle minutie dans la description des scènes et des sensations ne peuvent être que le fruit de

17. Le concept d' « auto-fiction » a été proposé par Serge Doubrowsky.

l'imagination du narrateur. Ce qui, du même coup, suscite l'idée selon laquelle ce pourrait bien être tout le livre (et notamment les chapitres impairs, qui correspondent à une époque dont le narrateur, au vu de son âge, ne peut pas avoir de souvenirs ou d'expérience directe) qui fonctionne comme une vaste *reconstitution* (à partir de témoignages, mais aussi d'archives, de documents, dont certains, comme les cartes postales, sont scrupuleusement décrits) d'une période révolue. Autrement dit, ce qui s'avoue indirectement ici, c'est le processus même de l'imagination créatrice à l'œuvre dans le roman, cet art extraordinaire de l'amplification ou du développement d'un passé lacunaire et fuyant. Et l'ambiguïté est alors portée à son comble entre la vérité et la fiction, de même qu'entre le narrateur et l'écrivain.

La mort du père

Dans sa polyphonie et sa dispersion calculée, un tel roman ne saurait avoir de centre. S'il possède cependant un point nodal, une péripétie cardinale, ce pourrait être celle de la mort du père : en tant qu'elle articule les deux séries temporelles, et justifie le contrepoint narratif (si les chapitres pairs, comme j'ai tenté de le montrer, constituent bien la conjuration de cette mort). Or ce « nœud » est, dans *L'Acacia*, tout à la fois insistant et évanescent. Insistant : parce qu'il est évoqué plusieurs fois, soit directement, soit dans ses antécédents et ses conséquences, – c'est le premier « thème » à être abordé (dans le premier chapitre, celui de la quête d'une improbable sépulture), avant d'être mentionné plus frontalement (dans le chapitre III, qui en décrit les circonstances), puis rappelé dans tous les autres chapitres impairs (notamment : l'annonce de cette mort, les effets sur la mère, etc.). Mais aussi évanescent : parce qu'à une exception près, il n'est jamais proprement décrit, comme si un tel événement quasi mythique ne pouvait être abordé qu'obliquement, comme un astre qui brûlerait les yeux et ne saurait être perçu que par son rayonnement.

L'exception, c'est une courte séquence du onzième chapitre (précisément : la septième des treize séquences qui le constituent, c'est-à-dire son centre exact). Or, le plus saisissant, c'est qu'il s'agit du passage, dans tout le livre, où s'expose le plus de doute quant à la possibilité d'opérer une reconstitution, – donc le passage où l'effet d'illusion représentative est le plus entravé. Il y est question, d'abord, de « *témoignages* » qualifiés de « *vagues* », et en particulier de l'indécision qui subsiste dans la délimitation de l'endroit du corps où une première balle a touché l'officier. Quant à la seconde balle, celle qui a provoqué la mort, et dont il semble admis qu'elle ait frappé le haut du front, le narrateur éprouve à son sujet le besoin d'authentifier le fait par une « preuve » (les jumelles retrouvées intactes), – comme s'il était nécessaire de se référer à une réalité véritable, comme si l'imagination était ici déplacée. De fait, de tout le passage, seules quelques lignes peuvent être rapportées à cette imagination restitutive dont je parlais précédemment (celles qui évoquent le sang « *obstruant les orbites, s'accumulant sur la moustache, s'égouttant de plus en plus lentement sur la barbe drue et carrée, la tunique sombre* ») – où l'on peut remarquer, d'ailleurs, que l'un au moins de ces détails (la barbe) renvoie aussi à une réalité vérifiable, notamment grâce aux photographies du père, plusieurs fois décrites par ailleurs. Pour le reste, il est frappant que toutes les évocations descriptives soient explicitement soumises au soupçon : il n'est question que d'incertitudes, d'impossibilité d'interroger les témoins, de « *vagues récits* », peut-être « *de seconde main* ». Même l'image emblématique que le narrateur retient finalement de cette mort (celle du héros blessé, à demi allongé dans l'herbe, ou adossé à un arbre, au moment où la seconde balle l'atteint) n'est pas posée comme authentique : elle est clairement désignée comme relevant d'un « *poncif* », d'une représentation trop proche d'une image d'Épinal (renvoyant à la pose stéréotypée d'un « *chevalier médiéval* » ou d'un « *colonel d'Empire* » blessé au combat) pour ne pas être suspecte. En somme, la réalité de la scène ne cesse de se dérober derrière les clichés : « *On a vu ainsi* », est-il même précisé, « *les auteurs d'actions d'éclat déformer les faits pourtant à leur avantage dans le seul but inconscient de les rendre conformes à des modèles préétablis* », – étrange glissement analogique, où se trahit surtout le fantasme selon lequel la difficulté de la reconstitution pourrait d'une certaine façon provenir du père lui-même ; hypothèse évidemment absurde, sauf à se placer (puisque le mot a été écrit) du point de vue de l'inconscient. Et cette suspicion, tout au long du passage, ne cesse de s'étendre, jusqu'à affecter ce qui, dans cette mort, semblait le mieux établi (« *il n'est pas jusqu'à l'expression stéréotypée de "balle reçue en plein front" qui ne rende la chose incertaine* »). En somme, cette scène capitale est aussi celle de la représentation impossible ; ce qu'il n'est pas illégitime de lire comme la marque d'un tabou, ou d'un interdit : comme s'il fallait au moins un point aveugle, c'est-à-dire au moins une scène irreprésentable, pour que l'ensemble de l'imagination visuelle puisse ailleurs se déployer avec autant d'ampleur, – ou mieux, comme si la mort du père était précisément ce qui ne supporte pas l'identification.

Du réalisme et des idées

L'obsession généalogique qui irrigue *L'Acacia*, et dont témoigne sa composition même, n'a pas pour seule fonction de donner une perspective (ou un arrière-plan) aux tribulations du personnage principal pendant la débâcle : à travers l'évocation du milieu familial, originaire, c'est aussi toute une société qu'il s'agit de ressusciter. Telle est la dimension « réaliste » d'un roman qui, sur ce point, n'hésite plus à assumer cette fonction de « figuration sociale » qui était l'ambition (de Balzac à Flaubert) des grands romans du XIXe siècle (qu'il puisse y avoir quelque chose de « balzacien » chez Claude Simon ne passera pour un paradoxe qu'auprès de ceux qui substituent les théories plaquées sur les écrivains à la lecture sans préjugé de leurs livres). *L'Acacia*, ainsi, s'attache à reconstituer tout un pan de la société française du début du siècle, notamment en accusant le contraste entre les deux branches de la famille dont le personnage principal est issu : du côté maternel, une bourgeoisie aisée, de propriétaires terriens installés en ville, dont l'unique activité sociale se résume à surveiller le travail de ses fermiers et à en tirer ses revenus, – et dont Claude Simon nous décrit par le menu les codes vestimentaires, les habitudes alimentaires (connotant l'opulence), les loisirs, les mondanités, le conformisme, les règles de bienséance ; du côté paternel, à l'inverse, un milieu pauvre : un aïeul paysan, dans une région montagnarde au climat rude, dont les deux filles finissent par devenir institutrices de campagne (mais l'une d'elles, à la mort de leur père, reviendra au travail de la terre), et qui reportent sur leur frère cadet, poussé à poursuivre ses études, tous leurs rêves de promotion (vivant par exemple comme une catastrophe l'accident qui oblige celui-ci à renoncer à se présenter à Polytechnique, pour se replier sur l'école militaire de Saint-Cyr) ; une austérité, donc, dont même la vie d'étudiant de ce frère cadet (le père du héros) est affectée, – lui qui revient le dimanche aider ses sœurs dans leurs tâches agricoles, tandis que ses camarades plus aisés consacrent cette journée à des distractions et à des plaisirs qui lui sont interdits. Un tel contraste, qui culmine dans la scène de la rencontre des deux familles (l'effarement de l'entourage maternel devant l'homme « *en veste de garde-chasse* » qui va épouser la jeune femme), concerne tout aussi bien les demeures réciproques (comme chez Balzac, la description minutieuse des logis renseigne sur ceux qui y vivent), l'idéologie (d'un côté, une sorte de catholicisme de convention et de conservatisme foncier; de l'autre, une morale laïque et socialisante), et même les mythologies familiales (avec l'opposition spectaculaire entre, d'une part, l'ancêtre général d'Empire, et d'autre part un ancêtre de la même génération précisément déserteur des armées napoléoniennes). L'impression majeure qui se dégage de tout cela est celle d'un monde strictement hiérarchisé, où les différences de statut social, presque infranchissables, déterminent des clivages radicaux, extrêmement précis et diversifiés, quant aux comportements et aux façons de penser; ce qui, à notre époque où une sorte de nivellement petit-bourgeois généralisé tend à effacer les distinctions de classe, et à homogénéiser les modes de vie, peut nous apparaître presque exotique (car l'exotisme peut naître d'une distance temporelle autant que spatiale), – et du reste semble déjà quelque peu obsolète pour la génération du héros : lui que la vie militaire amène à côtoyer, manifestement avec aisance, sans prévention particulière, des gens issus de tous les milieux, et qui conçoit les différents rôles sociaux qu'il a pu assumer (depuis l'étudiant en peinture moderne jusqu'au brigadier de cavalerie, en passant par l'engagement ponctuel auprès des Républicains espagnols) comme autant de « *déguisements* ». On peut noter, enfin, l'extrême attention apportée dans *L'Acacia* à la description de milieux sociaux plus précaires ou plus marginaux, – depuis la collectivité plus ou moins interlope des stations balnéaires jusqu'à la hiérarchie spécifique qui peut régner dans un camp de prisonniers (où les valeurs sociales du monde extérieur n'ont plus cours, et peuvent même s'inverser), sans oublier l'évocation des règles à la fois rigides et vaguement dérisoires qui caractérisaient, au début du siècle, la vie coloniale.

Pour l'essentiel, tout cela semble simplement décrit, sans que le roman se hasarde à porter le moindre jugement de valeur (sinon par une sorte d'ironie oblique et discrète) sur ce monde social qu'il scrute avec précision et détachement. Si bien qu'il pourrait être tentant de ramener *L'Acacia*, à première vue, à certains principes canoniques du Nouveau Roman : non seulement l'hostilité à toute forme d'engagement (la littérature n'a pas à se subordonner à une cause, aussi juste soit-elle), mais encore la réticence (parfois manifestée par Claude Simon lui-même) à toute présence d' « idées » dans un roman. Or, une lecture un peu plus attentive de *L'Acacia* amène à nuancer cela : car, comme je l'ai précédemment suggéré, il y bien des « idées » dans un tel roman, même si elles ne prennent jamais la forme de thèses, et si elles n'apparaissent qu'incidemment. Autrement dit : toute instance de jugement ou d'opinion n'est pas ici exclue, ne serait-ce que par l'émergence de « points de vue » sur les situations décrites, – dont il est parfois difficile de discerner s'ils relèvent d'une *doxa* anonyme et collective, de l'état d'esprit des personnages sur lesquels le récit se focalise (notamment, dans les chapitres pairs, la façon qu'a le héros d'apprécier la guerre), ou de la réflexion ultérieure du narrateur. D'autre part, il faut prendre en compte dans ce roman l'évocation d'un arrière-plan historique général, beaucoup plus présent (à l'exception, peut-être, des *Géorgiques*) que dans tous les livres antérieurs de Claude Simon. Si bien que l'Histoire, dans *L'Acacia*, semble soumise à un double traitement : par un côté, elle est apparemment gommée, évacuée, lorsqu'elle n'intervient pas directement dans les situations décrites, comme le signale l'absence caractéristique de noms propres : Napoléon, Proudhon, Marx, Lénine, Guillaume II, Rommel, sont ainsi désignés par des périphrases ou des formules descriptives, qui autorisent le lecteur averti à deviner de qui il s'agit, sans que jamais le récit assume pour autant les protocoles traditionnels du « roman historique ». Mais, par un autre côté, certains phénomènes historiques peuvent aussi être évalués, à travers les formulations du narrateur (comme celle qui définit Napoléon : « *l'ogre mangeur d'hommes* »), ou à travers les souvenirs du personnage central, où transparaît souvent un jugement sous-jacent. Ainsi, par exemple, de la séquence consacrée à la Guerre civile espagnole, où la description même des combattants des Brigades internationales (des sortes de voyous puérils, exaltés et immaîtrisables) suggère l'inéluctable échec de leur lutte, où le héros perçoit d'ailleurs explicitement quelque chose d' « *à la fois pathétique, naïf, furieux, navrant* » ; ou de la narration de sa halte en Pologne, théâtre d'un épisode antisémite des plus emblématiques ; ou encore de la longue reconstitution de son séjour dans l'Union soviétique des années trente, parsemée de notations concernant la vie quotidienne (le délabrement des édifices, même les plus récemment construits, les vêtements « *uniformément usagés* », la promiscuité à l'intérieur des logements, le trafic de devises, la rencontre avec des « étudiants » au comportement douteux, plus ou moins suspects de complicité avec la police), et qui trahissent la misère et l'ordre policier que la propagande officielle s'efforce de masquer, – ce qui se précise et se prolonge par une réflexion désabusée du héros sur ce qui unit le monde soviétique qu'il découvre au monde nazi qu'il vient de traverser (« *la même frénétique passion pour les bottes, les uniformes, et cette même esthétique couleur caca* »), puis par le commentaire ultérieur du narrateur sur une société où, à l'époque des faits relatés, « *on fusillait (ou on expédiait d'un coup de revolver au fond d'une cave) le commandant en chef de toute l'armée* », et où « *chaque jour, chaque nuit, dans des centaines d'appartements* » retentissaient « *des coups de pied (...) contre les panneaux des portes* ». Autant de notations toujours extrêmement concrètes, très éloignées de l'abstraction généralisatrice du discours politique habituel, mais qui interdisent clairement de ramener l'art narratif et descriptif de Claude Simon à une pure et simple neutralité.

En ce sens, il n'est pas jusqu'à la conception de la guerre qui ne soit soumise, dans *L'Acacia*, à un traitement lui aussi ambigu : d'une part, comme je l'ai déjà développé, celle-ci est métaphoriquement assimilée à un phénomène naturel (du même type qu'une crue dévastatrice), parfois transfiguré en une sorte de monstre tellurique et destructeur (comme dans ce fameux passage où le héros, au milieu de ses compagnons de chevauchée, imagine que l'Histoire elle-même « *était en train de les dévorer, d'engloutir tout vivants et pêle-mêle chevaux et cavaliers* »). Mais par un autre tour du texte, cette vision immédiate, élémentaire, quasi mythologique, n'exclut pas la présence d'un point de vue supposant une tout autre appréhension de la guerre (impliquant, sinon un système d'interprétation, du moins un certain type de rationalité, et de connaissance des mécanismes économiques à l'œuvre derrière les événements) ; ainsi, par exemple, dans cette évocation ponctuelle de l'entrée en guerre des États-Unis : « *le temps que les banquiers, les hommes d'affaires et les fabricants d'automobiles d'un autre continent décident du meilleur placement de leurs capitaux et se mettent alors à construire suffisamment de canons, de camions, de mitrailleuses, d'avions, de bateaux et de bombes pour arrêter d'abord, puis écraser l'insatiable monstre* ». On est alors très loin, on le voit, de la simple vision empirique et limitée d'un personnage plongé dans le chaos (celle de Fabrice à Waterloo), – il faudrait concevoir, plutôt, que le roman ne s'interdit pas de ponctuer la pure représentation par l'irruption d'éléments (en l'occurrence presque « marxistes ») d'intelligibilité.

Le bordel

Le dernier chapitre de *L'Acacia* est pour l'essentiel consacré à la façon dont le héros, après les différentes épreuves que la guerre lui a fait subir, et qui tendent vers la dissolution de son humanité, revient à la vie (processus de résurrection qui ne sera réellement accompli qu'au moment où il pourra commencer à raconter son expérience, puis à l'écrire). L'une des étapes les plus significatives de ce long processus consiste dans sa première visite à l'un des bordels de la ville où il s'est réfugié. On pourrait imaginer, *a priori*, qu'il y a là une sorte de conjuration de l'horreur passée, et que cette soif de plaisir, succédant à une période où il a frôlé la mort à plusieurs reprises, témoigne en quelque sorte d'un « goût de la vic » rctrouvé [18]. Or, tout lc passagc suggèrc quc cettc étapc est encore fragile, précaire, menacée : si le bordel est bien, pour le personnage, le lieu où tout peut redevenir « *simple, dur, élémentaire, facile* », la façon dont cette scène est racontée (ou plutôt décrite) laisse entrevoir que rien n'est définitivement gagné pour autant.

Car la guerre, ici, continue de le hanter, – ce qu'indique, en premier lieu, le champ lexical des métaphores convoquées : les prostituées ont des ongles « *sanglants* », le premier coït est désigné comme une « *ruée* », un « *maelström* » (autant de mots qui pourraient s'appliquer tout aussi bien aux expériences de la guerre qu'il vient de traverser), et son éjaculation est elle aussi figurée par un terme guerrier : il a « *explosé* ». D'autre part, dans la perception qu'il a de la scène (car tout le passage peut être lu comme un monologue intérieur, simplement transposé à la troisième personne), le présent immédiat est littéralement infiltré par l'irruption de souvenirs se rapportant à la guerre, suscités par des analogies de sensation (selon le modèle proustien) ou par de simples glissements signifiants (c'est parce qu'il « monte » avec une prostituée, et parce qu'il lui dit « *monte* » en la suivant dans l'escalier, que s'impose immédiatement à lui l'image de « *l'espèce d'anachronisme équestre en train de brandir son sabre* », et donc de la chevauchée vers la mort dont il a failli ne pas s'échapper). De même, l'antichambre du bordel

18. Difficile de ne pas penser à Proust, qui, dans *La Recherche*, situe précisément une grande scène de bordel (et de plaisir exacerbé) au cœur de la guerre de 1914-1918.

évoque irrésistiblement pour lui (par sa lumière « *blafarde* ») un « *compartiment bondé de troisième classe* » (c'est-à-dire le rappel de sa mobilisation, de son voyage vers sa garnison), ce qui entraîne par association le souvenir d'un de ses camarades insultant l'officier qui les a conduits dans une embuscade ; le contact physique même de la femme qu'il possède provoque la remémoration de ces « *vulves* » qu'il dessinait, pour les échanger contre de la nourriture et du tabac, dans le camp où il était prisonnier. Tout cela suggère donc l'irrépressible envahissement du présent par un passé traumatique, – ce qui se prolonge même après l'acte sexuel, alors que le personnage est allongé, reprenant son souffle, et que loin de tout apaisement il continue à penser comme malgré lui « *aux corps empilés dans l'épaisse puanteur de la baraque, au grouillement des poux, aux barbelés* ».

Mais ce mécanisme de la mémoire involontaire n'est pas seul en jeu. Au fond, son expérience de la guerre, je l'ai déjà montré, était celle d'une dissolution du moi, d'une perte des repères humains, propulsant le sujet dans une sorte de chaos primordial, où régnerait l'indistinction des genres. Or c'est encore cela, dans cette scène de bordel, qui continue à s'imposer, – par exemple cet éclatement subjectif signalé, dans le salon, par la présence d'un jeu de miroirs « *où il peut se voir plusieurs fois* » [19] ; et aussi la façon dont, jusque dans les gestes de l'amour, cette dissociation de l'identité se perpétue (le texte évoque alors le sexe, le crâne, les battements du cœur dans la poitrine, sans renvoyer à une individualité unifiée). Par ailleurs, il est à noter que le premier personnage rencontré, dès l'antichambre, est affecté de la connotation d'animalité qui caractérisait l'univers de la guerre (la maquerelle est une « *femme à tête de mule* ») ; et les prostituées du salon semblent elles-mêmes soumises, comme par contagion,

19. La figuration symbolique de la crise d'identité par la multiplication et la fragmentation des reflets dans un jeu de miroirs apparaît superbement dans une célèbre séquence du film d'Orson Welles, *La Dame de Shanghaï*.

à ce processus de désindividuation et de confusion des genres (ou de dés-humanisation) : ce ne sont pas « *deux femmes* », mais plutôt une « *présence impondérable (parfums, respiration, tiédeur, coulée de blancheur, densités) de seins, de cuisses et de hanches* », – comme si ce premier contact avec l'altérité sexuelle, loin de restituer l'intégrité corporelle, ne faisait que reconduire le morcellement ; quant au corps de celle que le personnage a choisie, il est en quelque sorte ramené au règne végétal, soit de façon métonymique (il est enveloppé dans un kimono « *décoré de feuilles et de fruits* », détail plusieurs fois mentionné), soit de façon métaphorique (le kimono s'ouvre sur « *un nid de broussailles couleur d'herbe sèche* »), – métaphore du reste continuée, filée (« *comme une végétation parasite, un buisson fauve où entre les cuisses maintenant écartées deux doigts aux ongles sanglants entrouvraient quelque chose comme une fleur pâle* »), ce qui ne peut que renforcer l'impression de régression générique.

L'expérience sexuelle, autrement dit, loin d'être une façon d'oublier la guerre et de conjurer la mort, ne cesse d'en être hantée. Or, le plus paradoxal est que de cette conjonction des contraires peut naître, à la lecture, un effet de trouble sensuel indéniable : car cette perturbation des limites de l'identité, cette proximité d'Éros et de Thanatos, cette contiguïté de la nature et de l'artifice (la « *broussaille* » et les ongles peints), cet accès à une sorte de sauvagerie primitive, animale ou infra-humaine, – tout cela ne peut que renvoyer à l'une des dimensions les plus fascinantes (voire les plus excitantes) de l'érotisme lui-même, celle de l'obscénité (au sens que lui attribuait quelqu'un comme Georges Bataille : « *dissolution des formes constituées* »). Si bien que le « sens » d'un tel passage est parfaitement ambigu : ce qui pour le personnage est régression peut pour le lecteur devenir transgression.

LE BAROQUE

Il n'est pas illégitime de qualifier de « baroque » l'écriture de Claude Simon dans *L'Acacia* : non seulement à cause de la dispersion chronologique et de l'art du contrepoint qui caractérisent la composition, mais encore parce que son style même (qui semble parfois pousser au paroxysme certains éléments présents chez Proust ou chez Faulkner) relève d'une esthétique de la *dynamique expansive* caractérisée. Où l'on pourrait, me semble-t-il, distinguer :

1. Un recours systématique aux digressions, incidentes, excroissances narratives, qui font que le « fil » du récit est sans cesse surchargé d'expansions (qui prennent parfois la forme d'une hypertrophie dans la précision, parfois celle d'une profusion d'éléments annexes divergents) : la part purement fonctionnelle du récit, ici, est proprement enveloppée par cette dépense (ou ce luxe) de la narration, – qui suggère souvent une sensation d'infini potentiel (on sent que ça pourrait se prolonger sans limites).

2. Un jeu corollaire de parenthèses, et de parenthèses dans les parenthèses, qui ne cessent d'emboîter les segments narratifs les uns dans les autres, et de faire dévier la lecture, de la dérouter, ou de la pluraliser (c'est l'idée même de « centre d'intérêt », ici, qui s'annule).

3. Une pratique constante de l'accumulation des adjectifs, dont la fonction apparente (rechercher un surcroît de précision, ou indiquer la multiplicité parfois paradoxale des qualifications) n'interdit pas qu'on puisse y voir aussi une autre forme du « luxe » de la narration (le style sec, journalistique par exemple, se méfie des adjectifs, assimilés à d'inutiles ornements du discours ; dans le style baroque de Claude Simon, il peut arriver que l' « ornement » devienne l'essentiel).

4. Un rythme caractéristique, – épousant pour l'essentiel

les mouvements décrits (notamment : la fuite d'un homme harassé, la marche forcée des cavaliers, le flux des souvenirs), mais débordant là encore cette pure fonction en surimposant au récit un véritable souffle, une pulsation fiévreuse, un tempo musical suggérant lui aussi l'infini (comme dans l'art de Jean-Sébastien Bach).

5. L'omniprésence, dans le récit, des indices de narration, qui affichent la dynamique même du travail de l'écrivain, sous forme de repentirs, de variantes actualisées, de bifurcations (d'où la fréquence des « *ou bien* », et des « *ou plutôt* » : « *les maisons grisâtres, ou plutôt ce qu'il en restait* » ; « *des routes ou plutôt des pistes* », – il y a des centaines d'exemples similaires) : comme si nous accompagnions l'écrivain dans la recherche du terme juste, comme si nous étions conviés à partager ses hésitations, son souci de précision, – et surtout comme si nous assistions à l'exposition des différents *possibles* narratifs, – jusque dans les glissements de sens eux-mêmes exhibés (par exemple : « *paresseux, indolent – pas insolent, indolent, sans même l'air de les narguer* », – où c'est explicitement le jeu sur la commutation des lettres qui produit le *clinamen* où s'origine la signification).

6. La surabondance des métaphores et des comparaisons qui, comme dans la poésie, créent les réseaux de connotation (le « sens second », allusif), parfois homogènes (le champ lexical de l'animalité), parfois hétérogènes (suscitant des effets d'incongruité) venant doubler la narration proprement dite ; on peut noter, aussi, dans ce registre des figures analogiques, la fréquence caractéristique des comparaisons narratives (celles qui sont introduites non par « *comme* », mais par « *comme si* »), qui, là encore, font coexister leur fonction (chercher une explication aux phénomènes décrits, tout en marquant qu'elle n'a rien de certain) avec un « luxe » narratif, une sorte de gaspillage délibéré des scénarios, par où une foule de micro-récits incidents peuvent se greffer sur le récit-tuteur.

7. Une dynamique sensible de l'écriture qui, au-delà de la simple scansion rythmique appuyée sur la ponctuation, peut elle-même être impliquée par plusieurs procédés : le principe de suggestion (« réaliste »), par exemple lorsqu'une description épouse, dans sa progression, sa succession, les étapes de la perception d'un personnage ; la prolifération des participes présents (marque morphologique du mouvement, qui d'une certaine façon supplée, dans la langue française, à l'absence de ce qu'est en anglais la « forme progressive ») ; une syntaxe suffisamment assouplie pour autoriser des phrases extrêmement longues et sinueuses (certaines couvrent de fait un chapitre entier) donnant au lecteur une impression de tourbillon, d'expansion illimitée, de décentrement actif, – par exemple cette séquence : « *elle continuait de ne rien attendre* (...) *comme si, sans même qu'elle se le formulât, sans qu'elle s'en fît même une idée, même imprécise, quelque chose l'attendait qui ressemblerait à une lévitation, quelque apothéose où elle se tiendrait, transfigurée et pâmée, portée sur un nuage soutenu par des angelots et d'où elle serait précipitée ensuite avec violence dans le néant* » : où l'on peut voir comment la surcharge des précisions transforme ce qui n'était au départ qu'une simple comparaison allusive en un véritable spectacle, dont les éléments les moins fonctionnels, les moins utiles à l'information (la pâmoison, le nuage soutenu par des angelots) peuvent parfaitement être lus comme l'évocation *de l'art baroque en tant que tel.*

Autant d'éléments, donc, indéniablement baroques [20] : mais le plus étonnant, ici, est que cet art de la dépense narrative (à l'opposé de tout principe de sobriété ou d'économie) n'est jamais purement gratuit ; qu'il ne contredit en rien le souci constant qu'a le roman de « dire le monde », ou de

20. Sur l'esthétique baroque dans la création romanesque contemporaine, je me permets de renvoyer à mon essai, *L'Artifice* (Grasset, coll. « Figures »), et notamment aux chapitres consacrés à Danilo Kiš et à Carlos Fuentes.

viser la réalité. Au fond, cela permet de mieux distinguer qu'il existe, dans la littérature romanesque contemporaine, deux formes de Baroque : l'une, où l'hypertrophie des éléments annexes, promus au premier rang, et le triomphe des indices sur les fonctions, font que la fable passe au second plan, et ne devient même parfois qu'un prétexte au déploiement luxuriant du langage, – c'est le cas des romans de Carlo Emilio Gadda, de José Lezama Lima ; l'autre, à l'inverse, où les principes de prolifération et d'expansion *créent* la fable au lieu de l'ensevelir, et renforcent ou complexifient la figuration au lieu de la recouvrir, – c'est le cas de l'art de Carlos Fuentes, de Danilo Kiš, et de celui de Claude Simon. C'est même en cela que l'on peut tenir *L'Acacia*, peut-être, pour son plus beau roman : celui de l'équilibre souverainement atteint entre l'effervescence de l'écriture et le réalisme de la vision, entre le foisonnement du système narratif et l'intelligence du monde.

Faux raccord

Par l'une des deux fenêtres de la grande pièce où j'achève cette étude, je peux voir les toits du vieux village, les remparts, les cyprès, le beffroi (dont l'horloge indique précisément 19 h 27) ; par l'autre fenêtre, en tournant légèrement la tête, je perçois les branches supérieures du grand acacia, – *les plus proches rameaux éclairés par la lampe, avec leurs feuilles semblables à des plumes palpitant faiblement sur le fond de ténèbres, les folioles ovales teintées d'un vert cru par la lumière électrique remuant par moments comme des aigrettes, comme animées soudain d'un mouvement propre, comme si l'arbre tout entier se réveillait, s'ébrouait, se secouait*, etc., etc.

CAPRICES

Juan Goytisolo, *Paysages après la bataille*, traduit de l'espagnol par Aline Schulman, Fayard, 1985.

> Je vous le jure, en vérité, tous ceux qui prennent plaisir à lire des histoires pareilles à celle-ci doivent remercier Cid Hamet, leur premier auteur, pour l'exactitude qu'il mit à nous en conter toutes les particularités, sans oublier d'en mettre en lumière chose si minime qu'elle fût. Il dépeint les pensées, découvre les imaginations, répond à ce que l'on tait, explique les doutes et résout les arguments ; enfin, il manifeste les atomes du désir le plus curieux.
>
> CERVANTÈS,
> *Don Quichotte*, II, chap. XL.

> Presque toujours, sans qu'on s'en doute, le sentiment de lubricité dirige ces matières.
>
> SADE,
> *Histoire de Juliette.*

Il faut insister, d'abord, sur la très singulière jubilation qui saisit le lecteur des *Paysages après la bataille* : une sorte d'euphorie sarcastique, qui tient tout à la fois du plaisir de la reconnaissance (c'est bien notre monde qui est figuré dans ce livre : le Paris de la fin du XXe siècle, tel qu'aucun écrivain ne l'avait encore représenté) et de celui que suscitent les outrances et les outrages (cette figuration est déformée, les fantasmes se mêlent à la réalité, l'ordre et la loi sont sans fin transgressés, tout semble précipité dans une logique destructrice : quelque chose comme une écriture de la catastrophe).

Un tel registre, notons-le, est assez rare dans la littérature moderne. A jouer au jeu des correspondances, on pourrait en repérer des équivalents dans le théâtre (au premier chef : Kantor), la musique (Kagel), ou, partiellement du moins, dans le cinéma (depuis l'art burlesque américain des années vingt et trente jusqu'à Buñuel, Fellini, Greenaway). Quant au roman, s'il lui arrive de cultiver l'ironie déstabilisatrice (de Kiš à Kundera) ou la fantasmagorie (de Rushdie à Fuentes), il se tient généralement à l'écart de cette distorsion simultanément négative et visionnaire qui caractérise le livre de Goytisolo ; tout au plus pourrait-on évoquer Thomas Bernhard, et son parti pris systématique d' « *exagération* » [1], – mais la représentation, chez Bernhard, pour hyperbolique qu'elle soit, ne bascule jamais complètement du côté de l'irrationnel ou de l'aberration logique, comme c'est le cas dans ce roman.

De fait, l'œuvre qui, par sa tonalité, semblerait la plus proche de ce livre est beaucoup plus ancienne, et picturale : c'est tout simplement celle de Goya, notamment ses dessins et ses gravures (auxquels les *Paysages après la bataille*, du reste, se réfèrent explicitement : l'une des séquences « prophétiques » du roman annonce un monde où « *les Caprices et les Désastres de Goya deviennent réalité* »). Car l'art de Goya, c'est d'abord celui de la caricature, au sens large, c'est-à-dire de la distorsion de la figuration, non pas dans une intention expressive, mais pour produire un effet de dérision, de surenchère, d'ironie, de cruauté (ce que l'on pourrait définir, en jouant sur le mot, comme l'art du trait *accusé*) ; mais aussi celui où la fantasmagorie, loin d'impliquer une fuite

1. Voir, plus loin, ce que je dis de cette esthétique de l'« exagération » à propos d'*Extinction* (« Un jeu de massacre »).

hors du réel, a pour mission au contraire d'en révéler le caractère délirant, d'en sonder la dimension de cauchemar. Or, c'est bien quelque chose de cet ordre que l'on retrouve dans l'œuvre de Goytisolo, – si bien que celle-ci peut être considérée comme un cas assez unique dans nos lettres : celui du plus *goyesque* de tous les romans contemporains.

L'UNITÉ ET LA DISCONTINUITÉ

Au demeurant, s'agit-il bien d'un roman ? Il n'y a rien, ici, en tout cas, qui réponde aux conventions courantes du genre, à l'image du « romanesque » entretenue par la *doxa* : pas d'intrigue unique et linéaire, par d'« enjeu » posé dès les premières pages, qui initierait une action centrale, et qui, au terme d'une suite de péripéties, trouverait son dénouement à la fin. Les *Paysages après la bataille* se présentent plutôt comme une série de courts segments narratifs ou descriptifs, dont chacun possède son unité. Mais il ne s'agit pas pour autant d'un livre fragmenté, comme pourrait l'être un recueil de poèmes ou de nouvelles : d'une séquence à l'autre, on voit revenir le même « héros » central, les mêmes personnages secondaires, les mêmes situations, le même registre d'actions, les mêmes grands thèmes (l'invasion du quartier parisien du Sentier par les immigrés, et la perturbation de l'ordre autochtone qui en résulte ; les fantasmes et les perversions sexuelles du personnage principal ; l'évocation d'une sorte d'action terroriste clandestine, sur le mode de la guérilla urbaine, destinée à attirer l'attention du monde sur le sort d'un peuple persécuté et oublié). Est-ce à dire que la seule cohésion du livre serait thématique, et qu'il serait composé selon le modèle musical d'un entrecroisement de « thèmes et variations » ? Pas exactement non plus ; car il y a bien, dans ces lignes d'intrigue entrelacées, une véritable progression (une dynamique des actions, une transformation des situations), – mais celle-ci est en quelque sorte morcelée, suspendue : comme si la fable (ce support essentiel du récit classique) s'anéantissait partiellement sous le poids des épisodes, des digressions, des anecdotes, des détails non fonctionnels, élevés au rang de structure.

C'est même en cela que réside toute l'ambiguïté (et toute l'impureté générique) des *Paysages après la bataille* : un livre qui recèle suffisamment de continuité pour qu'on puisse le lire « comme un roman », et non comme un simple puzzle thématique ; mais qu'il n'est pas illégitime non plus de lire « dans le désordre », en négligeant l'effort de composition, comme une suite de sketches (ou de croquis) découpés, semi-autonomes, dont chacun peut être savouré indépendamment de son lien à l'ensemble. Ce qui, encore une fois, n'est pas sans analogie avec ces recueils de gravures de Goya que j'évoquais : susceptibles tout à la fois d'être appréhendés dans leur totalité, leur cohérence, ou leur progression, – mais dont les estampes peuvent aussi être appréciées séparément, comme autant d'œuvres se suffisant à elles-mêmes.

La Ville lumière

On peut noter, comme un apparent paradoxe, que quelques-uns des plus grands livres de notre époque consacrés à Paris soient le fait, non d'écrivains résidant dans cette ville (comme ce fut le cas au XIXe siècle, avec Balzac, Zola) mais d'étrangers – qu'on pense à Hemingway, à Miller. Le roman de Goytisolo, d'une certaine façon, confirme cette règle : comme s'il fallait un regard extérieur (ou du moins hybride, car Goytisolo réside en fait partiellement à Paris depuis de nombreuses années) pour révéler ce que les Français ne savent plus voir (par habitude), ou ne veulent pas voir (par préjugé). En effet, toute l'originalité des *Paysages après la bataille* tient au fait que le Paris évoqué par le livre ne répond en rien au cliché dont on se plaît parfois à entretenir la mythologie (celui qui définit Paris comme la ville du plaisir, de la légèreté, de l'élégance, de l'effervescence intellectuelle, de l'art de vivre raffiné). Tout au contraire, il s'agit, dans le roman de Goytisolo, d'un Paris à la fois beaucoup plus proche de sa réalité actuelle (celle que l'on peut éprouver quotidiennement) et plus ignoré ou occulté (par les stéréotypes culturels ou touristiques) : car ce qui retient Goytisolo, c'est pour l'essentiel la ville de l'immigration, le lieu cosmopolite, métissé, conflictuel, dont le quartier du Sentier représente l'épicentre, avec ses différentes strates de populations ; ce « *palimpseste urbain* » dont parle le récit, où coexistent en se superposant, socialement tout aussi bien, les différentes vagues de migrations successives (Juifs d'Europe centrale, du Maghreb, Espagnols et Portugais, Turcs, Arabes, Afghans, Pakistanais et Bengladis), – et où le narrateur, épousant ici la vision du personnage principal, perçoit quelque chose de semblable à la bigarrure chaotique de la place Jemaa-el-Fna de Marrakech ; d'où la formule : « *L'Afrique commence sur les Grands Boulevards* » (parodie de la célèbre phrase de Metternich à propos de Vienne : « *L'Orient commence au Prater* »). Deux points, ici, sont à noter : d'abord, Goytisolo, dans sa peinture de la ville cosmopolite, évite le piège qui consisterait à en donner une vision harmonieuse, idyllique, idéalisée : le Paris qu'il évoque est aussi celui du désordre, des différents trafics, des actions clandestines, du terrorisme, et celui de la haine des autochtones (qui se sentent submergés, délogés) pour ces immaîtrisables et successives greffes de population ; ensuite, tout cela ne relève pas d'une vision « réaliste », qui se voudrait conforme à la vérité sociale ou politique de la ville, mais d'une outrance, d'une ironie, d'une façon de pousser les situations à leur paroxysme, jusqu'à *délirer* proprement cette réalité urbaine (grande leçon de la littérature : la vérité enfouie d'une situation a plus de chance d'émaner d'un « délire » que d'un constat exact, qui se contenterait de souscrire à des représentations déjà acquises). Ce qui culmine dans cette inénarrable séquence où l'on finit par s'apercevoir, au terme d'une cérémonie officielle, que le soldat inconnu de l'Arc de Triomphe était en fait... un Nègre, – comme pour suggérer, allégoriquement, que ces vagues d'immigration fonctionnent en fait, en regard de l'image « pure » et trompeuse que la Nation se donne d'elle-même, comme un véritable effet de retour du refoulé.

L'AUTO-FICTION

Ce qui est en quelque sorte brouillé, dans un tel livre, c'est la distinction traditionnelle de la biographie (ou de l'autobiographie) et de la fiction, telle qu'elle se soutient d'une différence de fonction [2]. Il existe bien, dans l'œuvre même de Goytisolo, une répartition entre ces deux grands registres : d'un côté, les livres qui relèvent de l'autobiographie délibérée, assumée comme telle *(Chasse gardée, Les Royaumes déchirés)*, ou très légèrement transposée *(Pièces d'identité)* ; de l'autre, les livres explicitement fictionnels, qui peuvent receler une part autobiographique, plus ou moins importante, plus ou moins déformée, dans leur matériau, mais en la soumettant à un projet qui la détourne de son habituelle fonction (par exemple : *Don Julián, Juan sans terre, Barzakh*). De ce point de vue, on peut remarquer que les *Paysages après la bataille* se situent dans une zone indécise, intermédiaire, – « impure », encore une fois : on y repère des éléments attestés par les textes ouvertement autobiographiques, et qui autorisent à assimiler le héros du récit à l'auteur : on sait par

---

2. Entre, d'un côté, la fonction de révéler des faits, d'apporter des informations, et, de l'autre, celle d'explorer une part encore inconnue de l'expérience humaine ; distinction, comme j'ai déjà eu l'occasion de l'indiquer, théorisée par Milan Kundera *(Les Testaments trahis*, Gallimard).

exemple que Goytisolo, comme son personnage, réside dans le quartier du Sentier, non loin du cinéma Rex ; que son épouse possède un appartement séparé du sien, mais situé sur le même palier ; qu'il est passionné de culture islamique, et grand connaisseur, notamment, de la mystique soufi ; il n'est pas jusqu'à certains traits de caractère ou de comportement de ce personnage (comme l'origine sociale bourgeoise vécue avec mauvaise conscience, le goût pour les emplois du temps réguliers, l'inaptitude au travail manuel) qui, par l'impression d'« authenticité » qu'ils suscitent, ne puissent être eux aussi référés à l'auteur : autant d'indices, en somme, propres à solliciter le « pacte autobiographique » [3] de la part du lecteur. Mais en même temps, l'outrance même des situations, l'excès des discours tenus, le caractère invraisemblable (selon le code réaliste) de certaines actions, la dimension allégorique affichée de plusieurs scènes, la distorsion caricaturale de la figuration (soit tout ce que je désignais du terme de « goyesque ») situent manifestement le roman du côté d'une liberté de l'imagination propre à la fiction. De fait, la notion qui conviendrait le mieux pour rendre compte de cette ambiguïté serait celle, proposée par Serge Doubrowsky, d'*auto-fiction*, qui caractérise, comme je l'avançais dès l'introduction de ce volume, tout un pan de la création littéraire contemporaine. Mais il faudrait nuancer encore, et préciser que les *Paysages après la bataille* diffèrent sensiblement des formes d'« auto-fiction » que j'étudie dans ce livre (les romans de Mario Vargas Llosa, Claude Simon, Kenzaburô Oé, Danilo Kiš, Alain Robbe-Grillet, Thomas Bernhard), comme du reste d'autres exemples actuels caractéristiques de cette tendance (de Marguerite Duras à Philippe Sollers) : car dans aucune de ces œuvres l'autoportrait (plus

3. Voir Philippe Lejeune, *Le Pacte autobiographique*, Seuil, coll. « Poétique ».

ou moins perverti ou distancié [4]) ne relève proprement, comme c'est le cas chez Goytisolo, de la caricature affirmée. Si bien que ce petit livre drôle, léger, désinvolte, pourrait bien avoir réussi, purement et simplement, à créer un genre : celui, pour reprendre les termes mêmes qu'utilise le narrateur du récit, de l' « *autobiographie grotesque* », – registre que personne n'avait investi avant lui.

D'UNE PERVERSION GÉNÉRALISÉE

L'un des traits les plus caractéristiques des *Paysages après la bataille* est le coefficient de perversion qui affecte le récit, – et qui concerne, au premier chef, le personnage central : celui-ci, en effet, nous est présenté tout à la fois comme un « *maniaque* » et un « *voyeur* » ; quelqu'un qui semble avoir besoin de la présence de sa femme légitime à proximité de lui pour donner plus de piment aux activités inavouables qui sont les siennes ; qui adore choquer les populations en masturbant les chiens dans les squares (!) ; quelqu'un, surtout, dont le désir est tout entier tourné vers les petites filles impubères (il excelle à se servir d'une souris apprivoisée pour appâter ses proies), et dont le fantasme majeur est d'être soumis et humilié, une plume enfoncée dans l'anus, par l'une de ces nymphettes, recrutée par le truchement des petites annonces érotiques du quotidien *Libération* (le récit est censé se situer au début des années quatre-vingt, à l'époque où ce journal n'était pas encore devenu tout à fait convenable). Il y a bien évidemment quelque chose de très drôle dans l'exposition de ces différentes « fantaisies » (pour reprendre un terme sadien) : par leur extravagance même, et par la façon dont elles sont décrites, elles ne peuvent guère être prises complè-

4. Voir, plus loin, « Notes éparses sur un récit piégé », à propos de cette technique de perversion chez Robbe-Grillet.

tement au sérieux (et l'on sait que le sérieux est l'une des conditions de l'érotisme, dont le trouble ne résiste pas au rire) ; un peu comme chez Buñuel (dans *Belle de Jour* ou dans *Le Fantôme de la liberté*), la fascination est ici constamment tempérée, ou relativisée, par l'humour, – et ce n'est pas la moindre des ambiguïtés constitutives du roman. Mais le plus important, sans doute, est que cette attitude ouvertement perverse ne se limite pas au seul domaine sexuel ; qu'elle s'étend aussi, par contagion, au fil du récit, au comportement politique ou idéologique du personnage central. Par exemple, celui-ci jubile manifestement devant la désagrégation que l'immigration introduit dans l'ordre du corps social (comme s'il était moins concerné par la « fraternité » ou la « solidarité » envers les immigrés que par un irrépressible goût de la turbulence ou du désordre) ; il y contribue, même : en remplaçant toutes les pancartes et tous les panneaux indicateurs de son quartier par des inscriptions en arabe, produisant ainsi autour de lui un chaos indescriptible ; en participant à d'obscures activités terroristes, sous prétexte de défendre la cause bafouée et oubliée d'un improbable « *peuple otèque* » ; en organisant des contacts clandestins dans des cinémas pornographiques, – etc.

C'est là, à bien y penser, que la veine grotesque et caricaturale du roman (car rien en cela, encore une fois, ne peut être pris au sérieux) touche à un effet de vérité inattendu, et fort dérangeant pour la bonne conscience admise : en suggérant indirectement que l'acceptation du brassage communautaire, de la société multiculturelle, suppose moins une revendication d'innocence qu'un plaisir pris à la transgression ; que ce n'est pas au nom d'une universalité abstraite (celle de la vulgate des Droits de l'homme, du stéréotype humanitaire, ou du message chrétien postulant que « les hommes sont tous frères ») qu'un tel phénomène peut être assumé, – mais qu'il implique forcément, à un certain degré *subjectif*, quelque chose comme une attirance pour le désordre, l'impureté, la corruption, voire un rejet de l'Occident en tant que tel (ou du moins une défiance radicale envers la prétention de l'Occident, justement, à l'universalité). On est là, si l'on veut, beaucoup plus près du dispositif sadien (dans sa façon de pousser au paroxysme la logique du vice et du crime pour faire surgir le refoulé des idéologies prétendant fonder le lien social sur la Vertu) que de toutes les *fictions morales* que l'on déverse sur nous à propos de l'immigration (ou des banlieues, de l'exclusion) et qui tiennent toutes, précisément, de la prédication vertueuse.

Une telle position, bien évidemment, n'est guère « tenable » du point de vue du discours rationnel et responsable (on ne peut, sur elle, fonder aucun mot d'ordre collectif, militant). Mais c'est par là que l'écriture romanesque, dans sa liberté, ses extravagances, ses fantaisies, son *irresponsabilité* souveraine, permet de désigner les limites d'un tel discours ; qui sont, précisément, celles de la bien-pensance.

L'AUTO-CORRUPTION

Autrement dit, il ne faudrait pas chercher dans ce roman une réponse rationnelle et politique à la question de l'immigration, – pas plus, pour poursuivre l'analogie, qu'on ne pourrait déduire des livres de Sade un programme de vie en société, ou qu'on ne saurait réduire les *Désastres* de Goya à une « prise de position » devant l'occupation de l'Espagne par les armées napoléoniennes ; les *Paysages après la bataille* seraient plutôt à lire comme l'exploration de ces zones troubles, largement inconscientes, qui permettent à un sujet singulier de vivre l'immigration non comme un drame, une agression, une atteinte à l'intégrité, mais comme le lieu d'un plaisir, comportant forcément sa part de négativité. Cette attitude, chez Goytisolo, porte un nom : c'est la *traî-*

trise. Thème d'ailleurs récurrent dans nombre de ses livres : l'un de ses romans antérieurs, on le sait, était centré sur la figure de Don Julián, le « traître » gouverneur de Ceuta qui ouvrit les portes de l'Espagne wisigothe aux musulmans ; dans un autre roman, *Juan sans terre*, le narrateur s'identifiait à Alvaro, le « Juif errant », traître et étranger par nature à sa communauté d'accueil. Cette sorte d'apologie de la traîtrise (poussée dans les *Paysages après la bataille* à son paroxysme), ce plaisir pervers pris à incarner précisément *ce que la loi réprouve*, – tout cela pourrait faire penser à Genet (auquel le livre, indirectement, rend hommage : ce sont deux livres de Genet que le héros rêve de glisser dans les lectures innocentes d'une des nymphettes qu'il convoite, pour le plaisir de la corrompre). Mais la différence est que Genet emphatise ou idéalise la traîtrise, qu'il en fait, par un pur renversement, une valeur positive [5], – là où Goytisolo, lui, dans ce régime d'ambiguïté constante qui traverse son roman, tend *aussi* à l'ironiser.

Telle est, en effet, cette ambiguïté : d'un côté, l'ironie porte sur le discours de la Loi, ou de la Pureté, – celui des autochtones « *buveurs de calva* », ou des membres du « *Commando Charles Martel* » qui, face à l'immigration, se veulent les défenseurs de l'Occident menacé ; mais elle affecte aussi, simultanément, le discours de la subversion ou de la transgression. Par son outrance même, au premier chef : car le roman ne se contente pas de traiter par la dérision la bonne conscience des « intellectuels de gauche » parisiens organisant une soirée mondaine à l'Opéra pour protester contre la loi martiale en Pologne (scène du reste à hurler de rire) ; c'est aussi toute l'attitude farouchement « tiers-mondiste » du héros qui, poussée à son comble, devient caricaturale : dans la ferveur quasi fanatique qu'il met à soutenir

5. Voir le commentaire critique qu'en fait Georges Bataille dans *La Littérature et le Mal* (*Œuvres complètes*, Gallimard, vol. VIII).

la cause d'un « *peuple otèque* » dont personne n'a entendu parler ; dans sa participation à un meeting consacré à l'Albanie, pays soudain paré, par la grâce d'une rhétorique stalinienne *à peine* parodiée, de toutes les vertus ; et même, au fil des séquences les plus expressément fantasmatiques, dans sa fascination pour Staline (il éprouve une jouissance inouïe à danser, au musée Grévin, avec l'effigie du « petit père des peuples »), – ou dans l'argumentation (franchement parodique, celle-ci) qu'il déploie pour promouvoir au rang de dictateur souhaitable Bela Lugosi, l'acteur de célèbres films de vampires... En somme, le « tiers-mondisme » lui-même est contesté par *excès*, – et le roman de Goytisolo, en définitive, n'implique rigoureusement aucune positivité : tout y est tourné en dérision (la loi comme ce qui s'oppose à la loi), rien n'est à prendre au premier degré, – et l'outrance même des opinions émises par le héros (ou par le narrateur) interdit qu'on puisse d'aucune façon y adhérer ; le roman est bien, selon la formule de Milan Kundera, ce « *territoire où tout jugement moral est suspendu* ».

Les mécanismes de l'imaginaire

Il est de nombreux passages, dans ce roman, où la fiction affiche son processus, où la narration s'expose en tant que telle : non seulement par différentes adresses au lecteur, ou interventions explicites du narrateur (procédé classique, depuis Sterne et Diderot, pour contester l'effet d'illusion en le désignant comme tel, et pour montrer la part de *jeu* habituellement oblitérée par les codes de vraisemblance) ; mais encore parce que Goytisolo a disséminé, dans son montage narratif, des séquences qui fonctionnent comme autant d'*index* de l'imaginaire romanesque *in statu nascendi*. C'est ainsi, par exemple, que tous les paragraphes concernant le désir pervers du personnage central pour les petites filles, auxquels rien n'interdit apparemment de « croire », se trouvent éclairés, comme incidemment, par l'indication selon laquelle ce désir a en fait été « *provoqué par l'acquisition fortuite, dans une librairie d'occasions du quartier, d'un album avec les photos et les lettres de Lewis Carroll à ses coquettes et souriantes amies* », – où se révèle la source proprement culturelle, ou intertextuelle, d'un déploiement fantasmatique (pédophile) dont on peut, du coup soupçonner l'authenticité. De même, de nombreuses séquences du roman (elles aussi fort hilarantes) concernent un marabout africain, nommé L'Sa Monammou, qui cumule les prophéties et les actions prétendument magiques. Le lecteur averti aura remarqué que le nom même de ce marabout surgit dès les premières pages, lors d'un épisode situé devant l'immeuble du journal *L'Humanité* : il y est question de l'hommage funèbre rendu à l'épouse récemment décédée d'un poète officiel du Parti communiste, et d'un discours (à propos de cette « *Dame Rouge* ») mal compris par les immigrés africains du quartier ; du coup, il est aisé de deviner que « L'Sa Monammou » n'est que la déformation farcesque de quelques mots d'un poème célèbre d'Aragon (« *Elsa mon amour* ma jeunesse »), d'ailleurs popularisé par une chanson qu'en fit Léo Ferré. Tout se passe donc comme si ce qui ressemble au départ à une simple blague, un simple calembour, *suscitait* tout un développement imaginaire, narratif, – dont l'origine, ainsi, serait moins à situer dans la réalité que dans la liberté des jeux du signifiant.

Le discrédit

L'un des aspects les plus drôles du roman concerne la façon dont le personnage central (que le narrateur hésite, du coup, à désigner du terme de « héros ») est systématiquement présenté sous des traits déplorables, – du moins en regard de la morale commune. Sans parler de ses activités sexuelles et politiques pour le moins douteuses, et définies comme telles, le lecteur apprend ainsi, sur son compte, un certain nombre de faits rien moins que sympathiques : qu'il évite systématiquement les beaux quartiers de Paris pour se complaire quasi exclusivement dans la cohue anarchique du Sentier ; qu'il déteste la nature, et tout ce qui, en ville, peut la rappeler, – tout au plus consent-il à fréquenter certains jardins publics, théâtres d'exploits pour le moins réprouvés par les bonnes mœurs ; qu'il fuit comme la peste les galeries de peinture, les musées, à la seule exception du musée Grévin, non loin de chez lui, où il trouve d'extravagants sujets d'excitation ; qu'en matière de cinéma, il est totalement indifférent aux chefs-d'œuvre, et que seules semblent l'attirer les salles pornographiques, où il situe d'obscures activités clandestines. Quant à sa culture littéraire, elle est assez étrange : s'il peut manifester ponctuellement un intérêt pour Genet (mais uniquement, comme je l'ai déjà mentionné, dans la mesure où il rêve d'utiliser certains de ses livres pour corrompre une lolita), ou pour la poésie et la mystique de la tradition soufi (qu'il cite, copie, et où il affecte de trouver un « idéal » : mais la marginalité même d'un tel intérêt suffit à le situer hors de toutes les normes), – ses principales lectures paraissent être les journaux à sensation, et, comme on l'a vu, les petites annonces érotiques d'un quotidien du matin. Tout cela, en somme, indique l'intention délibérée d'adopter, au cœur de Paris, la position du barbare, – et laisse transparaître la jouissance secrète du héros à échapper à tous les codes convenus, à toutes les formes de bon goût, à toutes les conventions, voire à se mouler exactement dans le négatif des valeurs de l'ennemi (c'est-à-dire dans tout ce qui est réprouvé ou discrédité par la *doxa*, la norme petite-bourgeoise).

Or un tel « discrédit » assumé ne concerne pas seulement la représentation du personnage, ou de ses actions, – c'est aussi *dans son discours* que sont parodiées, poussées jusqu'à l'absurde, les positions de l'ennemi : ainsi de ce développement (que l'on peut attribuer au héros) concernant le trou dans la couche d'ozone, censé faire monter de plusieurs mètres le niveau de la mer, et qui l'amène à proférer des conseils particulièrement cyniques de spéculation immobilière, pour tirer profit de la catastrophe prévisible : comme s'il s'agissait pour lui, ici, de coller au langage même de ceux qu'il conteste (en l'occurrence : le discours « libéral », dans toute son immoralité) pour mieux le détruire de l'intérieur, en l'exaspérant. C'est là, en fait, toute l'ambiguïté de cette figuration, qui ne cesse de troubler la lecture : car ce n'est pas seulement l'énoncé qui est soumis au jeu des parodies et des détournements, c'est aussi l'énonciation ; et le jugement moral n'est dès lors sollicité que pour être sans fin perturbé [6].

Les ruses de l'énonciation

Pour préciser cela : le roman est focalisé, comme je l'ai déjà indiqué, sur un personnage central, le plus souvent évoqué à la deuxième ou à la troisième personne ; mais sa vision est portée par la voix d'un narrateur, apparemment bien distinct du personnage, et qui ne cesse de commenter ou de qualifier ses actions, de juger son comportement, de superposer son propre point de vue à celui du héros. Or, le plus singulier, dans les *Paysages après la bataille*, est que cette appréciation, pour l'essentiel, est négative : comme si le sujet de la fiction se situait du côté de la transgression, et celui de la narration du côté de la loi. D'où, pour le lecteur, un effet de double suspicion : portant sur le personnage, sans cesse déprécié par la narration (par exemple, il est le plus souvent désigné comme « *l'anti-héros* », « *le zigoto* », « *l'atrabi-*

6. Ce qui renvoie, là encore, au dispositif d'écriture sadien (voir Chantal Thomas, *Sade*, Seuil, coll. « Écrivains de toujours »).

laire », « *le monstre* ») ; et sur la narration elle-même, qui ne peut guère apparaître que comme une parodie de la norme morale.

Mais Goytisolo, comme pour pousser encore plus loin la déstabilisation de tout jugement (puisqu'au fond ces deux points de vue s'annulent l'un l'autre, ou du moins se neutralisent), va jusqu'à donner à ce jeu un degré supplémentaire : en introduisant au cœur même de la narration, lorsqu'elle s'affiche comme un métalangage, sa propre contestation. D'où, par exemple, des formules comme celle-ci : « *Le lecteur patient de cette histoire confuse et alambiquée aura parfaitement raison de se poser des questions sur ses silences et ses ambiguïtés* » ; ou encore : « *Prends garde, lecteur ; le narrateur n'est pas fiable. Sous son apparente franchise et son honnêteté déchirée* (...) *il ne cesse de te tromper* »... Un tel jeu, on le sent, pourrait être sans fin : car dans ces décrochages, il n'y a aucune raison pour accorder plus de véracité à un degré de métalangage qu'à un autre (les phrases que je viens de citer, ainsi, pourraient à leur tour être ironisées, parodiées, contestées), – c'est l'idée même de « vérité ultime », ici, qui vacille. En bref, et c'est là ce qui fait toute la force corrosive du livre, et son pouvoir de déséquilibre, une telle ambiguïté n'a d'autre effet que d'affirmer l'insolente souveraineté de l'écriture, qui n'inclut son propre commentaire que pour mieux s'en jouer : au-delà du vrai et du faux dans la narration, comme elle est au-delà du bien et du mal dans la fiction.

LA DIASPORA DU SENS

Danilo Kiš, *Sablier*, traduit du serbo-croate par Pascale Delpech, Gallimard, 1982.

> La vie d'un homme d'une certaine valeur est une continuelle allégorie.
>
> KEATS.

Peut-on encore écrire (des poèmes, ou des romans) après Auschwitz ? Telle était, on le sait, l'interrogation soulevée par Adorno, – et il ne faudrait peut-être pas trop se hâter de la refermer. Car si l'humanité a bien touché *là* le paroxysme de l'horreur et de l'abjection, il y a, nous le sentons, quelque chose d'inconvenant (ou d'irresponsable, au sens où Barthes parlait d'une « *responsabilité de la forme* ») à vouloir absorber innocemment ce mal radical dans le cadre convenu et stéréotypé de nos fictions, de nos codes de représentation. C'est ce que Blanchot, on s'en souvient, reprochait au roman de Styron, *Le Choix de Sophie* (et, du reste, dans un autre registre, la même sensation de malaise a pu récemment nous saisir devant le traitement hollywoodien de la Shoah par Spielberg) : comme si cette expérience relevait, à tous les sens du terme, de l'*innommable* [1].

1. On peut noter que les plus grands livres consacrés à l'univers concentrationnaire, de Primo Levi à Jorge Semprun, ne le font qu'à aborder de front l'impossibilité de *transmettre* cette expérience.

Il est un roman, pourtant, qui relève le défi, même s'il évite d'aborder directement l'univers des camps d'extermination, pour évoquer plutôt les persécutions antisémites qui les ont précédés : c'est *Sablier*, le chef-d'œuvre de Danilo Kiš. Son sujet apparent ? La reconstitution de la figure d'un homme, désigné par ses initiales, E.S., qu'une rapide connexion intertextuelle (vers les deux livres ouvertement autobiographiques de Kiš [2]) permet d'identifier au propre père de l'auteur. « E.S. », donc, père de famille, inspecteur des chemins de fer à la retraite, joueur d'échecs, récemment libéré d'une maison de fous, dont nous suivons les tribulations, pendant quelques mois de l'année 1942, entre la Hongrie et la Voïvodine (province de Serbie), – entreprenant d'incessants voyages, pour chercher le certificat de baptême de ses enfants (lui-même est juif : cela transparaît peu à peu), pour tenter de rétablir le montant de sa retraite, qu'il estime injustement diminuée, ou pour récupérer meubles et effets personnels dans une maison qu'il vient de quitter, – tour à tour fantasmant sur une veuve rencontrée dans un train, empruntant de l'argent à ses vieux amis, discutant philosophie et politique avec eux, remuant ses souvenirs, notant ses pensées, buvant plus que de raison, rêvant, interprétant ses rêves, se disputant avec ses proches parents, qui l'ont provisoirement accueilli, et qu'il accuse de mal se comporter envers sa femme et ses enfants, etc. Mais tous ces épisodes, en fait, ne servent guère que de révélateurs d'un autre thème, qui s'impose progressivement, à travers tout cela, comme le vrai sujet du récit : et ce thème, c'est justement l'Histoire (qui apparaît ici comme tout autre chose qu'un contexte), – ou, plus précisément, celle de la persécution des Juifs en Europe centrale pendant la Seconde Guerre mondiale.

Or le plus singulier, c'est que Kiš, au moment même où il semble transgresser l'interdit d'Adorno (c'est-à-dire faire de

---

2. *Jardin, cendre*, et *Chagrins précoces* (Gallimard).

cette persécution un sujet de fiction), s'affirme cependant comme un écrivain qui prendrait cet interdit tout à fait au sérieux, – et irait même, d'une certaine façon, jusqu'à l'étendre, le renforcer : car si cette persécution, pour lui, touche aux limites du « représentable », ce n'est pas seulement pour des raisons morales (l'« inconvenance ») ou métaphysiques (la « profanation »), – mais aussi, surtout, pour des raisons esthétiques. Il est en effet pratiquement impossible d'aborder un tel sujet sans tomber dans le *pathos* (avec tous les corrélats que Barthes, par exemple, attachait à ce terme : « *mots apparemment vagues et sublimes* », « *phrases nobles et émues* », « *pensées empanachées et conformistes* » [3]), – et le pathos, manifestement, pour Kiš, est l'ennemi de toute vraie littérature : ce qui la voue à un naufrage artistique irrémédiable.

D'où le parti pris constant de *Sablier* : ne pas éviter l'Histoire, mais la soumettre à une vision oblique, ou distanciée, – que Kiš, dans ses textes de réflexion, réfère au concept d'« *ostranénié* » tel qu'il fut théorisé par le formaliste russe Viktor Chklovski : le processus visant à « rendre étrange » la représentation, pour la soustraire aux « automatismes de perception ». Il est question, ainsi, dans *Sablier*, des différentes tracasseries bureaucratiques ou vexations policières subies par une famille juive, errant entre la Hongrie et la Voïvodine occupée ; du port infamant de l'étoile jaune ; de séances de travail forcé, aux cours desquelles des Juifs (pour la plupart commerçants ou intellectuels) étaient au moindre prétexte roués de coups ; de Juifs tués, en prison, ou poussés au suicide ; et aussi (c'est là le point traumatique du récit) de ces « journées froides » de Novi Sad, en janvier 1942, au cours desquelles les fascistes hongrois massacrèrent des centaines de Juifs et de Serbes, notamment en les noyant dans le

3. « Aujourd'hui, Michelet », dans *Le Bruissement de la langue*, Seuil. A propos du *pathos*, voir aussi, dans ce même recueil, « Longtemps, je me suis couché de bonne heure ».

Danube glacé. Mais rien de tout cela, dans le roman, n'est abordé frontalement : si ces thèmes surgissent, c'est par incidences, digressions, allusions, notations indirectes, – un peu comme dans ce procédé rhétorique selon lequel l'essentiel du message, pour être « amorti », doit s'exposer dans une parenthèse ou une subordonnée.

C'est ainsi que l'horreur (et le pathos qu'elle pourrait entraîner) est sans cesse tenue à distance. Par exemple, selon le processus (métonymique) consistant à insister sur un détail pour suggérer l'ensemble : si les massacres de 1942 sont indiqués, c'est par un objet (le cerveau d'une des victimes, dont le crâne fut fracassé, et qui fut abandonné plusieurs jours sur un trottoir), dont le caractère macabre est d'ailleurs atténué par le ton (étrangement apathique, presque « esthétique ») utilisé pour le décrire. Ou encore, par le jeu sur l'effet de contexte : la plupart des indices historiques dont le texte est parsemé sont immergés dans toutes sortes d'informations hétérogènes, dont certaines ouvertement burlesques (c'est le mélange des genres, ici, qui vise à dé-pathétiser la représentation). Plus généralement, le roman ne cesse de *filtrer* la thématique historique qu'il convoque : par le fantasme, ou l'imaginaire, comme dans cette séquence où E.S., le héros, imagine les éloges funèbres qui auraient pu être prononcés à l'occasion de son propre décès (les notations historiques, en ce cas, surviennent incidemment, prises dans un artifice rhétorique explicite) ; ou encore, par son insertion dans le cadre relativement anodin d'une conversation (l'énumération des sujets politiques abordés par E.S. et son ami Gavranski, ou le passage dans lequel ce même E.S. rêve à haute voix des différentes façons dont la guerre pourrait se terminer) ; par le jeu des focalisations, enfin : il n'est pas indifférent que ce soit à travers des jumelles, depuis l'appartement de son ami, que le héros aperçoive un homme aux mains bandées, qui soulève des pierres (le thème des travaux forcés apparaît ainsi « à distance », et passablement déformé). Et si, vers la fin du roman, l'ampleur et la gravité des persécutions se précisent, il est significatif que ce soit sous la forme d'un interrogatoire policier, auquel E.S. est soumis : les informations les plus dramatiques (la mort violente de ses amis, les coups, les blessures) semblent alors arrachées, comme malgré lui, à un personnage qui, d'évidence, aurait préféré s'abstenir de les évoquer.

Danilo Kiš, en somme, n'est pas de ceux qui suivent le précepte de Stendhal, selon lequel l'intrusion de la politique dans un roman ressemblerait à « *un coup de pistolet au milieu d'un concert* ». Mais tout son art consiste, si l'on peut dire, à assourdir ces coups, – jusqu'à ce qu'ils puissent sans dommage s'intégrer à la partition.

Une généalogie singulière

J'ai déjà exposé, dans un essai antérieur [4], les caractéristiques principales de l'art romanesque de Danilo Kiš. Sa capacité, justement, à traiter des thèmes aussi tragiques que le sort des victimes du nazisme ou du stalinisme sans jamais, pour autant, sombrer dans le pathos, – et même, par un véritable tour de force, sans que l'ironie perde jamais ses droits. La dimension proprement baroque de ses fictions, – et notamment l'étrange conjonction, en elles, de la prolifération des signes (comme une sorte de luxe ou de dépense gratuite de la narration) et de l'évanescence du référent (la « vérité » toujours indécise, suspendue, fuyante). Sa façon de pratiquer (soit directement, soit métaphoriquement) la « mise en abyme », le procédé de l'écriture dans l'écriture, ou de la représentation dans la représentation, – mais avec suffisamment de subtilité pour que cela n'entrave en rien les pouvoirs

4. « Introduction à Danilo Kiš », dans *L'Artifice*, Grasset, coll. « Figures ».

figuratifs du récit. La fascination dont ses romans témoignent pour les machinations, les stratagèmes, les mises en scène piégées, – comme si c'était là non seulement l'une des dimensions essentielles du monde (totalitaire) qu'évoquent ses textes, mais encore, de façon plus troublante, quelque chose qui touche à la narration elle-même, à ce qui est *en jeu* dans son écriture. L'habileté presque diabolique qu'il peut déployer pour égarer le lecteur, puis le détromper, tout en le trompant à nouveau, – vertigineusement, comme si chaque illusion recouvrait une autre illusion, chaque énigme une autre énigme, à l'infini. L'étourdissant talent, enfin, qu'il met en œuvre pour que la fiction, dans ses récits, puisse prendre l'apparence d'un « document », – tandis que la part documentaire, elle, advient de façon suffisamment insolite pour sembler relever de la pure imagination.

Ce que j'aimerais préciser, ici, c'est que tout cela (qui est présent à des degrés divers dans *Sablier*) peut s'inscrire, à bien y réfléchir, au confluent d'une quadruple tradition. Celle de Rabelais, d'abord : la dépense ivre des savoirs, le dévoiement de la *mathesis*, la prolifération des excroissances narratives et des incongruités de tous ordres. Celle de Borges, ensuite : l'exploration d'un monde où l'imaginaire se noue à l'érudition (plus ou moins vérifiable), le double postulat qui fait de l'univers la métaphore d'un livre, et du livre la métaphore d'un univers. Celle, aussi, du Nouveau Roman : l'ère du soupçon, la perversion de l'illusion référentielle, l'affichage du processus d'écriture dans son résultat, le brouillage des limites entre description et narration. Celle, enfin, de la grande littérature romanesque d'Europe centrale, – notamment Bruno Schulz, pour son art de la déréalisation, de la figuration sans cesse déstabilisée, et Hermann Broch, pour sa conception du roman « polyphonique », seul capable de rendre compte d'un monde hétérogène, éclaté.

Or cette conjonction, il faut le souligner, est très singulière : en fait, *elle n'existe pas en dehors de l'œuvre de*

Danilo Kiš, seule en mesure de rassembler et de refondre ces références habituellement cloisonnées. Autrement dit, ce n'est pas d'« influences » dont il faudrait parler ici, mais plutôt d'une sorte d'équivalent littéraire de ce que Malraux nommait le « musée imaginaire », – où c'est le présent (en l'occurrence : l'œuvre de Kiš) qui invente sa généalogie, et d'une certaine façon détermine le passé (Rabelais, Borges, Schulz, Broch, le Nouveau Roman) ; ou mieux : suscite ses résurrections, ses réactivations.

La composition

Le récit de *Sablier* utilise quatre registres narratifs, explicitement désignés par des titres différents, et qui s'entrelacent :

1. Le prologue, et la série des *Tableaux de voyage* : séquences essentiellement descriptives, et comme vues « de l'extérieur » (la vision est ici celle d'un témoin, aussi neutre et objectif que possible, n'apportant aucune information sur le sens de ce qui est décrit, un peu comme s'il s'agissait du regard d'une caméra), – et dont la caractéristique essentielle est la minutie, l'hypertrophie du détail. Séquences, donc, proches de certains procédés du Nouveau Roman (dont elles semblent parfois presque un pastiche) : sortes d'arrêt sur l'image, pour reprendre l'analogie cinématographique, ou de plans ralentis, dont le sens (plus référentiel que fonctionnel) ne se dégage que progressivement, en fonction de l'ensemble.

2. Les *Carnets d'un fou* : séquences, à l'inverse, écrites à la première personne, et se présentant comme extraites du journal du personnage central, E.S., dont elles figurent ainsi le point de vue. C'est en elles, en effet, que l'on perçoit comment l'histoire racontée est vécue subjectivement, – et l'on doit noter que la part narrative, ici, est fort restreinte, submergée par toutes sortes de commentaires, de réflexions, de méditations, de spéculations, parfois passablement délirantes.

3. Les séquences titrées *Instruction* : passages dialogués (sous forme de questions-réponses), reconstituant les principaux épisodes de la fiction à travers le point de vue d'un narrateur omniscient, c'est-à-dire capable de pénétrer dans l'intériorité des personnages, de rapporter non seulement les actions mais encore les intentions, les pensées, les sentiments, et aussi d'évoquer le passé, proche ou lointain. Ce qui caractérise ces séquences, c'est leur propension à décentrer le récit, à le faire sans cesse dériver, à le surcharger de micro-récits secondaires, de détails apparemment inutiles (ou du moins : non directement fonctionnels), – comme si ce récit était moins soumis à la logique progressive d'une intrigue qu'à un principe simultané d'éclatement et d'expansion.

4. Les séquences titrées *Audience d'un témoin* : il s'agit, ici, d'un interrogatoire, de type policier, portant sur la vie d'E.S. (ses voyages, ses rencontres, sa famille, ses relations, les mobiles de ses actes, etc.), dont les questions semblent émaner d'une « autorité » (que l'on devine hostile), et dont les réponses, proférées par E.S., permettent de préciser certaines lacunes des trois autres registres, – et notamment, comme je l'ai déjà indiqué, d'éclairer la dimension historique de la fiction, de lui donner son relief collectif, d'en révéler l'arrière-plan de persécution.

La composition d'un tel roman, donc, est explicitement polyphonique : l'unité de l'histoire racontée n'est pas saisissable autrement qu'à travers cette pluralité réglée de points de vue et de voix narratives, laissant percevoir à quel point le « réel » visé par la fiction est instable, multiple, incertain, à quel point la « vérité » ne cesse de se dérober. Impression renforcée par le traitement du temps romanesque : puisque nous ne sommes pas ici en présence d'une intrigue linéaire, continue, aux étapes bien distinctes, mais plutôt d'une structuration par « thèmes et variations », où les mêmes épisodes peuvent être pris en charge par plusieurs registres à la fois, et où prolifèrent les répétitions, les ellipses, les pauses, les expansions, les retours en arrière, les anticipations, – où la durée et la chronologie, en somme, sont constamment redistribuées par le jeu des variations thématiques. C'est même en cela qu'un tel dispositif formel répond au double impératif (bien repéré dans le champ musical) de la « Grande Forme » : susciter, d'une part, un système compositionnel extrêmement rigoureux, calculé, comme seul moyen de maîtriser l'hétérogénéité et la multiplicité du matériau ; assurer, d'autre part, la relative cohérence de la fiction (et donc empêcher la lecture de trop s'égarer), non par l'artifice classique d'un développement (où un enjeu serait posé dès l'introduction, et où le récit, dans l'enchaînement logique et chronologique de ses épisodes, aboutirait à un « nœud » de l'action, puis à un « dénouement » conclusif), mais par le jeu de ses résonances et de ses corrélations, à travers le retour et la variation de ses thèmes et de ses motifs.

Car l'un des traits majeurs de *Sablier* est bien la présence, justement, de ces échos à distance, de ces *raccords* entre les éléments dispersés [5], par où s'approfondit le modèle musical de composition, – et par où, aussi, un minimum de cohésion finit par s'imposer dans un récit apparemment éclaté. C'est ainsi, par exemple, que le motif d'un homme aux mains bandées, maniant des briques, apparaît comme un simple spectacle (du reste énigmatique) dans l'un des *Tableaux de voyage*, – mais resurgit aussi, à plusieurs reprises, dans d'autres registres, et en particulier, pourvu de tout son sens, dans l'*Audience d'un témoin*. Ou que l'image du « *cerveau de M. Freud* » (l'homme au crâne fracassé que j'ai déjà évoqué) s'expose d'abord comme une vision improbable, que l'on pourrait croire onirique, ou délirante – avant, là aussi, de trouver dans un autre registre son explication. Ou encore

5. J'examine, dans plusieurs autres chapitres de ce livre, ce procédé des « motifs de raccord », – notamment à propos des romans de Kundera (*L'Immortalité*), de Mario Vargas Llosa (*La Tante Julia et le Scribouillard*), et de Claude Simon (*L'Acacia*).

qu'un long développement, dans les *Carnets d'un fou*, consacré à Marie-Antoinette (l'épisode quasi mythologique où celle-ci conseille au peuple insurgé, venu réclamer du pain, de « *manger de la brioche* ») semble d'abord totalement gratuit, incongru, – mais s'éclaire rétroactivement lorsque l'on apprend qu'E.S., en butte à l'indifférence cynique de sa nièce face à son dénuement, a surnommé celle-ci du nom de la souveraine française. De telles liaisons souterraines, il faut le souligner, peuvent concerner tout aussi bien des thèmes majeurs, ou des péripéties cardinales (le « *travail obligatoire* », et les brutalités qu'il implique ; l'effondrement subit et inattendu de la maison d'E.S., alors même qu'il vient d'en sortir, et de récupérer les quelques biens personnels qui s'y trouvaient : faits relatés de façon récurrente, et dans plusieurs registres) que des séquences purement indicielles (la « *Veuve aux cuisses blanches* », rencontrée dans un train, qui fait fantasmer le héros, avant de réapparaître dans l'un de ses rêves, puis de se matérialiser à nouveau lors d'un autre voyage), ou des motifs secondaires (la cuisinière délabrée prêtée au héros par sa famille, la nourriture enveloppée dans un porte-documents), – et même de simples notations, apparemment insignifiantes (l'odeur « *d'urine et de cheval* », dont l'évocation surgit çà et là, dans des contextes divers). Car ces corrélations à distance, de fait, n'ont pas seulement pour fonction d'unifier ce que la fragmentation sérielle (l'absence de « déroulement ») disperse, – mais encore de susciter une sorte de chatoiement du tissu narratif : un jeu de reflets, d'échos, de réverbérations, proprement chromatique.

Ceci est d'autant plus important que, dans la polyphonie du roman, l'ordre selon lequel les quatre grands registres sont distribués n'a rien de régulier. Si l'on attribuait à chacun d'eux une lettre (A pour *Tableaux de voyage*, B pour *Carnets d'un fou*, C pour *Instruction*, D pour *Audience d'un témoin*), la formule de cet ordre, en effet, serait : A-B-C-B-C-B-A-D-C-B-A-D-A-C ; où l'on ne peut guère saisir quoi que ce soit de systématique, sinon que les séquences les plus « explicatives » n'apparaissent que progressivement, et ont une importance qui va croissant (ce que confirme, du reste, le volume qui leur est attribué) ; comme pour que l'attention du lecteur, tout d'abord déroutée, privée des repères traditionnels liés à la progression dramatique, en vienne à reconstruire la cohésion de l'ensemble à la fin seulement du récit.

Un faux puzzle

Pour préciser cela : il est essentiel de noter que le livre s'achève sur une lettre adressée par E.S. à l'une de ses sœurs, – et que Kiš, par ailleurs, a plusieurs fois désignée comme un document authentique, une lettre effective de son père, qu'il a retrouvée, et qu'il a ici retranscrite sans rien y changer : le document même, précisément, à partir duquel tout le reste a été engendré, où l'on retrouve, condensés, la plupart des thèmes et des motifs que le roman a déployés, – comme si la seule unité qu'un tel récit puisse se permettre était rétroactive.

Un tel dispositif, à première vue, pourrait s'apparenter à un puzzle, – on peut imaginer que cette ultime séquence est la « pièce manquante » permettant de donner sa cohérence à un ensemble d'informations jusqu'alors disséminées, erratiques, disjointes (un peu à la manière de la « récapitulation » finale dans les romans policiers). Or, à bien lire *Sablier*, et en particulier à le lire deux fois de suite (cette seconde lecture étant informée par le document final), il semble bien que cette métaphore du puzzle, pertinente pour d'autres romans de la modernité (par exemple *Le Bruit et la Fureur* de Faulkner), soit ici inadéquate, – et ce pour au moins trois raisons. La première, c'est que cette lettre émane d'un homme manifestement un peu fou, susceptible de délirer, de laisser son esprit vagabonder, et donc qu'elle ne saurait être perçue comme une « vérité » ultime (pour le dire autrement : il n'y a pas plus de « vérité » dans ce document que dans les séquences antérieures où l'imaginaire donne libre cours à ses inventions). La deuxième, c'est que l'impression s'impose, une fois le livre refermé, qu'il pourrait bien s'agir d'une « fausse clé », – un peu, si l'on veut, comme la révélation, dans l'ultime plan de *Citizen Kane*, de la signification cachée du mot (« *Rosebud* ») prononcé par Kane lors de son agonie, qui constitue bien l'*un* des secrets de sa personnalité (« *Rosebud* » est le signifiant de l'arrachement à sa mère), mais ne suffit d'évidence pas à expliquer la totalité de celle-ci (le film de Welles est *aussi* un exemple de faux puzzle). La troisième, enfin, qui justifie cette impression, c'est tout bonnement que cette dernière « pièce » ne parvient pas à rendre ce qui précède complètement cohérent : elle laisse dans l'ombre beaucoup d'aspects de ce que nous venons de lire, et ne dissipe pas, pour le lecteur, la sensation d'avoir été confronté à un récit troué, un ensemble lacunaire, dont les éléments s'emboîtent ou s'enchaînent mal (les différentes « pièces » du récit, à tous les sens du mot, ont du *jeu*). Telle serait, en somme, la ruse du roman : réduire peu à peu la fragmentation du sens, mais *pas totalement*, – façon de suggérer que la « vérité » visée par la fiction est toujours improbable, ou inaccessible.

Le père f(l)ou

Cette crise de la cohérence (et donc de la certitude : car nous répugnons à être « certains » de ce qui se présente comme mouvant, obscur, ou par trop multiple) tient aussi au fait que le héros du récit, dont il ne faut pas oublier qu'il parle à la première personne dans deux des quatre registres dont le roman est tressé, est explicitement désigné comme

« *fou* » ; du moins, l'image que nous pouvons nous en faire, au fil du récit, est celle d'un homme constamment prompt à divaguer, à laisser son imaginaire (souvent des plus délirants) se superposer au réel.

Cette folie (suffisamment drôle, du reste, comme dans les « histoires de fous » que se racontent les enfants, pour exclure là aussi tout pathos direct) prend dans *Sablier* plusieurs formes. La première, c'est celle des petites extravagances dont témoignent les *Carnets d'un fou* : c'est ainsi qu'E.S. peut gentiment délirer sur la nourriture, et ses vertus supposées (il consacre des pages exaltées au lait, à la pomme de terre, ou à ce plat mythique et quasiment cosmique qu'est pour lui la paella) ; qu'il est enclin à élaborer des théories pour le moins saugrenues, témoignant d'une sorte d'indécision sexuelle (il peut ainsi imaginer un homme « enceint », ou soutenir que le cœur, l'organe, a des menstrues), ou à développer de réjouissantes obsessions scatologiques (il semble par exemple persuadé que Newton a découvert les lois de la gravitation, non pas, comme le veut la légende, en subissant la chute d'une pomme, mais en observant l'écoulement de sa propre merde).

Une autre forme de cette folie, un peu plus grave, c'est celle d'un constant délire interprétatif, tout aussi bien présent dans les rêves qu'il consigne scrupuleusement (le cauchemar de la révolte des chiens, ou celui des « voleurs d'os » qui dépouillent les corps humains de leurs squelettes), que dans les séquences où son imagination vagabonde, dérive, à partir de prétextes minuscules (l'évocation, par exemple, de Marie-Antoinette, que j'ai déjà mentionnée, ou ses spéculations sur la mer Pannonienne qui, selon lui, recouvrait autrefois cette partie de l'Europe centrale où il se trouve, et dont il croit déceler un peu partout la trace). Rien de plus significatif, à cet égard, que les rêves éveillés à quoi il se laisse aller, où il imagine ce qui *aurait pu* se passer (il semble particulièrement se complaire à élaborer ces réalités virtuelles) avec un luxe de précisions proprement halluciné : ainsi, lorsque sa maison s'écroule immédiatement après son passage, il ne se contente pas de supputer les causes (au demeurant fort improbables) d'un phénomène aussi stupéfiant, il va jusqu'à *voir* (et décrire par le menu) sa propre mort sous les décombres, et à composer très exactement, avec une sorte de génie du pastiche, les éloges funèbres prononcés lors de ses obsèques fictives ; de même, toujours dans le registre morbide, il peut relater minutieusement la façon dont sa femme et ses enfants meurent de faim (scène purement imaginaire), ou encore halluciner le meurtre (qu'il *pourrait* commettre) de certains membres de sa famille (ceux dont il se plaint, et qu'il déteste), poussant là encore cette sorte d'hyper-précision dans le fantasme jusqu'à inventer le communiqué de presse relatant le crime.

Au-delà de la complaisance morbide dont tout cela témoigne (décelable aussi, par exemple, dans la réflexion, prétendument inspirée de Malthus, où il pressent une véritable apocalypse planétaire, liée à la surpopulation), – il lui arrive en outre de sombrer dans un véritable délire de persécution. Ainsi, évoquant l'effondrement de sa maison, il s'imagine « *victime d'un attentat soigneusement préparé* », et énumère à partir de là les cas, selon lui indéniables, de persécutions à distance (envoûtements, sorts) qu'il a pu recenser ; et lorsqu'il se plaint de la façon dont sa sœur, son beau-frère, ses neveux et ses nièces l'ont accueilli (les mêmes récriminations reviennent à plusieurs reprises, quasi obsédantes), – il est très difficile de savoir s'il ne s'agit pas là d'une exagération, et si certaines petites vexations qu'il a pu subir de leur part n'ont pas, dans son esprit troublé, été « gonflées » jusqu'à prendre les proportions d'un acharnement systématique et cruel (d'autant plus qu'aucune voix objective, dans la polyphonie narrative, ne permet d'en décider vraiment). C'est là, sans doute, l'un des aspects du roman les plus déstabilisants pour le lecteur : car nous ne pouvons manquer de remarquer que les persécutions réelles (le travail forcé, les coups reçus, la répression policière, le massacre de Novi Sad, dont il a réchappé *in extremis*) sont dans son discours banalisées, ou ne sont évoquées qu'indirectement (arrachées, comme je l'ai dit, lors de son interrogatoire), – alors qu'à l'inverse il est enclin à se complaire dans la déploration de persécutions mineures, et peut-être largement imaginaires ; de même, il est saisissant de voir à quel point il est hanté par d'hypothétiques désastres futurs (la surpopulation), alors qu'autour de lui le nazisme est en train de déclencher un désastre immédiat, et tangible. C'est dans cette disproportion (ou cette incapacité à hiérarchiser, donc à évaluer, les événements qui l'affectent) que réside l'effet de distance et d'étrangeté que je signalais initialement : puisqu'à travers ce « point de vue » déformant, affolé, nous ne pouvons que douter de la véracité de ce qu'il rapporte, – ou du moins de son *degré* de véracité.

Il est d'autres passages, enfin, où se manifeste, beaucoup plus gravement, une véritable désintégration de sa personnalité. Ces traits schizoïdes peuvent apparaître, parfois, dans ses délires, – tel celui où, poussant à son comble la confusion du réel et du symbolique, il peut aller (et c'est aussi, on le sait, un procédé classique du genre fantastique) jusqu'à prendre à la lettre une métaphore : d'où l'étonnant passage (du reste superbe de poésie) où il transcrit sa vision, probablement induite par le mot « flocon », d'une tempête de plumes d'édredon. Mais plus explicitement encore, il lui arrive d'éprouver de troublants phénomènes de dédoublement : si, par exemple, il aperçoit, à travers une paire de jumelles, un homme aux mains bandées, une autre occurrence de ce thème dans le texte nous suggère que cet homme n'est autre que lui-même, à une autre période (celle où il fut soumis au travail obligatoire). Ce dédoublement est manifeste, ainsi, non seulement dans la séquence, déjà mentionnée, où il hallucine sa mort virtuelle, mais encore dans celle où il décrit le sentiment de dualité qui l'envahit lorsqu'il se rase (ce qui peut s'interpréter comme une crise de l'*imago*, une dissociation de l'intégrité liée au « stade du miroir »), jusqu'à ce qu'il en arrive à « se voir » *comme un autre*, et à évoquer son « *moi divisé, pitoyable* ».

Il serait vain, bien évidemment, de vouloir analyser tout cela en termes cliniques, ou porter un diagnostic sur tous ces symptômes parsemés dans le roman, – car nous ne pouvons oublier, justement, qu'il s'agit d'un roman, et qu'E.S., même s'il est construit à partir d'éléments biographiques, est par principe un personnage, un être de fiction, – dont l'inconscient, par conséquent, n'existe pas ailleurs que dans ce que l'auteur nous en dit. Mais cette folie du personnage n'en dégage pas moins un tout autre intérêt, – littéraire, celui-là, justement, et lié aux effets de lecture qu'elle produit. Que ce soit le Père (figure de la Loi) qui soit « fou », et donc, en termes lacaniens, que le symbolique soit perturbé au lieu même où il devrait s'articuler, c'est là ce qui produit l'effet d'*ostranénié* (d'étrangeté) le plus puissant. Car il suffit que cet ordre symbolique se dénoue, pour qu'aussitôt vacille la distinction entre le réel et l'imaginaire, partant tous deux à la dérive (c'est la logique même, lacanienne encore, du « nœud borroméen »), – et de cela, il existe dans le roman une métaphore exacte : celle de la maison, justement, qui s'écroule parce qu'un rat, semble-t-il, a rongé le « *point d'intersection des forces* », et touché au point « *névralgique* » qui faisait tenir l'ensemble. D'où la façon dont nous pouvons ressentir, dans *Sablier*, que le réel et l'imaginaire (figurés) ne cessent de s'envahir, de se chevaucher, de s'interpénétrer, dans une sorte d'instabilité fondamentale, qui affecte aussi bien la figure du père, insaisissable (il est, pourrait-on dire, aussi flou que fou), que le monde entier autour de lui (dont on ressent qu'il *insiste*, mais qu'il échoue à *consister*). Et c'est là, d'évidence, comme un écran entre le texte et l'univers qu'il tente de représenter (ou de reconstituer) : comme s'il fallait un délire particulier (celui du personnage, E.S.) pour figurer le délire du monde ; et lorsque E.S. définit sa maladie comme celle de la « *lucidité* » (allant jusqu'à poser que « *seule la folie (l)e guérirait* »), il n'est pas interdit d'estimer qu'il a, d'une certaine façon, un peu raison. Ou du moins que sa folie sert de *révélateur* à la folie meurtrière des hommes, autour de lui, – que par exemple la peur pathologique (sans cause immédiate) qui l'envahit parfois ne fait que *déplacer* une peur parfaitement motivée, – comme son délire de persécution ne fait que *déplacer* une persécution bien réelle, dont on peut imaginer, par ailleurs, qu'elle n'a pas été sans effet sur la folie même du personnage, – comme si ce « déplacement » n'était qu'une façon de conjurer une réalité effectivement traumatique. Car tel est, en somme, le véritable sujet du roman : non pas directement la barbarie (la « folie » du monde), mais la dérive (subjective tout aussi bien) du monde qui subit cette barbarie.

Mais il est un autre point par où cette folie suscite un effet de lecture des plus troublants : c'est celui où elle touche, non à la fiction, à l'histoire racontée, mais à la narration elle-même. Car cela s'impose, peu à peu : cette façon de déplacer (comme par métonymie) la violence du monde ; d'élaborer toutes sortes de récits à partir d'indices minuscules, ou anodins ; ces incessantes divagations de l'imaginaire ; cette propension à s'engouffrer dans des réalités virtuelles, des hypothèses narratives ; cette minutie dans la représentation d'épisodes irréels, cette hyper-précision des visions, cette profusion comme illimitée des signes, où vacille toute hiérarchie des phénomènes évoqués ; cet art de composer des discours ou des documents purement fictifs comme s'ils étaient vrais (et simplement retranscrits) ; et jusqu'à cette division de la « personne » (cette aptitude à passer à la place de l'autre), – cela, tout autant que la folie du personnage, qualifie *le style même de l'écrivain*, tel qu'il est à l'œuvre dans le roman que nous lisons, dans *Sablier*. Si bien que nous en arrivons à ce paradoxe : E.S., dans ce roman, n'est pas seulement l'objet d'une quête, mais encore, simultanément, un véritable inducteur d'écriture. Comme si, en bref, l'identification refusée dans l'histoire racontée (tant le père est fuyant, inapte à incarner la loi) s'était déplacée dans la narration, – ou pour le dire autrement : comme si l'art romanesque, ici, s'apparentait *à une folie maîtrisée* [6].

L'EFFUSION

On nomme « effet Zeigarnik », en musique, le phénomène selon lequel la résolution finale d'une séquence lui donne, rétroactivement, tout son sens. J'ai déjà indiqué que la lettre sur quoi s'achève le roman (le document réel) ne jouait pas exactement ce rôle : laissant, pour poursuivre l'analogie musicale, trop d'éléments en suspens pour qu'elle puisse être perçue comme un accord final. Il n'en reste pas moins que c'est à partir des éléments qu'elle contient (comme autant de germes narratifs, si l'on peut dire) que la fiction a pu se déployer : depuis les grandes péripéties (le voyage du héros à Novi Sad, pour récupérer ses biens personnels ; l'écroulement inopiné de sa maison ; le retour de Lenti, au terme duquel il constate l'absence de sa femme et de ses enfants, – ils ont fui leur refuge, apprenant que les gendarmes le recherchaient), jusqu'aux épisodes secondaires (les propositions louches pour se procurer de la farine, la convocation au bureau des Chemins de fer, le projet de voyage à Budapest), aux « situations » (l'endettement, l'accueil apparemment hostile de sa sœur, les Pâques 1942 passées dans le froid et le dénuement, alors que sa famille, dans l'habitation mitoyenne, les fête

6. On pourrait comparer, en ce sens, *Sablier* à un roman comme *L'Acacia* : Danilo Kiš, dans son roman, « conjure » la *folie* du père, alors que c'est la *mort* du père, comme je l'ai suggéré, qui est « conjurée » dans celui de Claude Simon (voir, *supra*, « L'arbre de l'écriture »).

dans l'abondance), et à certains motifs ponctuels, à peine esquissés, mais auxquels la fiction donnera une ampleur notable (les aliments rangés dans le porte-documents, la dispute à propos du poids du jambon, l'assimilation de sa nièce Rébecca à Marie-Antoinette, la cuisinière détériorée reçue en cadeau, l'allusion à la mer Pannonienne engloutie). En somme, ce que cela permet d'apprécier, c'est à quel point l'imaginaire de Danilo Kiš, tel qu'il se déploie dans ce roman, est pour l'essentiel *reconstitutif* : si l'on peut dire, plus métonymique que métaphorique, – ayant besoin, pour proliférer, de points d'appuis dans le réel [7]. Comme si, au rebours de la hiérarchie narrative classique, c'était le détail qui suscitait le développement ; comme si, surtout, son art romanesque (et c'est en cela qu'il tient au Baroque) avait « horreur du vide », et résidait pour l'essentiel dans la propension à « combler les trous », – à donner le maximum de consistance et d'ampleur au récit, à partir d'un noyau initial lacunaire et allusif.

Or, cette reconstitution, d'une certaine façon, est impossible (elle oriente l'écriture, mais comme un horizon qui ne cesserait de reculer au fur et à mesure que l'on progresse vers lui). Par défaut, d'abord, et je l'ai déjà signalé : il y a trop de zones d'incertitude ou d'indécision dans ce monde exhumé pour qu'il puisse se ranger dans l'ordre homogène et plein d'une représentation classique. Mais aussi, et c'est cela le plus singulier, par excès : car, confronté à cette tâche de ressusciter un univers en ruines, de figurer toute une époque à partir de ses vestiges épars et incohérents, il semble que Kiš atteigne une sorte de vertige narratif, lié à l'ambition (à l'utopie) de « tout dire » : le vertige même, en quelque sorte, de l'*inépuisable*. On sait que Roland Barthes, à propos des « détails inutiles » dans un roman (ce qu'il nommait les

7. Je puis renvoyer, ici encore, à l'analyse que je fais d'un tel « imaginaire reconstitutif » à l'œuvre dans *L'Acacia*. Les deux romans, de fait, mériteraient une véritable étude comparative.

« *résidus irréductibles de l'analyse fonctionnelle* »), avait émis l'hypothèse selon laquelle ce « luxe » de la narration suscitait un sens, non pas de dénotation (livrer au lecteur des indices, des informations), mais de connotation (le seul « message » de cet afflux de détails, ce serait : nous sommes le réel, ce que vous lisez est un roman réaliste), dont l'unique rôle serait d'entretenir l'illusion représentative [8]. Or, dans *Sablier*, où pullulent ces détails non fonctionnels, en particulier dans les nombreuses séquences énumératives disséminées dans le roman (celles où l'influence rabelaisienne est plus qu'ailleurs sensible), tout se passe comme si Kiš allait beaucoup plus loin encore ; comme s'il s'agissait moins, pour lui, d'entretenir un « *effet de réel* », que de laisser librement proliférer les signes, dans une véritable euphorie de la dépense improductive (de ce qui ne cesse de transgresser ou de déborder l'économie du récit), revendiquée comme telle, souverainement.

Soit, par exemple, cette énumération de ce que contient le porte-documents d'E.S., à son arrivée à la gare de Novi Sad : « *Trois sandwiches au hareng sec enveloppés d'abord dans du papier à lettres quadrillé, puis dans un journal gras ; quatre œufs durs également enveloppés dans du journal ; une bouteille de bière Ormaï vide ; deux chemises, une blanche et une ocre, marque Kaiser ; quatre faux cols, quatre cravates, marque Braïner, de tons pastel, plus une en mohair noir marque Rapajic ; un bloc de papier quadrillé (29,3 × 20,8) en grande partie déjà écrit au crayon ; un exemplaire taché de gras de la revue* Sélection des meilleurs articles, *numéro 12, année 1941, éditions Bata ; deux paires de chaussettes grises, reprisées de toutes les couleurs ; un mouchoir de toile à carreaux, inutilisé ; un flacon vide avec un bouchon verseur de celluloïd ; deux paquets de cigarettes*

8. Roland Barthes, « L'effet de réel », dans *Le Bruissement de la langue, op. cit.*

Symphonia, paquets mous de 25 ; une serviette-éponge rouge, froissée et encore humide ; un pyjama bleu en coton, numéro 39 marque Tivar ; un savon animal usé, dans une boîte de celluloïd ; un rasoir en laiton ; deux lames, marque Tabula rasa ; un blaireau aux poils usés ; un bouchon de liège sentant le vin ; une épingle à linge en bois ; un bouton de chemise de fer-blanc. » A la lecture d'un tel inventaire, nous sommes d'abord sensibles à ce qu'il comporte d'indices, renvoyant au personnage (sa façon de s'habiller, ses habitudes alimentaires en voyage), à sa situation (les aléas de sa fortune, repérables à la conjonction des faux cols et des chaussettes reprisées, du blaireau usé), à son désordre (la présence d'objets incongrus, vieux bouchon, pince à linge), à son manque de soin (la contiguïté des vêtements et du papier gras), à ses lectures (*Sélection* revient plusieurs fois dans le roman, comme source d'informations plus ou moins fantaisistes), au fait qu'il écrit (le carnet), – et même à l'époque et au lieu de l'action (le relent de nostalgie attaché au nom de marques disparues, qui connotent une Europe centrale où pouvaient coexister les signifiants hongrois, serbes, tchèques, allemands). Mais nous percevons très vite que l'énumération déborde ces fonctions, qu'elle renvoie (de la part du narrateur) à une obsession d'exhaustivité, qui peut susciter un très léger malaise (l'inventaire ressemble à ce que l'on pourrait trouver dans un rapport de police, par exemple après la découverte d'un cadavre), mais tout aussi bien une certaine euphorie (il y a quelque chose de réjouissant dans cette gratuité, cette prolifération de détails non fonctionnels, derrière laquelle nous devinons, masquée par le ton objectif de la liste, une imagination libérée, sans frein).

Sablier, ainsi, regorge de ces séquences énumératives (notamment dans la série *Instruction*), où il semble que cet imaginaire baroque et reconstitutif que j'évoquais soit pris d'une véritable ébriété, dans sa façon de bousculer la hiérarchie des éléments convoqués (les plus chargés d'information peuvent côtoyer les plus anodins, les plus saugrenus), de déboucher sur une véritable hémorragie de signes, dont la clôture ne peut manquer d'apparaître comme arbitraire (on sent, du moins, que l'accumulation pourrait se prolonger sans fin : car le vrai problème d'un récit reconstitutif n'est pas de savoir par quoi commencer, mais où s'arrêter). C'est ainsi que sont déclinés, par exemple, outre les objets contenus dans le porte-documents : la liste de tous les papiers officiels que le héros, dans sa vie, a postdatés ; l'énumération des parfums et des odeurs qui ont marqué son existence ; la totalité des connaissances communes du héros et de son ami Gavranski (étourdissant répertoire de personnages, couvrant plusieurs pages, dont chacun est caractérisé par quelques anecdotes qui sont presque le germe d'autant de romans possibles) ; le recensement des thèmes politiques, des noms d'hommes célèbres, des recettes de cuisine et des conseils de santé qui sont apparus dans sa conversation avec le même Gavranski ; le rappel de tous les bouquets de fleurs qu'il a, dans sa vie, achetés et offerts ; l'inventaire de toutes les professions ayant trait à la mort (plus d'une centaine, dans lesquelles, à côté des croque-morts, des médecins, des soldats, des bourreaux, des chasseurs de tête, des rabbins, des popes, on trouve aussi les charmeurs de serpents, les poètes, et même, Dieu sait pourquoi, les cueilleurs de bananes...).

Cette profusion énumérative, comme chez Rabelais, obéit de fait à un double mouvement : elle indique, d'une part, une sorte d'exubérance de l'information, jubilant de sa propre prolifération, de ses incessantes expansions, comme si la littérature, ici, visait quelque chose qui ressemble au Savoir absolu ; mais elle en produit, simultanément, la caricature ou la parodie : les paradigmes semblent ouverts à l'infini, les rapprochements incongrus ou cocasses signalent la déroute joyeuse de toute taxinomie, de tout principe de classement [9]. Et c'est au même paradoxe, du reste, que l'on pourrait ratta-

9. Voir mon « Introduction à Danilo Kiš », *op. cit.*

cher cet *excès de précision* qui s'impose dans de nombreux passages descriptifs (même si, du point de vue du style, nous sommes alors plus près de Claude Simon que de Rabelais) : car là aussi, le lecteur sent bien que c'est une totalité qui est visée, – et qu'en même temps (comme dans la séquence consacrée aux photos qui ornent le compartiment du train où se trouve le héros) il y a comme un affolement de ce parti pris d'exhaustivité : la minutie, la surenchère, la surabondance des détails, qui sont le propre d'une telle séquence, excèdent de très loin ce que l'on pourrait réellement voir sur de simples photographies, – entraînant alors irrésistiblement le texte (ou plus précisément la narration) au-delà de toute vraisemblance. En somme, si le sens, dans *Sablier,* ne cesse de se dérober, de fuir, ce n'est pas seulement à cause des « vides » de la représentation, – c'est aussi, comme dans tout art baroque, à cause de son trop-plein.

La dimension juive

E.S., je l'ai dit, est juif : et il n'est pas difficile d'imaginer, chez un romancier médiocre, la part de pathos (et de lieux communs) que pourrait susciter cette peinture d'un destin juif pendant la Seconde Guerre mondiale. Or, si ce pathos, dans *Sablier,* est évacué, ce n'est pas seulement, comme je l'ai déjà évoqué, en fonction des différentes modalités de la narration ; c'est aussi parce que la thématique du judaïsme, en tant que telle, ne cesse de déplacer les enjeux du récit, – et d'éviter, paradoxalement, de le focaliser sur l'horreur.

Ce thème, tout d'abord, n'apparaît que très progressivement, et pendant le premier tiers du roman de façon lointaine, discrète, voilée. C'est tout d'abord, à la page 20 de l'édition française, une minuscule indication à propos du journal dont E.S. s'est servi comme d'un buvard, et sur lequel se sont imprimés les premiers mots de la lettre qu'il vient d'écrire, naturellement à l'envers : « *comme en hébreu* » ; rien d'autre là, on le voit, qu'une comparaison banale, anodine. Ensuite, page 43, dans l'une des séquences « virtuelles » dont j'ai parlé, il est question des personnalités ou des associations à qui E.S. « aurait pu » écrire une lettre : apparaissent alors, dans cette liste, « *l'Organisation Sioniste Internationale* », et même, ironiquement, « *Dieu le Père Zébaoth* », – mais au milieu d'autres destinataires fictifs qui viennent pour le moins brouiller ces indices, puisqu'on y trouve la Société Protectrice des Animaux (!), le régent Horthy (le leader de la Hongrie fasciste), et même Adolf Hitler... De fait, il faut attendre la page 52 pour que soit mentionnée la conversation d'E.S. avec un cocher, manifestement antisémite, qui soutient la thèse des Juifs « *assassins de Dieu* », jusqu'au moment où E.S. soulève le porte-documents qu'il portait serré sur sa poitrine, et qui dissimulait son étoile jaune (ce que nous ne pouvons lire que comme une métaphore indirecte du roman lui-même, qui a jusqu'alors occulté la judaïté de son personnage central sous toutes sortes de « documents »).

Ensuite, il faut noter que les « motifs juifs » disséminés dans le récit (par exemple, certaines références au Talmud, notamment page 125 et page 128, – ou l'évocation du miracle de Hannoucah, référé à Judas Maccabée, qui surgit lors du voyage en train du héros) sont immergés dans une foule d'autres motifs, et d'autres références (E.S. s'appuie plus volontiers sur ce qu'il a lu dans *Sélection* que sur la Bible), qui en relativisent considérablement la portée. Ce n'est guère que dans le dernier tiers du roman, et précisément dans la série *Audience du témoin,* que le thème apparaît frontalement, et prend de l'ampleur, manifestement sous la pression de ceux (policiers ?) qui interrogent E.S., et qui, eux, veulent tout savoir des Juifs que le héros a pu connaître ou fréquenter. C'est alors seulement que seront évoqués (non sans réticences de la part du « témoin ») plusieurs destins juifs caractéristiques de cette période. Il sera question, ainsi :

de Gavranski, l'ami d'E.S., ancien agent commercial, devenu invalide, avec qui il discute toute une nuit de différents sujets, notamment politiques (les hypothèses concernant la fin de la guerre) ; de Mme Fischer, qui tenait un commerce de mercerie (E.S. a lui-même, un temps, investi une part de capital dans l'affaire Weiss et compagnie, liée à ce commerce) ; de son mari David Fischer, que ses compétences en matière d'empaillage des animaux ont conduit à devenir *schohet* (c'est-à-dire boucher légalement investi par la règle *casher* du soin d'égorger et de saigner les animaux destinés à la consommation de la communauté) ; de Samuel Mayer, ancien condisciple d'E.S., commerçant, dont un fils est sur le front de l'Est, et dont l'autre a été arrêté (sa participation à des fouilles archéologiques l'a fait soupçonner d'espionnage) ; de la maison Slonski et Strauss, qui fournissait la boutique de son neveu, et qui a cessé ses activités lorsque ses deux directeurs ont décidé d'émigrer en Palestine (un de leurs collègues, Feuerstein, les suivra de peu) ; de la firme Weiss et Pollak, à laquelle la famille du héros est liée, et qui se consacrait à l'exploitation de la potasse, en relation avec un maître verrier nommé Schreiner, avant que la concurrence internationale ne ruine cette affaire ; d'un autre commerçant, Jakob Rosenberg, à qui E.S. emprunte de l'argent ; d'un groupe d'ingénieurs soumis au Travail obligatoire, où l'on trouve les frères Kraus, Pollak, Schwarz, et dont le sort sera tragique : le cadet des Kraus est porté disparu, Pollak est en prison, Schwarz a été retrouvé pendu dans une chambre froide, après avoir été accusé, selon un stéréotype antisémite millénaire, de farcir ses charcuteries avec de la chair humaine ; du suicide plus ou moins « forcé », aussi, de Steinberg et de Fischer ; du docteur Herzog, qui avait soigné E.S. (d'une mauvaise blessure à la jambe, infligée lors d'une séance de Travail obligatoire), et qui a également été tué ; de même que le dentiste Löbl (c'est de lui qu'E.S. tient son dentier), pendu publiquement après avoir été roué de coups. Or le plus saisissant, dans ces évocations, c'est qu'elles ne relèvent pas purement et simplement du martyrologe ; car ce que ces différents cas suggèrent, au-delà des persécutions (du reste exposées le plus sobrement possible, sans le moindre commentaire), c'est plutôt l'existence, avant la guerre, en Europe centrale, d'une communauté juive active, cultivée, et surtout parfaitement liée, par ses professions (médecins, commerçants, hommes d'affaires, ingénieurs), aux populations au sein desquelles elle était implantée ; c'est cette Europe cosmopolite, où pointe parfois le souvenir de l'ancien Empire austro-hongrois (qui, lui, protégeait les Juifs), qui est ainsi exhumée par le témoignage d'E.S., et d'une façon telle que la part de violence attestée n'entrave jamais complètement le pittoresque (et même parfois la drôlerie, la cocasserie) de ce monde aujourd'hui anéanti. Il n'est pas interdit, ici, de faire un rapprochement avec le théâtre de Tadeusz Kantor, – qui désenfouissait lui aussi tout un passé centre-européen (en l'occurrence polonais) enseveli, où la présence juive était essentielle, avec le même équilibre paradoxal d'horreur et d'humour (de ce point de vue, Kiš et Kantor sont manifestement de la même famille [10]).

Mais le plus intéressant, peut-être, de cette thématique juive de *Sablier,* réside dans le fait que le judaïsme évoqué, du fait justement de son intrication au reste de la population, n'apparaît le plus souvent que comme un phénomène, si l'on peut dire, *impur* : un judaïsme, de fait, dont les valeurs et les références ne cessent de se confronter et de s'enchevêtrer à celle du milieu où il s'inscrit, jusqu'à s'en laisser pénétrer, –

10. On peut noter que Kiš et Kantor étaient, tous les deux, des « demi-Juifs » (et même, plus précisément : nés d'un père d'origine juive et d'une mère chrétienne) ; il y aurait beaucoup à s'interroger, à partir de là, sur l'*imaginaire* spécifique qu'une telle situation peut susciter. Kiš et Kantor, par ailleurs, sont morts à un an d'intervalle, – pratiquement au moment où s'effondrait, en Europe centrale, le système communiste dont ils auront, dans leur art, chacun à sa façon, contribué puissamment à faire surgir le refoulé. Il est permis de rêver sur de telles « coïncidences ».

à l'opposé, en somme, de tout repli sur une « identité juive » exclusive et fermée sur elle-même. Ainsi, le philosophe que mentionne le plus volontiers E.S., dans ses spéculations intellectuelles, n'est autre que Spinoza, figure emblématique du « Juif hérétique », – et lorsque ses divagations l'entraînent à imaginer les commentaires accompagnant sa propre mort, c'est sous la forme de pastiches de ces autres « Juifs infidèles » que furent, chacun à sa manière, Marx, Freud, Kafka et Proust. Il lui arrive par ailleurs de s'appuyer, comme je l'ai mentionné, sur la tradition talmudique, – mais aussi, sans que cela lui semble contradictoire, de citer saint Bernard ; de même, lors de la méditation qu'il consacre au lait, c'est tout naturellement (c'est-à-dire : sans tabou particulier) l'image de la Vierge Marie qui vient sous sa plume. On sait d'autre part que l'un de ses voyages a pour but la recherche des certificats de baptême de ses enfants. Il serait évidemment absurde d'interpréter ce baptême comme un signe de reniement du judaïsme, – on peut imaginer que cela, en 1942, représentait plutôt pour E.S. une précaution, destinée à soustraire sa famille aux persécutions (le roman suggère d'ailleurs qu'une telle pratique, à l'époque, dans la communauté juive évoquée, n'était pas un cas isolé : c'est ainsi que la nièce d'E.S., initialement prénommée Rébecca, est devenue « Marie » par l'effet d'un baptême tactique du même ordre). Mais cela n'en implique pas moins, dans le roman, une certaine *aisance* dans la relation qu'E.S. entretient avec d'autres religions que la sienne : il est significatif, ainsi, qu'il ait profité de cette occasion pour discuter (sur un sujet métaphysique assez farfelu) avec le pope orthodoxe qu'il sollicitait, – ce que le récit associe à différentes discussions, de même nature, qu'il avait eues précédemment avec un autre pope, deux rabbins, un jésuite et un franciscain... Enfin, dans le roman qu'E.S. a un moment projeté d'écrire (l'un de ces « récits dans le récit » que je signalais), il n'est pas indifférent qu'il se soit figuré sous la forme d'un « voyageur » changeant sans cesse, non seulement de résidence, mais encore d'identité, – désigné sous le triple nom de Joannes Buttadeus, Isaac Laquedem, et Joào d'Espera em Dios...

Tout cela laisse entrevoir, en somme, un monde où les communautés ne sont pas closes sur elles-mêmes, où elles ne cessent de s'interpénétrer, de se métisser (il est à un moment question, par exemple, d'un Juif nommé Laufer qui s'est converti à l'Islam après avoir épousé une musulmane de Sarajevo [11]). Mais un tel entrelacement de références définit surtout la liberté singulière du héros, qui se manifeste aussi bien dans ses mœurs (aucun respect scrupuleux, chez lui, des « traditions juives » : il associe spontanément les fêtes de Pâques à un jambon dégusté en famille, et c'est d'ailleurs autour du poids d'un jambon que va se focaliser son ressentiment envers ses proches parents) que dans sa pensée, – comme en témoigne la séquence, passablement blasphématoire (et probablement induite, du reste, par cet épisode du jambon), où il imagine que Mahomet a édicté le précepte coranique interdisant la viande de porc à partir d'une répulsion contingente, purement personnelle : ce qui l'amène à soutenir une thèse (« *le fanatique fait de son cas personnel une règle sacrée* ») qu'il étend aussitôt aux saints chrétiens (à leur intolérance envers l'alcool) et aux rabbins qui, selon lui, n'imposent les tabous de la règle *casher* que parce qu'un jour *« un prophète mangea de la viande avariée »* [12]...

Un tel judaïsme « impur », au-delà du modèle réel auquel il renvoie, a évidemment pour effet *littéraire* de permettre à Danilo Kiš d'éviter, dans sa figuration historique, tout ce qui

11. Il y a une sorte d'ironie tragique à écrire cela au moment même où triomphe, dans le pays dont Danilo Kiš était originaire, et qu'il évoque dans *Sablier*, une logique de « purification ethnique », meurtrière, qui est *le contraire exact* de ce qu'il rapporte là.

12. Façon de rappeler que Salman Rushdie n'est pas le seul à oser *jouer* avec les dogmes et les textes sacrés, – et qu'il y a même là, depuis Rabelais, une des libertés essentielles conquises par l'art du roman (voir, *supra*, « Rushdie écrivain »).

pourrait ressembler à du *lieu commun*. Et de fait, s'il y a bien une dimension juive dans *Sablier*, et non des moindres, elle est sans doute à repérer ailleurs : moins dans la fiction que dans la narration elle-même. La traversée des registres, l'errance de l'écriture, l'insertion dans le récit d'éléments de pure spéculation intellectuelle, le déploiement d'une mémoire active, et sans cesse à réactiver, la focalisation de l'écriture sur une figure paternelle (une loi) déconcertante, imprévisible, ne cessant de se dérober, la passion (toute talmudique) de l'interprétation du moindre signe, la capacité de faire proliférer toutes sortes de récits et de discours à partir d'un Texte initial énigmatique et lacunaire, pour ne pas parler de la présence obstinée de l'humour au cœur des pires désastres, – c'est en cela, qui tient de l'art, et du style, que le roman *rejoint* une Tradition dont il apparaît comme la transposition ludique et décalée (ce qui n'exclut d'ailleurs pas, dans cette reconstitution de l'image du père, un évident coefficient de ferveur).

Confidence

Il y aurait bien autre chose à dire, on le devine, à propos d'un roman aussi complexe et foisonnant (dont j'espère avoir fait sentir qu'il s'agit de l'un des chefs-d'œuvre de notre temps). Il aurait fallu parler, aussi, de l'étonnante poésie qui s'y inscrit, – au sens d'une étourdissante créativité métaphorique, d'une constante virtuosité verbale ; de sa forme très particulière d'insolence ou d'ironie, n'épargnant rien, – et en particulier de sa répudiation de toute forme de romantisme, de sentimentalisme, d'illusion lyrique ; du jeu constant des équivoques, des ambiguïtés, des paradoxes (dont je n'ai pu suggérer que quelques aspects) ; de sa façon de perturber les codes de vraisemblance, de soumettre la représentation à un incessant soupçon, d'afficher les artifices de l'écriture, – tout en produisant, à propos du monde évoqué, et désormais tout aussi « englouti » que cette mer Pannonienne qui le métaphorise, un saisissant effet de vérité.

Au fond, il me semble que c'est cela, aujourd'hui, qui caractérise les plus grands romanciers (et qui est à l'œuvre dans TOUS les romans que j'étudie dans ce livre) : chez eux, comme chez Danilo Kiš, la vérité n'est pas le contraire de l'artifice, mais le résultat de son exaspération.

Ceci, encore :

— Le père de Danilo Kiš (c'est-à-dire le « modèle » d'E.S.) fut, en 1944, emmené à Auschwitz, d'où il ne revint pas.

— Danilo Kiš, lui, est mort en 1989, à Paris. Il était mon ami. Rarement, en fait, la mort de quelqu'un de proche (à l'exception, peut-être, de Tadeusz Kantor) m'aura bouleversé à ce point, – je n'ai, littéralement, *pas pu* m'habituer à sa disparition (une trace de cela, dans les pages qui précèdent : je ne puis aujourd'hui encore, parler de son art qu'*au présent*).

Au risque de frôler un pathos qu'il aurait détesté, et contre lequel toute sa création s'insurge, je me dois d'indiquer, pour finir, combien la règle générale que je me suis fixée dans ce livre (ne parler que des romans, le plus objectivement possible, et ne me référer à leur auteur, à l'opposé de tout « biographisme », que dans la stricte mesure où c'est indispensable à la compréhension des œuvres) aura été, dans ce cas, particulièrement difficile à respecter.

UNE SAISON EN ENFER

Kenzaburô Oé, *Le Jeu du siècle*, traduit du japonais par René de Ceccaty et Ryôji Nakamura, Gallimard, 1985.

> ... nous entrevoyons vaguement des gens, ceux dans le sang et la semence de qui nous étions nous-mêmes latents et expectants, parmi cette pénombre indistincte du temps, doués à présent de proportions héroïques, en train d'accomplir leurs actes de simple passion et de simple violence, impénétrables au temps, inexplicables (...) Rien que les mots, les symboles, les formes elles-mêmes, vagues, inscrutables et sereines, sur cette toile de fond déclamatoire d'une atroce et sanglante mésaventure humaine.
>
> WILLIAM FAULKNER, *Absalon! Absalon!*

Le narrateur du *Jeu du siècle*, Mitsuburô, est borgne. Lorsque le récit commence, il vient de perdre un ami, qui s'est pendu, le visage peint en rouge, un concombre enfoncé dans l'anus. Lui-même vient de subir un traumatisme grave : la naissance d'un enfant anormal, qu'il a décidé, après mainte hésitation, de confier à un établissement spécialisé ; les relations avec sa femme se sont, par la suite, dégradées (ils ont interrompu toute vie sexuelle commune), et celle-ci s'enfonce dans un alcoolisme désespéré. Dans le premier chapitre du roman, Mitsu (c'est le diminutif par lequel il est le plus souvent désigné) passe une nuit de prostration, au fond d'un trou creusé pour y recevoir une fosse d'aisance.

D'emblée, donc, le ton est donné : celui d'un affrontement au Mal, et même à l'Irrémédiable (car le Mal, dans l'univers de Kenzaburô Oé, est multiple : il y a celui qui procède de la volonté ou de la folie des hommes, celui qui survient sans raison, celui que l'on tente de surmonter ou d'expier, celui qui relève de l'irréparable, – c'est cette pluralité, même, qui fonde les principales tensions du récit). A partir de cette situation de base, qui associe (de façon métonymique) le narrateur à un déchet, tout le roman va figurer le long effort de Mitsu pour échapper à ce qu'il vit comme une malédiction, et retrouver son équilibre ; en vain, car le lieu où il se réfugiera pour oublier ou conjurer ce mal « individuel » qui le frappe va peu à peu devenir, sous ses yeux, le théâtre d'une explosion de violence collective qu'il sera, malgré tous ses efforts, impuissant à enrayer.

Une fois de plus, c'est à un romancier qu'il revient, contre tous les optimismes communautaires, d'explorer les zones d'ombre de l'expérience humaine, et même, en l'occurrence, de révéler à partir de là les secrets les plus inavouables d'une société (celle du Japon) elle-même traumatisée, à la fin de la guerre, par l'effondrement de l'ordre symbolique (et sacré) qui garantissait sa cohésion. Telle est bien l'ampleur de ce livre : le trajet individuel et l'histoire collective, ici, ne cessent de s'interpénétrer, et surtout de se faire écho (on repère les mêmes mécanismes à l'œuvre dans ce qui vient menacer la vie privée, la micro-communauté d'un village, et la société tout entière), jusqu'à produire un effet de vérité proprement saisissant.

Deux attitudes

On sait qu'un écrivain comme Mishima, par exemple, vivait ce traumatisme national (le renoncement de l'Empereur à sa fonction sacrée) sur le mode de la nostalgie, et ne cessait de rêver, avec un fort coefficient pervers, sadomasochiste, à la restauration des valeurs détruites et de l'intégrité perdue. Kenzaburô Oé, lui, *à l'inverse*, s'attache par les voies de la fiction à effectuer un véritable *travail du deuil*, à travers une radiographie quasi clinique des investissements inconscients les plus troubles (en particulier sadomasochistes, justement) à l'œuvre dans une collectivité privée de ses repères symboliques (ou, pour parler comme les lacaniens, de son « signifiant-maître »). L'un tend à idéaliser l'ordre révolu, l'autre à saper les bases de toute idéalisation.

Le retour à la terre

Le lieu où Mitsu tente de trouver son salut, ou sa rédemption [1], c'est son village natal, situé dans une vallée entourée de forêts, sur l'île de Shikoku, au sud du Japon : c'est là, pense-t-il, qu'il retrouvera ses « *racines* », et la « *chaumière* » (de fait : sa maison familiale) qui lui permettra de recouvrer son énergie, de prendre un nouveau départ, et de surmonter ses épreuves. Il est accompagné, dans ce voyage, par sa femme, Natsuko, son frère, Takashi, récemment revenu d'Amérique, et par deux jeunes amis de celui-ci. Or, ce n'est pas la paix qu'il va rencontrer dans ce territoire originel, mais une extension du Mal : la nature (volontiers idéalisée ou sublimée dans la tradition shintoïste) est hostile, sauvage, parfois violente ; la gouvernante qui l'a élevé, Jin, figure « maternelle » de recours, est devenue obèse, monstrueuse ; les villageois vivent une vie « *dégradée* », où les restes d'une certaine brutalité primitive se mêlent aux ravages aliénants de la société de consommation ; les souvenirs d'enfance eux-mêmes renvoient, non à un paradis perdu,

1. Sur le traitement spécifiquement littéraire du motif théologique de la rédemption, voir Bernard Sichère, *Histoires du mal*, Grasset, coll. « Figures ».

mais à la violence ancestrale (symbolisée, notamment, par la mort suspecte de son frère aîné, victime d'une bagarre entre communautés dans l'immédiat après-guerre), et la légende familiale, perpétuée par toutes sortes de rappels insistants, est pleine de bruit et de fureur. Quant à son frère Takashi, lui aussi en quête d'une sorte de régénérescence (ou d'expiation, comme on l'apprendra peu à peu), il va devenir assez vite le leader d'un groupe de jeunes gens du village, qu'il entraînera d'abord comme une équipe sportive, avant de les pousser (soi-disant pour les amener à retrouver leur dignité perdue) à fomenter une émeute, selon des méthodes proprement fascistes : le village entier sera contaminé par cette épidémie de violence collective, qui culminera dans le pillage d'un supermarché dirigé par un Coréen.

Il est clair, ici, que Kenzaburô Oé sollicite un certain nombre de mythologies, – qui sont loin, du reste, d'être purement « orientales » : celles du retour aux sources, de la quête de l'origine, des vertus de l'enracinement, de la nature rédemptrice ; en bref, tout ce qui s'articule autour de l'idéologie de la « pureté originelle » à retrouver ou à restaurer. Or, c'est précisément tout cela qui, dans le roman, va voler en éclats ; d'abord, parce que les investissements inconscients à l'œuvre dans cette idéologie sont d'évidence pré-œdipiens, d'où la difficulté d'y arrimer des repères symboliques solides (Mitsu ne cesse de tâtonner pour « trouver sa place » entre son frère, sa femme, et le poids, sur lui, du roman familial), et la possibilité de surgissement d'une sorte de « perversion polymorphe » (incarnée, ici, notamment par Takashi) aux effets dévastateurs ; ensuite, parce que c'est le réel lui-même qui ne cesse de démentir ce fantasme originel, – et l'« apprentissage » *(bildung)* du narrateur relève d'une longue et douloureuse prise de conscience, au terme de laquelle il lui apparaît que l'origine est toujours forcément impure, que le monde rural est tout aussi maudit que le monde urbain, et que le rêve de pureté, paradoxalement, est l'un des plus pervers qui soit[2] : hanté par la pulsion de mort, et source des violences les plus désastreuses[3].

Le style

Rien de tout cela, il faut le souligner, ne se réduit à l'exposé d'une thèse abstraite : le roman de Kenzaburô Oé, au contraire, fourmille de notations très concrètes, concernant les corps, les réactions physiques, les sensations, les éléments naturels (animaux, végétaux, lumière, nuances climatiques) – ce que Barthes nommait le « *passage des objets sensuels dans le discours* »[4]. On peut remarquer, dans *Le Jeu du siècle*, l'extrême précision de ces notations ; d'où ce paradoxe : ce livre irrigué par une pensée ouvertement anti-naturaliste est aussi l'un de ceux où la nature est figurée avec le plus de justesse et de finesse. Il y a là, en quelque sorte, quelque chose comme l'intrusion d'une dimension poétique dans le récit, – d'autant que la plupart de ces pauses descriptives, qui fonctionnent comme une série d'« épiphanies », prennent la forme d'un recours aux figures analogiques, métaphores, comparaisons, images (par exemple : « *la masse noire des orchidées dont les feuilles larges rampaient jusqu'à mes pieds était un raton malade* » ; ou encore : « *La tête du faisan était recouverte d'un délicat duvet brun aux reflets roux. Autour de l'œil, sur le fond rouge de la crête de coq,*

---

2. Sur la dimension politique de ce fantasme de pureté, tel qu'il peut se repérer dans la plus sombre actualité (le fondamentalisme islamiste, l'idéologie de la « purification ethnique »), voir les analyses de Bernard-Henri Lévy dans *La Pureté dangereuse*, Grasset, coll. « Figures ».

3. Le jour même où Kenzaburô Oé reçut le prix Nobel de littérature, un journaliste « littéraire » français, à la télévision, le définissait comme un écrivain « écologiste », opposant l'amour de la nature à la corruption des grandes villes : on ne saurait imaginer contresens plus flagrant, ni relâchement professionnel plus consternant.

4. Roland Barthes, *Sollers écrivain*, Seuil.

étaient disséminés des grains noirs : on aurait absolument dit une fraise animale ») – figures remarquables aussi bien par leur profusion, leur variété, que par leur caractère toujours surprenant, imprévisible (il n'y a, dans ce registre, pas le moindre cliché). En ce sens, c'est ce tissu métaphorique et comparatif qui assure au livre son chatoiement, son brillant, son *aura*, – et empêche le récit d'être lu selon un mode simplement réaliste. L'imaginaire qui se déploie ici, par son inventivité, vient d'une certaine façon nuancer ou même contredire la violence des faits rapportés ; la surabondance même de ces figures analogiques (un peu comme chez Proust) superpose à l'action proprement dite un « arrière-monde » ramifié et sensuel qui symbolise, en fait, la victoire de la délicatesse sur la violence, – ou, pour le dire autrement, de la narration sur la fiction.

Avec le temps

Le récit suit, pour l'essentiel, un ordre chronologique ; mais il est ponctué de retours en arrière, répondant aux souvenirs personnels du narrateur, ou à la mémoire collective du village où il se trouve. Cet enchevêtrement des temps, pour l'essentiel, suscite un effet d'« éternel retour » : les événements présents trouvent dans le passé toutes sortes de symétries, de résonances, d'échos à distance, comme si l'Histoire s'évertuait à répéter les mêmes motifs à plusieurs années d'intervalle. Ainsi, l'émeute fomentée par Takashi semble « reproduire » une ancienne révolte paysanne, de 1860, qui lui sert plus ou moins de modèle mythique, – et le narrateur, vis-à-vis de son frère, se trouve alors dans la même position que son arrière-grand-père vis-à-vis de son propre frère à l'époque, un peu comme si Mitsuburô et Takashi « réincarnaient » leurs ancêtres, et revivaient une situation semblable à la leur ; un autre épisode de violence (celui des bagarres entre les villageois et les Coréens après la guerre, où, comme je l'ai déjà mentionné, le frère aîné des deux protagonistes trouva la mort) anticipe étrangement la situation présente, – jusque dans son ultime péripétie : le suicide expiatoire de Takashi. Or, le plus troublant, dans le roman, est que de tels phénomènes peuvent relever de plusieurs interprétations, entre lesquelles le narrateur (et le lecteur) ne cesse d'hésiter. On peut y voir, d'abord, l'effet d'une sorte de fatalité, de destin, soutenu par une conception cyclique du temps, ou d'une malédiction immémoriale se répercutant de génération en génération (un peu selon le modèle des tragédies grecques, ou comme dans certains romans de Faulkner, – notamment *Absalon ! Absalon !*). On peut, aussi, se demander si toute une part de ces répétitions n'est pas *imaginée* par les personnages, qui pourraient bien réinterpréter le passé à la lumière du présent, pour y trouver des analogies (plus ou moins justificatrices) avec ce qu'ils vivent : c'est ainsi, par exemple, qu'un prêtre « reconstitue » les jacqueries de 1860 en fonction de l'attaque du ghetto coréen en 1945, ou que Takashi s'obstine à donner sa propre version, largement infléchie, de la mort de son frère aîné, pour en tirer une leçon (du reste suspecte) censée valider son propre comportement. On peut, enfin, y voir la conséquence d'une sorte d'identification à distance, qui pousse Takashi et Mitsuburô, plus ou moins consciemment, à « rejouer » au présent la légende familiale du siècle dernier. De fait, ces trois interprétations ne s'opposent pas, mais se complètent : comme si Kenzaburô Oé voulait suggérer que c'est dans l'inconscient même des personnages (cet inconscient qui, selon la célèbre formule freudienne, « *ignore le temps* ») que s'originait une compulsion de répétition assez forte pour *susciter* les événements, – et reproduire ainsi les tragédies passées au lieu même où l'on s'imaginait les conjurer.

Or tout cela n'est pas sans conséquence sur le style même du récit, – où chaque événement mentionné fait surgir tout un arrière-plan passé, auquel il se relie par toutes sortes de correspondances implicites, et où le sens même de ces événements comporte une part (« fantomatique ») d'indécision, d'énigme, précisément parce qu'il traîne avec lui ce halo de résurgences et de réminiscences ; si bien que l'on pourrait parler, à ce propos, selon une voie ouverte par Proust, par Faulkner, et prolongée aujourd'hui chez Claude Simon [5], d'un véritable art des *connotations narratives*.

Le racisme

On sait que le Japon officiel répugne à évoquer ce qu'il a traversé dans les années trente et quarante de ce siècle, qu'il désigne le plus souvent par un euphémisme (la « *période militariste* ») comme pour mieux dénier le caractère indubitablement fascisant du régime de l'époque, et de l'idéologie qui le sous-tendait, – comme si, aussi, le traumatisme d'Hiroshima fonctionnait, dans la mémoire collective, comme un véritable *souvenir-écran*, propre à justifier une sorte d'amnésie communautaire entretenue. L'un des intérêts majeurs du roman de Kenzaburô Oé est précisément de briser ce tabou, de désenfouir cette mémoire, – et de pointer, non seulement la période fasciste en elle-même, mais surtout ce qui, dans les mentalités, l'a précédée, préparée, et lui a pour une large part survécu (un tel effet de « retour du refoulé », notons-le, n'est pas sans analogie avec ce qui peut se lire dans l'œuvre d'un écrivain comme Thomas Bernhard à propos de l'Autriche [6]). D'où l'évocation, dans *Le Jeu du siècle*, de ce ghetto où les Coréens, pendant la guerre, étaient parqués, et condamnés aux travaux forcés, – et des violences qui

5. Voir, plus haut, « L'arbre de l'écriture ».

6. Aussi bien dans ses récits explicitement autobiographiques que dans certaines de ses pièces de théâtre (en particulier *Heldenplatz*) ou dans un roman comme *Extinction* (voir, plus loin, « Un jeu de massacre »).

suivirent, après la guerre, lorsque les soldats démobilisés, revenus dans leur village, organisèrent de véritables expéditions punitives auprès de ces Coréens qui venaient de retrouver leurs droits. Il n'est pas indifférent non plus que le « bouc émissaire » désigné par Takashi (et par d'autres, autour de lui) pour souder à nouveau la communauté villageoise humiliée et désemparée soit précisément le propriétaire *coréen* du supermarché local, accusé de voler et d'exploiter les paysans, et de corrompre la prétendue « pureté » ancestrale (« *C'est très simple, Mitsuburô, répliqua le prêtre. Les gens de la vallée refusent de reconnaître qu'ils sont économiquement dominés par un Coréen qui, comme forçat, coupait des arbres dans la forêt, il y a vingt ans !... La vallée est au dernier stade de son déclin* » ; et le narrateur de commenter : « *On pouvait en effet déceler dans cette attitude le symptôme de la dernière phase d'une maladie depuis longtemps installée. J'imaginais que le rapport qui opposait les villageois à l'empereur du supermarché recelait quelque chose de néfaste et d'insaisissable* »). Que ce Coréen soit désigné, justement, du surnom d' « *empereur du supermarché* » ne fait qu'aviver le ressentiment collectif, – si c'est bien la perte de l' « *Empereur* » comme signifiant majeur de l'ordre symbolique traditionnel qui a, sur le plan national, précipité la crise du lien social.

Mais le plus passionnant, dans le roman de Kenzaburô Oé, c'est que le racisme n'est pas simplement décrit comme un phénomène collectif, mais aussi exploré dans toute sa dimension subjective : notamment lorsqu'il apparaît que la désignation des Coréens comme victimes expiatoires revient à tenter de reconstituer, dérisoirement, un ultime « lien social », alors que tous les autres se sont effondrés ou décomposés (le roman indique explicitement que les villageois sont convaincus d'être la tribu la plus misérable de la vallée, et qu'ils ne retrouvent plus un semblant de fierté qu'à traiter les Coréens comme des êtres « *plus misérables qu'eux* », – tout en accusant l'un de ces Coréens de les avoir « *dépossédés* », et en lui reprochant sa « *richesse* » [7]). Il n'est pas jusqu'à Jin, la vieille gouvernante plutôt débonnaire, qui ne soit amenée à fixer sur « *les Coréens* » l'origine imaginaire de tous ses maux, même les plus intimes, et à prétendre qu'il faudrait « *les tuer tous* ». A suivre ce que le roman suggère (mais cela ne prend jamais la forme d'une « thèse »), il y aurait « racisme », donc, dès lors qu'on serait porté à arrimer à un signifiant fixe (et surdéterminé historiquement : ici, les Coréens), paré fantasmatiquement de toutes les ignominies ET de tous les privilèges, la perte de jouissance propre à un ordre symbolique en crise ; d'où, du reste, dans le fil de cette ambivalence, les ressorts proprement sadomasochistes de cette attitude, sans cesse susceptibles (comme l'indique la fin du roman) de *se retourner*. Rarement, me semble-t-il, un récit aura figuré avec autant de pénétration (à l'exception, peut-être, de *L'Intrus* de Faulkner) une passion collective meurtrière, et la logique inconsciente qu'elle met en œuvre. C'est même par là que *Le Jeu du siècle* va bien au-delà d'un cas strictement « japonais » : il suffirait, dans la plupart des passages concernés, de substituer le mot « Juif » au mot « Coréen » pour reconnaître, hélas, quelque chose qui nous est tout à fait familier...

Les causes incertaines

Dans un récit classique, les épisodes s'enchaînent selon une ordonnance à la fois logique et chronologique : chaque séquence est la conséquence de la précédente, et la cause de la suivante (ce que résume la formule rhétorique célèbre, que j'ai déjà eue l'occasion de mentionner : *post hoc, ergo prop-*

7. Sur les mécanismes inconscients à l'œuvre dans l'attitude raciste, rien ne surpasse à ce jour les *Écrits sur le racisme* de Daniel Sibony (Christian Bourgois), – notamment le chapitre « L'affect racial ».

ter hoc). Or, dans *Le Jeu du siècle*, ce type d'enchaînement corrélatif est apparemment respecté (la montée de la violence collective est figurée comme une progression continue et graduelle), mais aussi, d'une certaine façon, troublé, déstabilisé : car il entre toujours un coefficient de doute portant sur la cause exacte des événements rapportés. Ainsi, certaines « causes » sont inexplicables (la naissance de l'enfant anormal) ; d'autres, indécises (les raisons du suicide de l'ami du narrateur) ; d'autres, enfin, trop « multiples » pour être aisément repérables (les différents revirements du comportement de Takashi). De même, lorsque les personnages essaient d'expliquer les causes de leurs actes, il leur arrive de mentir, ou de se mentir à eux-mêmes (ainsi Takashi, à la fin du récit, prétend avoir violé et tué une jeune fille : mais ce n'est peut-être qu'une invention de sa part, destinée à masquer et à conjurer un souvenir autrement traumatisant : les relations incestueuses qu'il entretint avec sa sœur, et qui amenèrent celle-ci à se suicider). Lorsque le narrateur, enfin, découvre une « vérité » historique (le frère de son arrière-grand-père, après les émeutes de 1860, ne s'est pas enfui, comme le prétendait la légende familiale, mais il s'est caché dans la cave d'un pavillon, où il est resté plusieurs années), cette découverte n'« explique » rien du tout : au total, c'est la légende qui a eu des effets concrets, et non la vérité.

Tout cela apporte au récit une extraordinaire ambiguïté : chaque « éclaircissement » apparent ne fait en définitive que compliquer un petit peu plus les faits, en révélant en eux des profondeurs insoupçonnées. Et le lecteur est pris à son tour dans le vertige des explications incertaines, où c'est la matière même du roman (et non pas seulement ses articulations logiques) qui ne cesse de fuir, de se dérober.

Les échos

Il existe, dans *Le Jeu du siècle*, un court passage, un seul, où il est question de littérature. Les deux frères évoquent la question de la « vérité », et le délicat problème des effets concrets (pas toujours positifs) que sa révélation peut entraîner. La discussion en vient sur les écrivains : « *Le fait* », dit Takashi, « *qu'un écrivain doive recourir au cadre d'une fiction, pour pouvoir dire des choses incroyablement horribles, périlleuses, honteuses tout en préservant sa sécurité, voilà qui sape, en son fondement même, son travail. Du moins pour l'écrivain lui-même, quand il a exprimé une vérité vitale, il a conscience d'être capable de dire n'importe quoi pourvu que ce soit en termes de fiction, ce qui lui assure l'immunité contre le venin qu'il sécrète. En fin de compte, c'est perceptible au lecteur qui finit par déconsidérer l'écrivain...* » Il faut certes tenir compte du fait que ces propos sont mis dans la bouche de Takashi, – qui ne se gêne pas, du reste, pour travestir lui aussi la vérité lorsque cela sert ses projets, et qui ne cesse d'opposer son sens du « *concret* » aux tendances méditatives ou spéculatives de son frère (même si l'action qu'il initie finit par avoir pour lui une valeur en elle-même, indépendamment de toute perspective d'« *efficacité* »). Il n'en reste pas moins que ces phrases prennent pour nous un certain relief, si l'on se souvient que *Le Jeu du siècle* expose sous une forme explicitement fictionnelle un certain nombre de thèmes (l'enfant anormal, le suicide de l'ami, l'échec du « retour aux sources » dans le village natal) que Kenzaburô Oé développera plus tard dans d'autres ouvrages, beaucoup plus directement autobiographiques, où l'on découvrira en quelque sorte l'expérience réelle dont ce roman s'est servi comme d'un matériau. Et cela ne peut que faire penser à d'autres récits de fiction, en Occident, où leurs auteurs semblent avoir noué quelques grands thèmes traumatiques ou obsédants, dont ils exposeront eux aussi plus tard le référent biographique, – qu'on songe au *Barrage contre le Pacifique* de Marguerite Duras, à *La Route des Flandres* de Claude Simon, ou même, d'une certaine façon, à *La Contrevie* de Philip Roth ; comme si, à l'encontre du préjugé courant, la fiction était dans ces cas-là le mode d'exposition premier des thèmes les plus personnels, et le germe de livres ultérieurs où le matériau autobiographique s'exposera de manière beaucoup plus directe (pour les écrivains que je viens de citer, par exemple : *L'Amant, L'Acacia* ou *Les Faits*). Je ne puis, quoi qu'il en soit, m'empêcher d'établir sur ce point une véritable proximité d'attitude entre des écrivains que par ailleurs tant de choses séparent.

De même, *Le Jeu du siècle* éveille, pour un lecteur occidental, toute une chaîne d'associations. Par certains aspects, je l'ai déjà suggéré, il fait penser à Faulkner : cette histoire d'une malédiction se propageant de génération en génération, et qui fait se télescoper le thème du racisme et celui de l'inceste, n'est pas sans rappeler un roman comme *Absalon ! Absalon !* D'autre part, cette exploration lucide et cruelle d'une culpabilité déniée, d'un « *crime commis en commun* » (pour reprendre une autre formule de Freud), et d'une véritable hypocrisie communautaire, fait irrésistiblement écho, dans un autre contexte, à l'œuvre de Thomas Bernhard. Enfin, le fait de choisir un microcosme rural isolé pour y faire vivre un épisode de violence collective, fonctionnant comme une allégorie du fascisme, évoque pour nous le schéma même du grand roman « montagnard » d'Hermann Broch, *Le Tentateur*[8], – et cela, jusque dans le style : la conjonction, notamment, d'un registre abstrait, intellectuel, et d'une figuration sensuelle de la nature. De tels rapprochements, en fait, ne se situent pas exactement dans ce que les

8. Je me permets de renvoyer à mon « Introduction à Hermann Broch », dans *L'Impureté* (Grasset, coll. « Figures »).

théories littéraires désignent comme « *intertextualité* » : il n'y faut voir, sans doute, ni influence, ni réécritures ou transpositions délibérées, – et il est probable, au demeurant, qu'un lecteur japonais percevrait d'autres analogies, ou d'autres parentés, qui nous restent indéchiffrables. S'il peut exister, autrement dit, des constellations d'écrivains, qui nous amènent à relier certaines œuvres entre elles, cela semble moins procéder de l'écriture *que de la lecture elle-même* : et c'est là tout un domaine (assez voisin de ce que Malraux proposait de nommer, dans le domaine pictural, le « musée imaginaire » [9]) encore très largement inexploré...

La honte et la culpabilité

Il est d'usage, en Occident, d'opposer les civilisations de la honte à celles de la culpabilité : cette distinction, qui peut se soutenir d'un substrat culturel ou religieux (certains y voient, par exemple, l'une des lignes de démarcation essentielles entre le monde islamique et le monde chrétien), est sans doute justiciable, aussi, d'un éclairage proprement psychanalytique : la honte s'articulerait à l'intégrité du moi (de l'« imaginaire », en termes lacaniens) précairement garanti par l'appartenance communautaire, là où la culpabilité, à l'inverse, introduit dans le moi un clivage, une béance, une fêlure. Or, ce qui est frappant, dans *Le Jeu du siècle*, c'est précisément que ce paradigme est mis en scène, et même pour l'essentiel réparti entre les deux principaux protagonistes : Takashi, ainsi, est clairement du côté de la honte (il a même joué, aux États-Unis, dans une pièce intitulée *Notre propre honte*, destinée à expier publiquement les manifestations anti-américaines auxquelles il avait précédemment par-

9. Voir la grande trilogie esthétique de Malraux, *Le Surnaturel*, *L'Irréel*, et *L'Intemporel* (Gallimard).

ticipé au Japon), qu'il contre-investit d'une logique proprement sacrificielle, – ce qui, en définitive, finira par se retourner contre lui. Mitsuburô, lui, participe plutôt de la culpabilité : il ne cesse de se sentir atteint par des événements dont il n'est en rien responsable, et se réfugie le plus souvent, à partir de là, dans une attitude de fuite (d'où sa fascination, par exemple, pour le personnage de l'« *ermite de la forêt* »). Or, à la fin, Takashi se suicide, tandis que Mitsuburô, après avoir décidé de réintégrer son fils anormal dans le cercle familial, s'apprête à partir en Afrique (autrement dit : il en arrive au point où il peut à la fois affronter le Mal et l'Altérité). Et le plus saisissant, c'est que ce qui vaut pour les individus rencontre aussi un écho en ce qui concerne les collectivités : la « honte », dans le roman, entraîne les villageois dans une impasse, un engrenage de violences destructrices, – alors même qu'il leur faudrait savoir regarder le Mal au sein du groupe, et tenter l'anamnèse hors de laquelle le passé est condamné à se répéter.

Le narrateur

Tout le livre est écrit à la première personne : le narrateur, Mitsuburô, relate l'histoire à laquelle il participe, et c'est à travers son regard, et ses commentaires, que nous l'appréhendons. Pourtant, étrangement, quelque chose ici empêche l'adhésion totale du lecteur à ce point de vue, qui est l'effet courant du procédé. D'abord, parce que le narrateur n'omet rien de ses propres carences, de sa propre incompréhension des phénomènes auxquels il est confronté, ni même de ses propres lâchetés (notamment dans l'épisode crucial où il apprend que sa femme le trompe avec son frère), ce qui ne peut qu'entraver l'identification. Ensuite, parce qu'il ne cesse de solliciter les commentaires des autres protagonistes, ou de simples témoins (Jin, le prêtre), qui relativisent (et font même parfois vaciller) son propre point de vue. Si bien que nous en arrivons à ce paradoxe : ce roman écrit « d'une seule voix » est aussi un livre rigoureusement polyphonique.

TAKASHI

Takashi, qui a été autrefois un militant de gauche (d'où sa participation, comme je l'ai indiqué, aux grandes manifestations anti-américaines de 1960, à l'époque du renouvellement du Traité de sécurité américano-japonais), n'hésite pas, pour souder la communauté villageoise, à jouer sur la « *fibre nationaliste* », et à entretenir le racisme latent de cette collectivité, qu'il assortit d'appels à la révolte contre l'« *exploitation* ». Il est venu au village pour y retrouver ses « *racines* », et sait parfaitement annexer à sa propagande les traditions folkloriques locales (tout un chapitre est consacré à la reconstitution de ces « *danses d'invocation* »[10]). Dans le petit groupe de jeunes gens qu'il dirige, il prône un mépris de toute compassion, et même un immoralisme délibéré, qui n'est pas très éloigné de la pure et simple apologie de la loi du plus fort (il fait par exemple rire ses émules en leur racontant les épisodes les plus cruels des émeutes de 1860). Il suscite envers lui-même un véritable culte du chef, et ne craint pas d'exercer sa violence « purificatrice », à titre d'épreuve, au sein même du groupe. Les effets concrets de la révolte qu'il fomente semblent moins compter pour lui (il l'avoue ouvertement) que le lien communautaire qu'il tente, à cette occasion, de ressusciter, – fondé sur la volonté de retrouver l'« *esprit* » des violences passées, élevées au rang de mythe unificateur. Sa surveillance et sa méfiance, enfin, s'exercent au premier chef envers les « *intellectuels* » (son

10. Qui fait irrésistiblement penser à la façon dont Milan Kundera, dans *La Plaisanterie*, traite lui aussi de la récupération idéologique du folklore, et du type d'attitude subjective qui s'y investit.

frère Mitsuburô, le prêtre), suspectés *a priori* de ne pas adhérer sans réserve aux valeurs du groupe, et d'exercer leur esprit critique.

Autrement dit, on a là la radiographie clinique exacte de ce qu'est un comportement fasciste, – sans négliger ce fond de perversion, notamment sexuelle, que l'on découvre peu à peu chez le personnage, et par où s'éclaire aussi le type de position subjective qui, à travers la solidarité clanique, s'investit dans une telle idéologie (car ce manipulateur de foules échoue à maîtriser ses propres pulsions, sans cesse soumises à un effort féroce et en somme tout à fait vain de dénégation). C'est là, sans doute, l'un des aspects les plus exceptionnels du livre de Kenzaburô Oé : nous faire saisir le fascisme (qu'il nous permet de concevoir dans ses caractéristiques génériques, indépendamment de ses variantes historiques et locales) *de l'intérieur*, à un degré de pertinence et de lucidité qu'aucun roman occidental, me semble-t-il, n'a jamais atteint. Et c'est là, aussi, tout ce qui fait l'universalité d'un roman aussi spécifiquement japonais. Tout cela, soulignons-le, car ce n'est pas le moindre des tours de force d'un tel récit, sans que jamais les personnages soient réduits à leurs idées, sans que jamais les situations perdent leur complexité ou leur ambiguïté, sans que jamais ce qui est figuré obéisse à une représentation préétablie, – c'est-à-dire sans JAMAIS tomber dans le piège du « roman à thèse »...

NOTES ÉPARSES SUR UN RÉCIT PIÉGÉ

Alain Robbe-Grillet, *Romanesques* : 1) *Le Miroir qui revient* ; 2) *Angélique ou l'Enchantement* ; 3) *Les Derniers Jours de Corinthe* ; Minuit, 1985, 1988 et 1994.

> On n'est artiste qu'à ce prix : à savoir que ce que tous les non-artistes nomment forme, on l'éprouve en tant que contenu, en tant que la chose même. De ce fait, sans doute, on appartient à un monde à l'envers : car désormais tout contenu apparaît comme purement formel – y compris notre vie.
>
> NIETZSCHE.

UN STATUT ÉQUIVOQUE

Il ne viendrait à l'idée de personne de soutenir que les autoportraits, dans l'œuvre d'un peintre, sont d'une autre nature que le reste de sa production ; et encore moins (qu'on songe à ceux de Rembrandt, ou de Van Gogh) de prétendre les soustraire au domaine de la « vraie peinture ». Et pourtant, s'agissant de littérature, nous continuons le plus souvent à distinguer radicalement entre les textes à matériau autobiographique et les autres : moins, d'ailleurs, en nous référant à l'opposition conventionnelle entre « fiction » et « vérité » (dont nous savons à quel point elle est inopérante), que parce que nous repérons, entre ces deux types de textes, une effective différence de *fonction* ; celle, par exemple, que Kundera pousse à son comble, lorsqu'il postule une séparation tranchée entre, d'un côté, le roman, et, de l'autre, les Mémoires, les confessions, les biographies, les autobiographies *(« La valeur d'une biographie consiste dans la nouveauté et l'exactitude des faits réels révélés ; la valeur d'un roman, dans la révélation des possibilités jusqu'alors occultées de l'existence en tant que telle »* [1]*)*. Du reste, le traitement « moderne » du matériau autobiographique (de Proust à Bernhard, en passant par Leiris, Céline, Malraux, etc.) revient pour l'essentiel à *déjouer* cette opposition, selon des stratégies d'écriture d'ailleurs fort diverses, mais dans un même but : empêcher le texte de se réduire au « *misérable petit tas de secrets* » – selon la formule, justement, de Malraux.

D'où la question qui se pose, d'emblée, devant les trois livres de Robbe-Grillet regroupés sous le titre général (et peut-être trompeur) de *Romanesques* : quel est leur statut exact ? A s'en tenir au programme, tel qu'il est annoncé dès les premières pages du premier livre *(Le Miroir qui revient)*, on pourrait d'abord croire qu'il s'agit d'une entreprise purement et simplement autobiographique, – et ce d'autant plus que la sollicitation initiale de l'entreprise provenait d'une collection en principe vouée à ce type de monographie (celle où était paru, par exemple, le célèbre *Roland Barthes par Roland Barthes*). Et l'on ne peut manquer, dès lors, de noter qu'un tel projet contredit l'un des partis pris anciens de Robbe-Grillet lui-même, à l'époque du Nouveau Roman (contester le mythe de l'expression, pousser à son paroxysme le principe d'impersonnalité du narrateur hérité de Flaubert), – et s'interroger, même, sur ce qui a poussé un si grand nombre d'écrivains issus du Nouveau Roman ou de sa périphérie (outre Robbe-Grillet, on peut mentionner Nathalie Sarraute, Claude Simon, Claude Ollier, Marguerite Duras) à

1. Milan Kundera, *Les Testaments trahis*, Gallimard.

revenir sur cet interdit, et à proposer des récits de plus en plus explicitement autobiographiques [2]. Mais, très vite, à la lecture des *Romanesques*, on perçoit que les choses sont plus complexes, ou plus retorses : qu'en fait, le « pacte de lecture » posé dès ces premières pages (et qui pousse le lecteur à identifier le narrateur à l'auteur, et ce qu'il raconte à sa vie) ne cesse d'être dévoyé. Car ce sont trois registres, ici, qui s'entrelacent, – chacun perturbant et dialectisant les effets de lecture des deux autres. Le premier, qui relève de l'autobiographie classique, c'est l'accumulation d'une série de souvenirs personnels, où se mêlent des évocations anciennes (l'enfance, l'adolescence, la période de la guerre, la « formation » intellectuelle et littéraire, les débuts du Nouveau Roman) et des fragments de mémoire plus immédiate, plus proche du moment de la rédaction. Le deuxième est composé de passages ouvertement fictionnels, – focalisés, pour la plupart, sur un personnage mystérieux, Henri de Corinthe, présenté tout d'abord comme un ami du père de l'auteur, mais associé très vite à des épisodes dont la dimension fantastique ou fantasmatique est indubitable, – relevant, donc, d'un tout autre régime de vraisemblance. Le troisième registre, enfin, est constitué de séquences plus proprement discursives, ou théoriques, s'apparentant au ton et à la rhétorique de l'essai, où Robbe-Grillet, en contrepoint de la narration proprement dite, nous livre ses conceptions, – sur l'Histoire, sur l'art, sur la sexualité, sur le fantasme, et sur la création romanesque elle-même (y compris ce qui concerne le texte précis que nous sommes en train de lire). Tout le *jeu* de cet entrelacement réside dans le fait que ces trois registres, loin d'être autonomes, réagissent les uns sur les autres, par une sorte de contamination insidieuse, – finissant par soumettre *tous* les passages (y compris ceux qui se présentent comme « vrais »,

2. On peut aussi évoquer, toujours dans le domaine français, le cas de Philippe Sollers, et la technique des « *identités multiples rapprochées* » qui caractérise l'instance narrative de ses romans, depuis *Femmes*.

« authentiques », « sincères ») au même principe d'incertitude qui régissait les romans antérieurs de l'auteur. C'est même en quoi, dans l'œuvre de Robbe-Grillet, cette trilogie constitue moins une rupture qu'un déplacement : « *Je vois très peu de différences* », écrit-il dans l'une des séquences auto-référentielles que je signalais, « *entre mon travail de romancier, et celui-ci, plus récent, de biographe.* »

Une biographie sans innocence

Les interdits anciens, liés au radicalisme et au purisme de la période avant-gardiste, sont donc désormais levés : plus rien n'interdit à un écrivain, fût-il une des figures canoniques du Nouveau Roman, d'écrire (sur) sa vie. Mais en même temps, il ne saurait s'agir d'un pur et simple retour à la case départ ; l' « ère du soupçon » a eu lieu : la critique sociologique (qui fait du sujet le foyer d'un réseau d'aliénations historiques), la théorie freudienne (qui définit le « moi » comme le lieu d'une méconnaissance radicale), et jusqu'aux pensées formalistes (qui postulent, comme Valéry, que l'œuvre est produite par « *bien autre chose qu'un auteur* », ou, comme Barthes, que « *la sincérité n'est qu'un imaginaire au second degré* »), ont ébranlé à jamais la conception que les autobiographies classiques se faisaient de l'individualité expressive. Autrement dit, si le « moi » peut revenir, ce ne peut être *comme avant*, ce ne peut être en toute innocence : c'est un « moi » au second degré, justement, conscient de ses béances, de ses clivages, et jouant de son statut de leurre [3]. Barthes le soulignait, il y a déjà une vingtaine d'années, dans un texte étrangement suspendu, délibératif, à propos de la

3. Je me permets de renvoyer à ce que je développe à ce propos dans « Écrire l'intime » (*L'Impureté*, Grasset, coll. « Figures »).

tentation d'écrire (et de publier) un journal intime [4] : un tel genre est inessentiel (l'insignifiant guette toujours, les feuillets sont suppressibles à l'infini), non nécessaire (il ne relève pas d'une fonction littéraire à proprement parler), inauthentique (la prétendue spontanéité s'inscrit en fait dans un code culturel préétabli, charriant toutes sortes de clichés, de stéréotypes) ; la seule justification, pour Barthes, d'une telle entreprise, aurait été d'ordre utopique (poser l'auteur en objet de séduction), historique (apporter un témoignage, éparpiller les signes de l'époque), ou esthétique (offrir un texte coloré d'un style, un « *atelier de phrases* »). D'où une irrésolution fondamentale, chez lui : ces motifs concurrents ne lui permettaient pas de lever l'indécision.

Or, tout se passe comme si Robbe-Grillet, dans les *Romanesques*, faisait d'une telle contradiction le moteur même de son écriture. Le texte que nous lisons connaît les impasses du genre, et, si l'on peut dire, en joue : ne serait-ce que parce qu'il s'applique, simultanément, à fictionnaliser la biographie (à pointer ses propres clichés, à déstabiliser la cohérence narrative, à fragmenter les représentations) et à biographiser la fiction (en l'enracinant dans l'existence, fût-elle fantasmatique, de l'auteur). Telle serait, en somme, la souveraineté d'une telle trilogie : réussir à rendre compatible ce que la modernité avait répugné à réunir, – en s'attachant surtout à interdire au « moi » (et aux souvenirs qu'il convoque) de trop *consister*. Autrement dit : Robbe-Grillet, convaincu (à juste titre) que l'autobiographie est un genre « faux », semble avoir résolu de répondre à cela non par défaut (comme Barthes, érigeant à ce propos l'hésitation en doctrine), mais par excès : là où il s'agit de produire, par toutes sortes de ruses d'écriture, un hyper-faux, un plus faux que le faux ; de

4. Roland Barthes, « Délibération », dans *Le Bruissement de la langue*, Seuil.

contester l'artifice du genre, non en le réduisant, mais en l'exaspérant.

L'indécision

L'une de ces ruses d'écriture, précisément, consiste à ménager dans le récit de nombreuses zones d'incertitude, ou d'indécision, – par quoi se dissout de l'intérieur la prétention habituelle des écrits biographiques à produire une « vérité » stable, unique, homogène. Certaines de ces indécisions tiennent, tout simplement, aux aléas de la mémoire, que le texte ne dédaigne pas d'afficher : c'est ainsi que le narrateur-auteur soutient tout d'abord avoir rencontré Jean Piel (l'actuel directeur de la revue *Critique*) alors que celui-ci travaillait auprès de Kojève au ministère de l'Économie, – avant de se résoudre, au vu de certaines dates de publication, qui font repères, à ne voir en cela qu'un faux souvenir, ou un souvenir-écran : il n'a pu, de fait, le rencontrer que bien après. Mais d'autres de ces incertitudes, d'évidence plus délibérées, touchent au statut même de la narration, dont elles minent la cohésion. Comme je l'ai indiqué, Corinthe, ainsi, est d'abord présenté comme un ami de la famille (dont l'auteur-narrateur prétend se rappeler les visites), – avant d'être entraîné dans des aventures (ou plutôt des récits) dont le caractère fantastique, « invraisemblable » selon le code des Mémoires, s'impose explicitement. De même, Corinthe est désigné à plusieurs reprises comme un « *cavalier* » (à commencer par la grande scène inaugurale le concernant, celle du « miroir qui revient », où son cheval joue un rôle capital), – alors même que le texte nous assure par ailleurs qu'une blessure datant de la guerre de 14 l'a rendu inapte à monter à cheval. Au fur et à mesure que l'écriture progresse (elle ne cesse, de ce point de vue, de se complexifier d'un livre à l'autre), c'est le statut même du narrateur (ce « point fixe » du pacte de lecture que sollicitent les autobiographies classiques) qui devient de plus en plus flou, brouillé : aux passages émanant explicitement de l'auteur se mêlent des séquences signalées comme des fragments du Journal de Corinthe, alors que celles-ci recèlent des références à l'œuvre littéraire de Robbe-Grillet lui-même, – ce qui accentue l'effet d'invraisemblance (ne serait-ce que pour des raisons d'ordre chronologique, puisque ce Journal est censé avoir été rédigé *avant* les œuvres auxquelles il fait allusion)... L'identité même du narrateur principal est soumise à ce processus de brouillage : d'abord ouvertement assimilé à Robbe-Grillet lui-même, il devient plus tard « Jean Robin » (pseudonyme dérivé d'un film de Robbe-Grillet, *L'Homme qui ment*), – tout en ne cessant de renvoyer, par de multiples indices, à des épisodes biographiques que l'on ne saurait attribuer à personne d'autre qu'à l'auteur de *Marienbad.*

Tout se passe, ainsi, comme si Robbe-Grillet, par la prolifération de ces zones d'incertitude, avait rendu *fonctionnel* un procédé que l'on pourrait apparenter à celui, cinématographique, du fondu-enchaîné (où se superposent, à titre de transition, deux univers hétérogènes) : car nous ne pouvons manquer, devant ces effractions de la cohérence narrative, de percevoir qu'il s'agit d'un récit truqué, piégé, où notre « croyance » à l'univers fictionnel (cette « *suspension volontaire de l'incrédulité* » par quoi Coleridge définissait la lecture) ne cesse d'être perturbée, déstabilisée. La première tentation est de répondre à cela par un surcroît de maîtrise : elle consiste à tenter de relever systématiquement les ambiguïtés, les incompatibilités logiques, les changements de régime de la vraisemblance, pour les assigner à un ordre secret, – celui, par exemple, qui distribue le texte entre « témoignage » et « fiction », et qui tout à la fois oppose ces deux registres et les fait se chevaucher. Mais, très vite, j'aperçois l'inanité d'une telle attitude ; parce que mon plaisir de lecture n'y trouve en définitive pas son compte, – et qu'il vaut mieux, dès lors, comme en un geste délibéré d'abandon, accepter de dériver dans ces zones floues ou incertaines, qui sont précisément celles où la part le plus intellectuelle de ma lecture se défait, et où mon imaginaire peut vagabonder : comme si ce texte à la fois instable et mouvant (dont la description des vagues de l'océan, et de leur incessant recouvrement, telle qu'on la lit au début des *Derniers Jours de Corinthe*, pourrait bien être la métaphore voilée, ou la mise en abyme) sollicitait de fait une lecture *flottante*.

La dispersion du « je »

Dès lors que le texte s'affiche comme une déviance du protocole autobiographique, il ne suffit pas d'y repérer cette tripartition des registres, que je viens de signaler. Sans doute importe-t-il aussi, au-delà de la séparation classique (posée par Spitzer) entre le « Je racontant » *(erzählendes Ich)* et le « Je raconté » *(erzähltes Ich)*, de relever la disparité des *fonctions* de l'instance qui, ici, dit « je ». Gérard Genette, autrefois, avait ainsi distingué plusieurs fonctions propres à tout narrateur [5] : une fonction purement narrative (raconter une histoire) ; une fonction de régie (organiser ce récit, en régler la composition) ; une fonction de communication (assurer le contact avec le lecteur, le guider) ; une fonction d'attestation (prouver, citer, ancrer le récit dans un « réel » attesté, ou supposé connu) ; une fonction idéologique (juger, commenter, parsemer le récit d' « idées ») ; à quoi l'on peut ajouter une fonction méta-narrative (lorsque le narrateur évoque, plus ou moins directement, le processus même d'écriture de son texte). Or TOUTES ces fonctions, dans les trois livres de Robbe-Grillet, sont présentes, et enchevêtrées, – si bien qu'il nous faut concevoir, derrière ce terme unique, « je », une plu-

5. Dans *Figures III*, Seuil, coll. « Poétique ».

ralité active, qui ruine l'idée de profondeur psychologique, et va même, dans cette dispersion calculée de l'identité, jusqu'à ébranler le mythe central attaché couramment au registre autobiographique : celui d'une « vérité » unique que le récit se contenterait d'exprimer. Car si le « je » est multiple, cela implique du coup que le « je » qui raconte des histoires à tonalité légendaire n'est ni plus ni moins vrai que celui qui cite des documents, qui réfléchit sur l'art, ou qui relate des souvenirs d'enfance.

Il serait vain, devant un tel dispositif, d'imaginer que le lecteur, *a contrario*, puisse être le seul à détenir le privilège (du reste illusoire) de l'unité, ou de l'homogénéité. Dans cette interlocution que suscite le texte, j'en viens à être moi aussi pluralisé ; c'est ainsi que je suis, tour à tour, et parfois simultanément : celui qui se laisse prendre aux histoires qu'on lui raconte (au point d'être légèrement frustré lorsque celles-ci restent en suspens, ou perdent leur cohésion) ; celui qui passe un pacte de lecture avec l'auteur (mais c'est un jeu retors, dont les règles ne cessent de se transformer, et où chacun tente d'être « le plus malin ») ; celui qui discute, conteste, ou vérifie, la véracité de ce qui est dit ; celui qui « apprend des choses », anecdotiques ou historiques ; celui qui approuve ou refuse certaines théories énoncées ; celui qui exerce sa vigilance sur l'écriture elle-même, et qui trouve un plaisir supplémentaire à accompagner Robbe-Grillet dans la « *complication croissante de (s)es propres machines* ». En somme, ce texte multiple ne peut que susciter une lecture, non seulement flottante, comme je viens de l'avancer, mais encore *impure* : sautant avec désinvolture d'un registre à l'autre, variant ses plaisirs, ses centres d'intérêt, passant par tous les stades, de la naïveté à la maîtrise, mobilisant tour à tour les affects (y compris les plus élémentaires) et les ressources de l'intelligence. Et c'est en définitive dans la possibilité d'une telle lecture étoilée, plurielle, que réside l'un des charmes les plus puissants du récit : puisqu'au lieu de me conforter dans une activité mentale et psychique unique, j'ai l'impression qu'il fait jouer, en moi, toute une *gamme* de virtualités.

Le fantasme

La part des séquences fantastiques ou fantasmatiques (les deux tonalités, chez Robbe-Grillet, sont difficilement dissociables) ne cesse de s'accroître au fur et à mesure que l'œuvre progresse. Dans *Le Miroir qui revient*, elle est pour l'essentiel confinée au récit d'un miroir apporté sur une plage par la marée, comme un débris de naufrage, et où Corinthe aperçoit le visage de sa fiancée, Marie-Ange, noyée plusieurs années auparavant près de Montevideo. Dans *Angélique ou l'Enchantement*, cette veine narrative prend de l'ampleur ; le récit évoque ainsi, successivement : l'épisode où le père du narrateur, pendant la guerre de 14, affronte l'*Ankou*, l'ange de la mort des mythologies bretonnes, et où il revient à Corinthe de le sauver d'un destin funeste ; celui où le même Corinthe part à cheval, dans un paysage lugubre (dont la toponymie même est évocatrice : « *Les Hurles* », « *La Forêt des Pertes* »), à la recherche d'un brigadier égaré, censé accompagner une prisonnière, – et finit par rencontrer, dans une sorte de bassin naturel creusé dans un rocher, une jeune fille peu vêtue, dont les propos accumulent les invraisemblances, au point que l'on ne peut décider si elle ment ou si elle appartient à un monde surnaturel ; celui (présenté comme véridique, mais trop caractéristique, dans la précision de sa mise en scène, pour ne pas être perçu comme un fantasme) où le narrateur, pendant la guerre, à l'Opéra, prétend avoir été témoin de l'évanouissement d'Angelica von Salomon, la jeune maîtresse de Corinthe, et où celui-ci, à l'aide de sa canne, retrousse lentement la robe de la jeune fille allongée et inconsciente, devant une assistance médusée, jusqu'à révéler à tous une lingerie intime légèrement souillée de sang ; même le récit proprement autobiographique, en principe garanti par un souci d'authenticité, se laisse envahir, parfois, par des incidents étranges, mystérieux, – comme dans cette séquence où toute une compagnie d'invités, rassemblée dans la demeure campagnarde de Robbe-Grillet, est éveillée la nuit par une tempête subite, au milieu de laquelle chacun entend sonner des cloches, alors qu'il n'existe aucune église aux environs. Que ces séquences soient le plus souvent stéréotypées (le fantasme récurrent des « belles captives », des jeunes filles maltraitées, l'arsenal thématique des légendes celtiques) n'entrave évidemment en rien leur pouvoir suggestif, au contraire : comme chez les artistes du Pop-Art, tout l'art de Robbe-Grillet consiste ici à détourner les poncifs, les clichés, à dissocier leurs formes de leurs fonctions. Dans *Les Derniers Jours de Corinthe*, enfin, ce registre finit par occuper près de la moitié du livre : Corinthe est associé à un très troublant marchandage, dont l'objet est une jeune fille « à vendre », autour duquel vont se précipiter toutes sortes de phénomènes énigmatiques, qu'il serait trop long d'énumérer, – et notamment un dédoublement « objectif » (ou du moins présenté comme tel) du héros, inexplicable par des voies purement rationnelles ; là aussi, du reste, la thématique légendaire est sollicitée, – comme dans le passage où Corinthe, à la fin de sa vie, replié dans l'ancien fortin où il a élu domicile, en vient à découvrir un souterrain dissimulé, à l'explorer, et à se trouver soudain en présence de « chevaux venus de la mer »...

Le roman prend bien soin de disposer ses séquences de façon (telle est leur fonction initiale) à soustraire le lecteur au régime de vraisemblance « réaliste » que d'autres passages (ceux qui relèvent de l'autobiographie pure) peuvent induire. C'est précisément dans cet incessant passage d'un régime de crédibilité à un autre (puisqu'il y a autant de vraisemblance dans un récit fantastique que dans une histoire réaliste, dans un scénario fantasmatique que dans un témoignage authentique : simplement, *ce n'est pas la même*[6]) que le texte affirme sa pluralité, – comme s'il lui fallait avant tout éviter, là encore, de faire trop consister l'univers diégétique, comme s'il se devait de changer de registre dès que la figuration risque de « prendre ». Mais ces passages sont aussi, bien entendu, ceux qui sollicitent le plus l'imaginaire du lecteur, et les mécanismes les plus inconscients de son attachement au texte, – si tant est, comme le soutenait Todorov, que le genre fantastique relève toujours d'une transgression plus ou moins métaphorisée[7]. En bref, ce sont ici mes angoisses et mes désirs que le récit convoque, en leur offrant une issue symbolique, – dont je ne puis guère, en conséquence, parler qu'au singulier : c'est ma lecture, et non plus seulement l'écriture, qui devient « intime ».

Parfois, par exemple, je me surprends à trouver que les obsessions récurrentes proposées par le texte (les belles captives, les jeunes filles rudoyées ou violentées) sont par trop exclusives : mes propres fantasmes, s'ils peuvent s'y reconnaître, ne s'y réduisent pas. Les trois scènes oniriques des *Derniers Jours de Corinthe* (le « palais des merveilles » où quelques jeunes filles subissent une gravure d'or fin à même leur peau ; le groupe d'infirmières rassemblées, comme dans un atelier, devant un Apollon en érection ; la grande salle embuée, semblable à un hammam, qui se révèle être un cinéma où l'on projette *Marienbad*) me laissent, de même, assez indifférent : j'y retrouve l'ennui trop fréquent des « récits de rêve ». D'autres séquences, en revanche (celle

---

6. La « vraisemblance » ne procède pas, en effet, du rapport d'un récit au réel, mais au code dans lequel il s'inscrit : la présence d'animaux parlants est « vraisemblable » dans une fable, comme celle d'un fantôme ou d'un vampire dans un conte fantastique, alors qu'elles seraient « invraisemblables » dans un roman réaliste.

7. Tzvetan Todorov, *Introduction à la Littérature fantastique*, Seuil, coll. « Points ».

de l'évanouissement d'Angelica au foyer de l'Opéra ; celle du marchandage de la nymphette, proposée par un homme qui prétend être son père, et qui laisse entrevoir la possibilité de délicieuses cruautés), me séduisent immédiatement, et même me fascinent, comme si elles éveillaient en moi un désir enfoui, qui ne demandait qu'à se concrétiser. En somme, ces passages, je ne puis m'empêcher de les lire « mal », selon les critères de la pure littérarité, – mon imaginaire s'implique ici avec trop d'intensité pour ne pas me faire négliger, souverainement, les savants mécanismes de distanciation ménagés par le texte : je confronte mes fantasmes à ceux de l'auteur, j'opère un tri dans les représentations qui me sont proposées, je n'obéis à d'autre règle qu'à celle de mon trouble ou de mon excitation, je deviens tour à tour un enfant captivé par les légendes et un adulte amateur de scénarios d'un tout autre type, – en un mot, je refuse de céder sur mon désir.

Il arrive même, parfois, que celui-ci se focalise sur un détail (que je m'empresse d'isoler) au point que j'en vienne à confondre, à l'encontre de toutes les théories du texte, le signifié et le réel ; lorsque Robbe-Grillet, ainsi, évoque « *une jeune métisse vietnamienne fort enthousiaste, qui a dû abandonner son tendre ami américain (un acteur connu) parce qu'il refusait avec horreur de l'attacher en croix de Saint-André au lit d'amour, muni pourtant chez eux d'émouvants barreaux de cuivre* », – un déclic s'opère, et je ne puis que subir la force suggestive du référent, dont je ne méconnais pas, par ailleurs, qu'elle procède de l'écriture (et qu'elle est décuplée, notamment, par les adjectifs : si je supprime d'une telle phrase les mots « *enthousiaste* » et « *émouvants* », mon désir reflue) ; en somme, j'ai *envie* d'y croire, de prendre cela au premier degré, – et l'idée saugrenue me saisit, même, de téléphoner sur-le-champ à Robbe-Grillet, pour lui demander les coordonnées de cette jeune métisse...

LA MÉTA-NARRATION

Ce qui pourrait contre-investir cette tentation, à l'intérieur même du texte, c'est bien entendu cette fonction méta-narrative que j'ai déjà signalée. Robbe-Grillet, un peu à la façon d'un magicien qui dévoile ses tours (mais peut-être cela n'est-il qu'une ruse supplémentaire), ne cesse ainsi d'afficher son écriture, comme pour entraver (ou du moins perturber) toute adhésion simple à ce qu'il raconte ou décrit. Il signale, par exemple, ce que le « récit de souvenirs » peut comporter, comme malgré lui, d'inévitables clichés : il en désigne certains comme tels aussitôt après les avoir énoncés (« *Ma mère veillait sur mon difficile sommeil* »), et laisse au lecteur le soin d'en repérer d'autres (l'image du père déambulant devant la grande cheminée, dans la vieille demeure bretonne, où il est difficile de ne pas percevoir une réminiscence des *Mémoires d'outre-tombe* de Chateaubriand). Il exhibe les illogisme du texte, ses incohérences calculées, – le définissant comme « *un système compliqué de séries, de bifurcations, de coupures et de reprises, d'apories, de changements à vue, de combinatoires diverses* ». Il postule que le « *réel* » visé par l'écriture est un objet impossible, – ce que celle-ci peut figurer, selon lui, étant toujours de l'ordre du « *fragmentaire* », du « *fuyant* », de l' « *inutile* ». Il revendique, contre un certain purisme antérieur, le « *retour de l'auteur* », qui justifierait son projet, – mais s'interroge, pour savoir si ce qui était initialement conçu comme un dépassement des dogmes du Nouveau Roman ne finira pas, dans une époque de restauration esthétique et intellectuelle, par être assimilé à une régression, un sacrifice au conformisme ambiant. En outre, il évoque systématiquement les circonstances de la rédaction : les lieux où le texte est écrit, l'écart entre le moment de l'écriture et celui des faits rapportés, les périodes où l'entreprise a été provisoirement abandonnée, la distance temporelle qui peut séparer deux fragments contigus. Autrement dit, le récit se double ici constamment d'un contrepoint critique ou réflexif, la narration ne se laisse jamais oublier derrière la fiction ou la représentation.

Tout cela, qui répond, si je puis dire, à une ambition traditionnelle de la modernité (produire des textes auto-référentiels, qui parlent d'eux-mêmes tout en parlant d'autre chose, qui « *disent ce qu'ils font* » et « *font ce qu'ils disent* » [8]), me laisse cependant parfois agacé : j'ai l'impression, trop souvent, que ma lecture en est dirigée, programmée, soumise à un « mode d'emploi » trop contraignant pour ne pas l'éprouver comme une perte de liberté. Deux attitudes, à partir de là, sont envisageables : l'une, ce serait de tenter d'être « plus malin » que le texte lui-même, de hausser ma compréhension d'un cran, de produire en quelque sorte une méta-méta-narration, – mais ce serait probablement m'épuiser dans des analyses infinies (aucun degré ultime ne saurait clore cette bathmologie [9]) et finalement stériles (c'est-à-dire : saturant tout plaisir) ; l'autre, qui rejoint ce que je viens d'avancer à propos des séquences fantasmatiques, ce serait de revendiquer, à l'inverse, d'être « plus bête » que le texte, de ne pas sans cesse tenir compte de ce qu'il m'impose, de traiter *à la légère* ses impératifs de distanciation (ce qui ne veut pas dire les ignorer), – en somme, de « jouer mal », un peu comme ces enfants qui font sciemment des bêtises pour protester contre une autorité trop stricte. Et c'est à partir de là, paradoxalement, qu'un plaisir nouveau peut naître : comme s'il n'était rien de plus pervers, contre toute attente, que d'accepter délibérément d'en rester au premier degré.

---

8. Voir Francis Ponge, *Méthodes*, Gallimard.

9. La bathmologie, ou « science des degrés », a été postulée à titre d'hypothèse dans le *Roland Barthes par Roland Barthes* (Seuil). Voir aussi, l'usage qu'en fait un écrivain comme Renaud Camus.

Glissements progressifs

Pour préciser cela : parmi les passages où il est impossible d'oublier la narration, les plus intéressants concernent les transitions et les raccords d'un registre à l'autre, – lieux de dérapages, de glissements, où la pseudo-logique qui règle les codes narratifs conventionnels est soumise, plus ou moins explicitement, à un processus de déstabilisation. J'en pointe ici, rapidement, quelques aspects :

1. La pratique (très ancienne) de l'*ekphrasis* est présente, à de nombreuses reprises, mais manifestement détournée de sa fonction : il y a, ainsi, dans les *Romanesques*, de nombreuses « descriptions d'images », mais elles n'ont plus rien à voir avec le caractère indiciel ou ornemental qu'elles possédaient dans les récits classiques ; elles servent ici, plutôt, à *générer la narration.* Par exemple : un tableau attribué à Quentin Ritzel, vu dans une galerie de Soho, à New York, renvoie à une péripétie cardinale de l'histoire de Corinthe, dont on peut imaginer qu'elle n'en est que l'expansion écrite ; d'autres œuvres d'art mentionnées ou décrites (les tableaux de Gustave Moreau, d'Auguste Monneret) servent de la même façon d'embrayeurs *(shifters)* à certaines séquences narratives ; une photographie datant de la Guerre civile espagnole (une « belle captive » républicaine aux mains des Phalangistes) détermine, au détriment de toute vraisemblance chronologique, un épisode situé pendant la guerre de 14-18 (celui du brigadier Simon et de sa prisonnière). Il n'est pas, à la fin du dernier livre de la série, jusqu'à une simple étiquette de bouteille de vin qui, par le procédé de la mise en abyme, développé ici de façon toute rousselienne, ne déclenche un passage descriptif proprement vertigineux (le jeu de la « représentation dans la représentation » semble pouvoir s'y prolonger à l'infini).

2. Le texte n'hésite pas à désigner certains fragments (le

développement sur Roland Barthes, les réflexions sur Eisenstein et sur le cinéma, une brève étude sur *L'Étranger* de Camus, l'évocation d'une exposition de sculptures de Segal) comme des *collages* de textes écrits à d'autres occasions, et qui, d'être insérés tels quels dans le dispositif narratif, prennent évidemment un sens supplémentaire, fonctionnel (l'univers de Segal finit par « s'incarner » dans la fiction) ou auto-référentiel (un peu comme lorsque Proust, parlant de Wagner, d'Elstir ou de Vinteuil, nous livre ainsi indirectement certaines indications décisives concernant son propre art du roman).

3. Entre différents registres, ou différents niveaux de narration, des objets peuvent circuler, comme autant de raccords, ou d'échos à distance. C'est ainsi qu'une statue de nymphe, érigée dans le parc de la résidence de Robbe-Grillet, au Mesnil, est « raccordée » à plusieurs personnages féminins du récit, par métaphore ou par métonymie ; ou que certains objets, à haute teneur fétichiste, peuvent réapparaître, de façon récurrente, dans plusieurs scènes qu'apparemment tout sépare, excepté ce seul lien énigmatique (le linge intime souillé, – ou la chaussure de bal, recouverte de paillettes bleues, elle aussi légèrement maculée de sang) : comme si l'hétérogénéité des représentations était court-circuitée par le retour régulier de ces motifs insistants.

4. Les changements de niveau narratifs (en termes techniques : les *métalepses*) sont soumis à des traitements variables. Parfois, ils sont explicitement indiqués : par exemple, à la suite de la première séquence consacrée à Corinthe, au sein d'un récit se présentant jusqu'alors comme un témoignage « authentique », Robbe-Grillet prend soin de mentionner que « *le passage qui précède doit être complètement inventé* » ; de même, il arrive fréquemment que le texte, à la jointure de deux blocs narratifs, nous signale où et quand le passage que nous venons de lire a été écrit, nous expose les interruptions de la rédaction, les circonstances de sa reprise,

etc. Mais parfois, à l'inverse, les métalepses sont effacées, ou brouillées, et c'est au lecteur qu'il revient de les deviner, sous les glissements de l'écriture. Par exemple, lorsque le commentaire sur *L'Étranger* débouche imperceptiblement sur un passage narratif à la première personne ; ou lorsque les séquences discursives attribuées à Corinthe en viennent à « trahir » la présence d'un autre narrateur, qui ne peut être que Robbe-Grillet lui-même.

Tout cela, que je ne fais ici que désigner, devrait logiquement me pousser à entreprendre une étude précise, détaillée, de la composition (ou de la structuration) des *Romanesques* : d'autant plus que celle-ci, comme je l'ai déjà avancé, se complexifie au fur et à mesure que le texte progresse, et qu'elle présente en outre (c'est là l'un des tours de force de l'entreprise) un caractère rétroactif, – au sens où le second livre « met en perspective » le premier, et où le troisième « met en perspective » les deux précédents. Or, étrangement, alors que la trilogie de Robbe-Grillet se prête particulièrement à un tel type d'étude (du même ordre que celles à quoi j'ai déjà pu me livrer à propos d'autres œuvres romanesques [10]), – quelque chose, ici, me retient d'aller plus loin. Peut-être précisément parce que *cela va de soi*, et que je risquerais alors de redoubler ce qui relève déjà du lieu commun. Le texte de Robbe-Grillet, du reste, l'indique précisément : le troisième livre (*Les Derniers Jours de Corinthe*) mentionne que les deux premiers, sans tarder, ont fait l'objet d'analyses universitaires, d'élaborations théoriques, et qu'avec d'autres productions récentes ils sont répertoriés au titre d'une *Nouvelle Autobiographie* (par analogie avec le Nouveau Roman), dont la doctrine est désormais largement constituée (Robbe-Grillet en livre même la teneur : une forme d'autobiographie « *consciente de sa propre impossibilité constitutive, des fic-*

10. Notamment, dans ce volume, à propos des œuvres de Salman Rushdie, Philip Roth, Milan Kundera, Mario Vargas Llosa, Claude Simon, Danilo Kiš.

tions qui nécessairement la traversent, des manques et des apories qui la minent, des passages réflexifs qui en cassent le mouvement anecdotique »). Autrement dit, puisque la théorie a d'une certaine façon rejoint la pratique avant même que l'entreprise globale soit achevée, il m'est tout à fait possible d'imaginer des groupes d'étudiants (américains, bien entendu) chargés de disserter, par exemple, sur « les mécanismes de la composition dans les derniers livres de Robbe-Grillet », – et cela seul suffit à m'ôter l'envie de grossir leurs rangs, et d'ajouter quoi que ce soit en ce domaine. C'est même pourquoi, devant un texte qui s'offre si ostensiblement à l'étude formelle (et même la suscite, l'oriente, la dirige), j'estime encore une fois légitime de revendiquer *a contrario* les droits de la subjectivité, de la désinvolture : d'autant plus que le texte s'y prête *aussi* (le référent n'a rien d'insignifiant), et qu'à la perversion de l'innocence narrative par le dispositif de composition peut s'ajouter (comme un retour décalé, en spirale) une paradoxale perversion de ce dispositif par une autre forme d'innocence, – référée, celle-ci, à la lecture : comme si la naïveté, en l'occurrence, pouvait devenir une ruse supérieure.

L'ANECDOTIQUE

C'est sans doute en ce qui concerne la part proprement autobiographique des *Romanesques* (la dispersion d'anecdotes) que ma lecture est, par principe, la plus libre, ou si l'on veut la plus *impure* : je lis « par rapport à moi », je saute des pages, je suis fasciné par certains détails (que je prélève, ou que je fétichise), j'isole ce qui m'intéresse ou me touche, – je lis « en voyeur » (en cherchant les moments d'impudeur, d'indiscrétion), je suis en quête d'effets de dépaysement, d'exotisme, ou à l'inverse de reconnaissance, – etc. En bref, je soustrais ma lecture à tout protocole trop précis [11], je ne réponds en rien aux critères (« textuels ») qui voudraient me couper de toute illusion représentative, me faire distinguer radicalement le signifié du réel. Même dans un texte aussi retors (qui, encore une fois, sollicite cette attitude, autant qu'il la déjoue), cela continue à fonctionner, – comme s'il s'agissait d'une chronique classique, innocente. Ainsi, et dans le désordre :

— Les souvenirs d'enfance convoqués ne m'intéressent guère que lorsqu'ils ont une dimension documentaire, historique (l'évocation du Paris de l'avant-guerre) ou géographique (la description d'une Bretagne qui se télescope, malgré l'écart temporel, avec celle de mes propres souvenirs) ; les anecdotes sexuelles, bien entendu, me retiennent particulièrement (en particulier les premiers émois, les premiers ébats), – sauf lorsque l'auteur croit bon de les assortir d'une interprétation psychanalytique « clé en main » (mon attention, alors, se relâche immédiatement).

— J'apprécie la façon dont Robbe-Grillet, à l'opposé de toute vision narcissique ou idéalisante (de celles qui discréditent tant d'autobiographies, où l'on a l'impression que l'auteur « prend la pose »), ne masque rien de ce qui pourrait le gêner, ou l'accuser : ni le pétainisme ni l'antisémitisme de sa famille, ni la façon dont il en a lui-même longtemps (trop longtemps ?) été l'héritier (Robbe-Grillet avoue par exemple que le petit groupe auquel il appartenait, à l'École d'agronomie, au début de la guerre, et dont faisait partie aussi le futur peintre Bernard Dufour, avait été surnommé par leurs condisciples le « *groupe K* », tant leur pétainisme manifeste les faisait passer pour des collaborateurs). Cette franchise, qui tranche sur l'hypocrisie généralement associée par les Français à cette période, ne me semble pas sans courage, – mais ce qui me gêne un peu, en revanche, dans ce registre, ce sont

11. Voir, encore une fois, « Écrire l'intime » (*op. cit.*).

les ellipses : Robbe-Grillet, par exemple, s'explique sur ce qui, depuis ses années de S.T.O., l'a éloigné de l'extrême droite qui fut sa « tradition », – mais ne nous dit strictement rien de ce qui l'a conduit, quelques années plus tard, comme il le raconte, à se retrouver en Bulgarie au sein d'une délégation (ou plutôt d'une « brigade ») à dominante communiste, après avoir assisté à Prague à un « Congrès de la Jeunesse Démocratique ». Ce chapitre censuré aurait pourtant, à mes yeux, été du plus grand intérêt, – et me fait soudain penser, non sans ironie, que la même lacune se retrouve dans les textes autobiographiques de Marguerite Duras : que l'on abandonne, à la fin de *L'Amant*, au milieu de collaborateurs notoires, avant de la retrouver, dans *La Douleur*, membre d'un réseau communiste de résistance, sans que rien ne nous soit livré de ce qui s'est passé entre les deux...

— Certaines anecdotes propres à forger l' « image » de Robbe-Grillet me précipitent dans un mouvement d'empathie (je succombe alors à l'illusion de « communiquer avec une personne », sans méconnaître pour autant la part de séduction, donc de ruse, d'artifice, qui trame ces séquences) : la narration de sa rencontre avec sa femme Catherine, de son accident d'avion, de son tabassage en Tchécoslovaquie, l'évocation des rituels de sa vie quotidienne, les quelques allusions (à mon goût trop mesurées, trop rares) à une vie sexuelle légèrement hors norme, – tout cela me le rend plutôt sympathique. Je me forge, ainsi, ma propre représentation de l'auteur, que j'essaie de préciser par des adjectifs : malin, serein, débonnaire, – *matois*.

— Je ne puis m'empêcher de jubiler (c'est le côté « voyeur » de ma lecture) devant les passages qui éclairent les dessous de l'Histoire officielle (fût-ce celle de la littérature), et me révèlent certaines anecdotes privées concernant des personnages publics. Ce que Robbe-Grillet peut ainsi dévoiler de Lambrichs, de Paulhan, de Lindon, et surtout de Marguerite Duras (sa mauvaise foi grandiose, sa vanité) ou de Claude Simon (sa susceptibilité ombrageuse) me les rendent finalement plus « humains ». Telle malhonnêteté intellectuelle de Sartre, rapportée sans acrimonie, me confirme assez dans l'idée que je me faisais de celui-ci, et je m'amuse de l'image ici livrée de Simone de Beauvoir (lèvres pincées, réprobatrice, malveillante), fort éloignée de la légende bien-pensante forgée à son propos. S'agissant de Georges Bataille, que Robbe-Grillet a fréquenté, je reste un peu sur ma faim : aucune des anecdotes relatées ne me semble à la mesure d'un écrivain aussi considérable, aussi souverainement singulier. Quant à la scène (garantie authentique) où Foucault accuse Robbe-Grillet d'être dans l' « *erreur sexuelle* » (au prétexte qu'il est irrémédiablement hétérosexuel), tandis que Barthes, magnanime, s'astreint à lui accorder les circonstances atténuantes, en le créditant d'être « quand même » pervers, – elle me semble d'une drôlerie irrésistible.

— Il m'arrive aussi de flairer, au-delà de la sincérité revendiquée, quelque chose de l'ordre du règlement de comptes : je ne suis par exemple pas certain, au vu de la façon assez embrouillée, bardée de dénégations, dont Robbe-Grillet raconte l'épisode, que Claude Simon ait eu tout à fait tort de se sentir vexé d'un article de l'auteur censé saluer son prix Nobel. J'ai même envie, parfois, de contester, ou du moins de nuancer, certains portraits, notamment s'il s'agit de personnages que j'ai personnellement connus : je garde ainsi de Roland Barthes une tout autre image que celle ici proposée ; lorsque Barthes pouvait confesser, devant quelques amis, son sentiment d'être un « *imposteur* », – je ressentais cela, quant à moi, plutôt comme une coquetterie que comme un aveu... Du coup, en dépit de ma propension à adhérer à ce qu'avance Robbe-Grillet dans ces passages, un léger soupçon peut s'installer, et s'étendre insidieusement à toute cette part anecdotique du texte, – où je puis supposer, çà et là, un certain coefficient de partialité...

Cette lecture, j'en suis parfaitement conscient, est assez plate : elle ne diffère guère, dans son principe, de l'attitude banale des lecteurs de certaines revues à sensation, et relève par là même d'un stéréotype assez éculé (le goût de l'indiscrétion, la quête, toujours douteuse, des « petits secrets des grands hommes » [12]). Et pourtant, je ne puis m'arracher à l'idée que c'est en partie par là qu'un peu de réel (même précaire, incertain) peut advenir à travers l'écriture. Mais c'est peut-être aussi, paradoxalement, dans ces « petits faits authentiques » (ou supposés tels), en principe voués au registre documentaire, que réside la part la plus romanesque, au sens traditionnel, du texte : puisque leur ressort, pour le lecteur, est moins la révélation de la vérité (notion métaphysique, suspecte) que la captation de quelques secrets. Or le secret, d'une certaine façon, est plus attirant que la vérité : parce qu'il suppose toute une stratégie narrative, et peut ainsi faire jouer (les exemples que je viens de donner, me semble-t-il, l'indiquent assez) les mécanismes de l'*imaginaire*, au-delà de la pure intelligence rationnelle.

Le discursif

Il y a des « idées » dans les *Romanesques* (certains fragments, je l'ai signalé, sont même de simples collages d'essais théoriques), – et, du coup, je puis là encore me permettre de les isoler, de les traiter à part. Car même si ces idées, comme dans tout vrai roman, sont relativisées par la fiction, elles ne le sont pas ici à un point tel (à l'exception, sans doute, de celles que le texte attribue explicitement à Corinthe) qu'on puisse les lire autrement que comme un *discours* : c'est-à-dire un enchaînement articulé de propositions, de thèses,

12. Dont Kundera fait une critique radicale dans *Les Testaments trahis (op. cit.)*.

d'argumentations, destiné à persuader, – auquel le lecteur peut adhérer, ou qu'il peut discuter, ou dont il peut contester la validité (autant d'attitudes qui seraient déplacées dans l'ordre de la fiction pure).

D'où, en vrac encore, certaines de mes réactions :

— Le long commentaire interprétatif des *Niebelungen* aurait plutôt tendance à m'ennuyer (mais il s'agit certainement d'une infirmité personnelle : je n'ai jamais été capable de m'intéresser même moindrement au « wagnérisme »), – alors que d'autres séquences critiques (sur *L'Étranger* de Camus, sur Kafka) me frappent par leur cohésion, leur force de conviction. Je ne rejoins ce type de discursivité, en somme, qu'en fonction de ma proximité avec ses objets.

— J'approuve globalement ce que Robbe-Grillet avance à propos du Nouveau Roman, qu'il définit moins comme un dogme, un programme normatif, que comme un simple regroupement stratégique, – même si je suis gêné, parfois, par une sorte de désinvolture rétroactive : lorsqu'il justifie, par exemple, un certain terrorisme antérieur de ses positions au nom d'une ruse tactique nécessaire (ce dont il crédite aussi Boulez), je ne puis m'empêcher d'estimer que c'est peut-être passer un peu vite sur les ravages subis par ceux qui, en toute bonne foi, ont pris ce terrorisme à la lettre... Plus généralement, j'approuve sans réserve ce qu'il soutient quant au « *principe d'incertitude* » propre à l'art du roman, – j'ai simplement envie d'ajouter : pas seulement « nouveau »...

— Devant les séquences consacrées au cinéma, je commence par jubiler : *enfin* quelqu'un ose s'attaquer sans complexe aux inepties théoriques de Bazin (je me souviens que c'était un sujet de discorde avec Serge Daney, qui ne supportait pas, dans nos conversations, que l'on touche à ce tabou), et plus précisément s'attache à revendiquer la valeur créative du montage, référée à Eisenstein, – là où ce pauvre Bazin ne voyait dans l'art des pionniers russes qu'une sorte d'archaïsme, fragmentant selon lui malencontreusement la

« robe sans couture de la réalité » (formule dont la bêtise m'a toujours consterné). Mais je décroche un peu, cependant, lorsque Robbe-Grillet croit bon, dans la foulée, de se livrer à une dénonciation en règle de la Nouvelle Vague, dont il ne consent guère à sauver que Godard et Rivette ; je pourrais à la rigueur le suivre quand il répudie l'aspect conventionnel des films de Chabrol et de Truffaut (même si le prétendu « réalisme » de ces derniers mériterait d'être examiné de façon moins péremptoire), – mais je ne saurais comprendre qu'il fasse une telle impasse sur un cinéaste aussi essentiel qu'Eric Rohmer (dont je suis prêt à démontrer, du coup, qu'il est quelque chose comme le Marivaux de notre époque). De même, je ne puis que m'indigner de voir Robbe-Grillet ramener Hitchcock à un statut de réalisateur « *commercial* », en ignorant la fabuleuse charge fantasmatique de son œuvre, et la formidable mécanique de précision de son art narratif (c'est Hitchcock, à mon sens, qui est l'auteur de la formule qui condense le mieux cet art : « *Mon matériau, c'est le spectateur* », – phrase que ne devrait pas, au demeurant, renier le Robbe-Grillet de *L'Homme qui ment* et des *Glissements progressifs du plaisir*). Quant au jugement selon lequel Godard serait « *moins inventif* » en ce qui concerne les « *bandes-son* », je préfère ne pas m'attarder sur un contresens aussi flagrant, que toute l'œuvre (et notamment récente) de l'auteur de *Prénom Carmen* dément avec éclat.

— C'est bien entendu lorsque Robbe-Grillet aborde le terrain politique que je suis le plus en alerte, – et d'autant plus que sur l'essentiel, c'est-à-dire l'opposition radicale à toute forme de totalitarisme, je me sens, cela va de soi, très proche de lui. Ce qui ne m'interdit pas de trouver un peu rapide sa façon d' « expliquer » le pétainisme et l'antisémitisme de son milieu familial, qui, si elle ne tend pas à les justifier, n'en revient pas moins à les banaliser. Mais il s'agit évidemment *de ses parents*, et si je réfléchis un instant au « stalinisme » des miens, je ne puis, à être honnête, qu'apercevoir en moi la même tendance à en atténuer la portée, – par exemple au nom de la Résistance à laquelle ils ont participé, ou du constat selon lequel ce « stalinisme » ne les a rendus complices, en France, d'aucune injustice, etc. Ce qui me dérange le plus, en fait, dans ces propos politiques de Robbe-Grillet, c'est plutôt cette propension à diluer l'opposition entre l' « esprit de résistance » et l' « esprit de collaboration » dans le simple conflit (général, abstrait, inoffensif) de la Liberté et de l'Ordre, – où je ne vois guère qu'une manière habile d'évacuer la question de la morale en politique, ce dont je ne saurais me satisfaire.

— Lorsque Robbe-Grillet, en revanche, aborde les questions de la censure, de la dérive répressive du féminisme, des ravages (aux États-Unis, mais pas seulement) du « *politically correct* », qui revient à soumettre la pensée et la création à une véritable épuration ; lorsqu'il dénonce l'actuelle tyrannie de la bien-pensance, et revendique pour l'art le refus de se subordonner aux bons sentiments ; lorsqu'il se lance dans une défense enflammée de Sade, à l'encontre de tous ceux (et ils continuent à être légion) qui confondent les crimes écrits avec des crimes réels ; lorsqu'il proclame (contre ce que Nietzsche appelait la *moraline*, et qui prend aujourd'hui, jusque dans nos sociétés démocratiques, des proportions redoutables) les imprescriptibles droits du désir, du fantasme, de la perversion, – alors j'approuve, j'applaudis, je signe, je contresigne, je me sens prêt à diffuser ces pages, sous forme de tracts, à la sortie de tous les établissements d'éducation et de toutes les salles de rédaction...

En bref, là encore, je ne lis pas « comme il faut » : je décroche ces « idées » de l'ensemble qui les relativise, j'oublie l'une de leurs fonctions (« *casser le mouvement anecdotique* »), – je me donne l'illusion de discuter avec Robbe-Grillet, de lui répondre, de répliquer à ses arguments par les miens, de lui manifester mon accord ou de lui opposer mes objections, etc. Autrement dit, je retrouve (de façon tout imaginaire) le plaisir du commerce intellectuel avec l'auteur, presque celui de la *conversation*, – dont il me paraît remarquable qu'une telle œuvre n'interdise pas la possibilité.

La perversion

Je n'ai guère fait, on le voit, que pratiquer ici une lecture « impure », à plusieurs degrés, – en ne craignant pas de dissocier, pour mon plaisir, ce que le roman a noué. Ce qui fonde la légitimité d'une telle attitude, c'est sans doute la tension (ou le conflit moteur) que l'on peut repérer dans les *Romanesques* : entre, d'un côté, une ambition de « dire le monde », de raconter des histoires (vraies ou imaginées), de parler de soi-même, d'exposer des idées, de convoquer des souvenirs (rarement Robbe-Grillet se sera autant éloigné d'une littérature *intransitive*) ; et, d'un autre côté, une obstination à déstabiliser cette fonction expressive ou figurative, à dévoyer les codes utilisés, à contrarier l'illusion après l'avoir suscitée, à *subtiliser* (aux deux sens du terme) les représentations.

Un simple exemple : *Les Derniers Jours de Corinthe* s'achève sur une énumération de souvenirs, d'anecdotes condensées et éparses, introduites par la formule « *je me souviens* », – selon un procédé rhétorique inauguré, on le sait, par Georges Perec. Toutes ces anecdotes sont rigoureusement crédibles, – et n'auraient du reste guère d'intérêt si elles ne renvoyaient à une sorte de vérité fragmentée. Or, au sein de la série, se glisse celle-ci : « *Je me souviens d'avoir chassé à courre le plus excitant des gibiers à la frontière de l'Uruguay et du Brésil* » ; le pacte de lecture, immédiatement, dérape : car ce motif était déjà apparu, auparavant, mais présenté *comme un épisode de la vie de Corinthe* (plus explicite encore : il y était question d'une chasse dont les proies étaient des jeunes filles, et leur capture était suivie de viols et de tortures diverses), – donc référé au registre de la fiction, ou du fantasme. Aussitôt, le doute s'installe : Robbe-Grillet a-t-il voulu s'amuser avec la crédulité du lecteur en insérant un pur fantasme au milieu de faits pratiquement avérés ? Ou devons-nous concevoir, à l'inverse, que cet épisode fictif a une source bien réelle, dans la biographie de l'auteur ? Doit-on soupçonner que Robbe-Grillet, dans sa vie, a été *jusque-là* ? Je ne cesse d'hésiter, dès lors, entre la première interprétation (la plus crédible, mais la moins excitante) et la seconde (improbable, mais à laquelle mon désir, piégé par l'ambiguïté du texte, a envie d'adhérer), – et rien, à m'en tenir à ce qui est écrit, ne me permet évidemment de trancher. Si bien que la tentation me saisit, de nouveau, de téléphoner à Robbe-Grillet pour vérifier la véracité de l'affirmation, – mais je puis d'avance imaginer son éclat de rire tonitruant... Subtilité de ce jeu : qui ne se contente pas, banalement, de brouiller la limite entre le vrai et le faux, mais plutôt celle (infiniment plus équivoque) qui sépare le *crédible* de l'*indécis* ; et qui fait jouer (par son contenu « pervers » : la question ne se poserait même pas s'il était question, par exemple, de chevaux venus de la mer) non seulement mon intelligence, ou ma sagacité, mais encore les mécanismes inconscients à l'œuvre dans ma lecture.

Une telle tension générique, en fait, pourrait se résumer en un seul terme, touchant tout aussi bien à la « forme » qu'au « contenu » des *Romanesques* (ou plutôt : annulant cette opposition), – et ce terme, c'est justement celui de *perversion.* Autrement dit, l'attitude qui a besoin de règles pour les contourner ou les violer, – et qui peut affronter, ici, notamment, ces deux tabous majeurs que sont la cruauté (réputée « oppressive ») et l'enfance (connotée « pure »). D'ailleurs, c'est sans doute ce *jeu avec la limite* que métaphorise, dans *Le Miroir qui revient*, tel souvenir de vacances, où Robbe-Grillet évoque une maison de location située exactement sur la frontière franco-suisse, dont la section invisible partageait certaines chambres en deux (et l'on conçoit l'impact imaginaire d'une telle situation symbolique) : je verrais volontiers dans cette frontière immatérielle, cette ligne de franchissement ou de transgression, l'allégorie même de ce qui traverse le texte.

Quoi qu'il en soit, c'est bien à travers cette dynamique de la perversion que l'on peut associer, d'une part, les « *mises en scène* » qui parsèment le récit, les images fantasmatiques (prisonnières ligotées, jeunes filles vouées à certains sévices), les stéréotypes mythologiques ou sexuels tout à la fois assumés (car rien n'est paradoxalement plus excitant, dans l'ordre de l'érotisme, que de concrétiser les clichés les plus convenus) et distanciés, détournés ; et, d'autre part, cette façon incessante de piéger le lecteur, de déjouer ses attentes, ses réactions, de l'entraîner dans des stratagèmes, des fausses pistes, de tricher avec les règles, de ne lui imposer certains protocoles de lecture que pour les perturber ou les enfreindre. Car c'est bien, au fond, le même mouvement qui tend à violenter (fût-ce fictivement) de jeunes adolescentes fragiles et pures, et à corrompre toute lecture aliénée à ses représentations : celui qui consiste, en un mot, à *contester l'innocence*.

Les vagues

Il se trouve que j'ai achevé de prendre des notes sur les *Romanesques*, en vue de cette étude, en Bretagne, à Belle-Ile-en-Mer, par une superbe journée de juin. Je m'étais promené, tout l'après-midi, le long de la Côte Sauvage, à proximité de Pouldon, – m'interrompant parfois de longs moments pour contempler, rêveusement, le spectacle des vagues venant mourir sur les rochers, – spectacle proprement envoûtant, et que je présumais réfractaire à toute formulation. Le soir même, dans la petite maison de Port-Guen, j'ai ouvert à nouveau *Les Derniers Jours de Corinthe*, et commencé à parcourir les premières pages : « *A cet endroit* », écrit Robbe-Grillet, « *l'eau déjà profonde entre les blocs de pierre aux formes arrondies semble relativement moins agitée, les vagues ne se gonflant que plus près du rivage, dans la vaste anse sableuse à peine incurvée en arc elliptique, alors que le promontoire plus ou moins escarpé à la végétation coriace, aux protubérances jaillies du vieux sol dans un amoncellement chaotique, s'avance vers la haute mer où les derniers écueils isolés le prolongent encore de quelques mètres. Les mouvements de la houle y paraissent plus lents, presque paisibles, plus sournois aussi sans doute sous leurs airs de berceuse alanguie, montant et descendant avec régularité contre une paroi sombre, puis dans un élan soudain, imprévisible, submergeant d'un seul coup la roche entière et toutes ses voisines, jusqu'aux larges pattes des cormorans impassibles et attentifs, solidement accrochés à d'invisibles aspérités de quartz, puis se répandant en remous laiteux à travers les anfractuosités et les failles.* »

Je me suis arrêté ; j'ai refermé le livre, proprement sidéré par l'étrange *accord* entre ces phrases et le spectacle que je venais de voir quelques heures auparavant. C'est là-dessus, du coup, que j'ai envie de terminer : sur cette fantastique aptitude de l'écriture de Robbe-Grillet à figurer les réalités les plus mouvantes, les plus insaisissables, avec une précision lexicale et rythmique d'une justesse et d'une harmonie parfaites, – ce qui définit aussi l'un des aspects les plus fascinants de ce texte, et que j'oserais nommer (tant pis si l'auteur, me lisant, fait la moue) sa *beauté classique*.

DIVERTIMENTO À LA FRANÇAISE

Milan Kundera, *La Lenteur*, Gallimard, 1995.

Je vous fais grâce de toutes ces choses, que vous trouverez dans les romans, dans la comédie ancienne et dans la société.

DIDEROT, *Jacques le fataliste.*

2 août 1914. L'Allemagne a déclaré la guerre à la Russie. – Après-midi, piscine.

KAFKA, *Journal.*

La Lenteur est le premier roman de Milan Kundera écrit directement en français : il faut concevoir, autrement dit, que Kundera est désormais devenu un « écrivain français » à part entière. De ce processus, qui le rattache à tous ceux, de Nabokov à Conrad, de Beckett à Ionesco, qui ont été amenés dans le cours de leur vie d'écrivain à « changer de langue » [1], il faudrait pouvoir relater les différentes étapes. La dernière fut celle-ci : Kundera, alors qu'il rédigeait ses essais directement en français, continuait à écrire ses romans en langue tchèque, avec toute la cruelle absurdité que cela impliquait : jusqu'à la chute du mur de Berlin, et

1. Kundera a consacré des pages très pertinentes à l'exil des écrivains et des artistes, et à ses conséquences sur leurs œuvres, dans son « Improvisation en hommage à Stravinski » (*Les Testaments trahis*, Gallimard).

la « révolution de velours » en Tchécoslovaquie, ses œuvres étaient censurées dans son pays d'origine, – si bien que la version originale de ses romans ne fut guère lue que par *une seule* personne, son traducteur ; parallèlement, il menait un long travail de révision des traductions françaises de tous ses romans, jusqu'à ce qu'il puisse leur appliquer la mention selon laquelle la version française avait « *même valeur d'authenticité* » que le texte tchèque. On peut deviner ce qu'une telle situation, en porte-à-faux, avait de subjectivement *intenable* ; avec *La Lenteur*, enfin, le pas a été franchi.

Or, tout se passe comme si ce saut impliquait tout autre chose qu'un pur et simple changement de langue (ce qui vérifie que la langue, pour un écrivain, n'est jamais *seulement* un instrument) : passant au français, Kundera semble aussi accéder à un autre ton, un autre univers, une nouvelle dimension de l'art romanesque. Quelque chose comme une liberté acquise : un surcroît de légèreté, de fantaisie, de vivacité, une part plus grande laissée à l'improvisation (au sens que ce mot peut avoir pour un musicien de jazz : non pas une fuite hors des « thèmes », mais une absolue souplesse inventive dans leur traitement). Un indice de cela ? L'abandon de la rigidité architectonique des romans antérieurs (en particulier la structuration systématique en sept parties, qui semblait être le chiffre fétiche de Kundera), au profit d'un art narratif plus proprement *rhapsodique*, – juxtaposition de séquences itératives, mobiles, le plus souvent imprévisibles, dont l'enchaînement obéit moins à l'ordre organique d'un développement qu'au caprice affiché et délibéré du narrateur. Kundera, il y a peu encore, pouvait exposer sa nostalgie envers la liberté de ton qu'il admirait, par exemple, dans les romans de Diderot, mais qu'il pensait impossible à reconduire aujourd'hui, sinon en la subordonnant à une série de contraintes compositionnelles extrêmement rigoureuses [2]. Avec le changement de langue, on a l'impression que s'ouvre un nouvel espace de jeu, – plus proche, pour reprendre la distinction développée par Caillois, du « *playing* » que du « *game* ». Comme si le français entraînait avec lui toute une culture (ou du moins un état d'esprit), – comme si, à travers lui, c'était aussi la liberté de Diderot qui était retrouvée, et désormais assumée sans réticence.

Le jeu des registres

Ce qui subsiste, cependant, c'est l'entrelacement du discours et du récit, et leur interaction, qui caractérisaient les romans antérieurs. *La Lenteur* propose un récit, une intrigue, – ou plutôt plusieurs lignes d'intrigue, initialement assez distantes, mais qui finissent par se nouer, en un véritable schéma de comédie : l'histoire de Vincent, un jeune homme plutôt « *anarchiste* », qui subit une humiliation publique, et se venge en séduisant une jeune secrétaire, Julie ; celle de Berck, un intellectuel médiatique, figure de proue du spectacle humanitaire, poursuivi par une jeune journaliste, Immaculata, avec qui il a autrefois flirté, et qui ne cesse de l'importuner ; celle de Cechoripsky, un scientifique tchèque, autrefois victime des persécutions qui ont suivi l'invasion russe de son pays, et qui ne parvient pas, en dépit des hommages qu'on lui rend, à échapper au ridicule. Le narrateur, quant à lui, se trouve dans un hôtel, une sorte de relais-château, et c'est là que son imagination convoque tous ces personnages, à l'occasion d'un colloque censé s'y dérouler. Le « nœud » de l'intrigue se situe au bord de la piscine de l'hôtel, où, tout à la fois, Vincent échoue à concrétiser son

2. « Tout jeu est fondé sur des règles, et plus les règles sont sévères plus le jeu est jeu » (*Les Testaments trahis*, *op. cit.*, p. 32).

désir, et voit Julie lui échapper ; Immaculata tente (de façon plus ou moins simulée) de se noyer ; et l'amant en titre de celle-ci finit par se bagarrer avec Cechoripsky, qui y perdra sa dernière dent valide. Or, à ce schéma de comédie (qui s'achève par la débâcle unanime de tous les protagonistes), se mêlent toutes sortes de réflexions : sur la lenteur, l'hédonisme, l'indiscrétion, les « danseurs » (c'est-à-dire, selon la définition de Vincent et de son maître Pontevin, les intellectuels qui mettent leurs interventions publiques au service de leur ego), l'intériorisation par tout un chacun du « *regard des caméras* » (ce qui prolonge la méditation initiée dans *L'Immortalité* sur le règne de l'image), la nudité, l'illusion de l' « *élection* », etc.

Le principe qui règle l'entrelacement de ces deux registres, en fait, n'est guère différent de ce que l'on trouvait déjà dans les romans antérieurs de Kundera, depuis *Le Livre du rire et de l'oubli* : les « thèses » (discursives) n'ont de sens qu'à émaner du récit, et à explorer à partir de là des « expériences » qui seraient littéralement *impensables* hors d'un roman ; les événements (narratifs), loin de se borner à illustrer ces thèses, ne cessent de les déborder, de les dévier, de les relancer. Mais quelque chose, cependant, a changé, qui vient d'une certaine façon alléger un tel fonctionnement. C'est, d'abord, cette liberté d'improvisation dont je parlais, qui fait que le registre adopté par chaque séquence est imprévisible (par exemple, un passage discursif peut être suivi par un autre développement réflexif, ou à l'inverse par un retour à la fiction, sans qu'il soit guère possible d'y déceler un ordre systématique). C'est, aussi, une souplesse rythmique, par laquelle la densité de chacun des deux registres varie notablement au fur et à mesure que le roman progresse (les séquences discursives ont infiniment plus d'importance dans la première partie, où l'action est freinée, suspendue, tandis qu'elles disparaissent presque complètement au moment où les intrigues se nouent, et où les péripéties se précipitent).

C'est, enfin, l'intrusion d'un troisième terme, qui déséquilibre (et dialectise) la simple alternance des deux registres : il s'agit de l'évocation d'un récit « au second degré », celui de la nouvelle de Vivant Denon, *Point de lendemain*, que le narrateur raconte et commente ; et qui fonctionne alors comme un contrepoint supplémentaire, dont le rôle est de « mettre en perspective » tout aussi bien le premier récit que le discours qui s'y noue, de les décaler, de leur donner une sorte d'arrière-plan révélateur. Grande leçon artistique, ici, – qui ne vaut pas seulement pour le domaine romanesque, mais tout autant pour la musique, et la peinture : il faut parfois, pour alléger une œuvre, savoir lui ajouter quelque chose...

Le XVIIIe siècle

Quelle est la trame de *Point de lendemain* ? Celle-ci : un jeune chevalier passe une magnifique nuit d'amour avec une femme rencontrée au théâtre, Mme de T., dans le château conjugal où elle l'a entraîné, – avant de s'apercevoir qu'elle l'a piégé, manipulé : il a en fait servi à détourner les soupçons du mari, à focaliser la jalousie de celui-ci pour mieux dissimuler la « véritable » relation adultère de Mme de T., apparemment plus solide, moins éphémère ; cette nuit enchantée n'était en somme destinée qu'à lui faire jouer un rôle d'écran, de paravent. Mais le récit ne se conclut pas : il n'est pas exclu non plus que ce moment de bonheur parfait, et apparemment réciproque, ait eu pour la dame en question une tout autre valeur que celle d'un pur et simple stratagème... Une telle histoire enchâssée, comme je viens de l'indiquer, suscite un effet de *contrepoint* : permettant d'opposer le récit « moderne » (celui qui se passe aujourd'hui) à l'univers du XVIIIe siècle ; ou encore, comme le formule Kundera par ailleurs, d'« *ouvrir une fenêtre* » sur le passé [3] ; et même de faire se télescoper les temporalités, – littéralement, puisque le narrateur, à la fin du roman, va jusqu'à imaginer, contre toute vraisemblance, une rencontre entre le Chevalier et Vincent (ils n'auront, au demeurant, pas grand-chose à se dire).

Le XVIIIe siècle français, celui du Libertinage, apparaît donc ici comme le *réactif* du monde contemporain, une époque dont, par contraste, il n'est pas interdit d'éprouver la nostalgie. Certes, il faut nuancer : Kundera, dans *La Lenteur*, ne considère pas le XVIIIe siècle comme un bloc homogène, et invite même à distinguer entre le monde de Laclos (où tout est toujours susceptible d'être divulgué, et où le plaisir est moins l'objet de la séduction que son simple enjeu) et celui de Vivant Denon (où, à l'inverse, la discrétion est la valeur suprême, et où les ruses, les machinations, les pièges même, ont le plaisir comme but délibéré). Mais cela n'empêche pas le roman de Kundera de confronter, presque terme à terme, comme s'il s'agissait de paradigmes inconciliables, les deux époques : d'un côté, l'hédonisme poursuivi, et même, pourrait-on dire en jouant sur le mot, *cultivé*, qui caractérise le grand siècle libertin, où la psychologie compte moins que la stratégie ; de l'autre, les embrouilles sentimentales, et l'idéalisation de l'amour, à travers lequel on vise surtout à conforter ou à exalter sa propre image. D'un côté, le raffinement, l'art de « donner une forme » aux aventures charnelles ; de l'autre, les réactions impulsives, subites, irrationnelles, désordonnées. D'un côté, la volupté physique assumée comme telle, avec le maximum de lucidité, et surtout de *jeu* ; de l'autre, la sublimation obligée (lorsque Vincent, dans un moment de franche obscénité, se hasarde à évoquer le « *trou du cul* » de sa partenaire, il ne peut s'empêcher d'immédiatement poétiser cette évocation, de la tirer du côté du lyrisme le

3. Formule appliquée à l'art de Sollers dans *La Fête à Venise* (*Les Testaments trahis*, *op. cit.*).

plus niais). Tel serait, en somme, le vrai principe organisateur de la narration : fondée sur une série de contrastes thématiques, et non sur une forme imposée de l'extérieur.

La relativité

Dès les premières pages du roman, un personnage (au demeurant plutôt sympathique, dans son non-conformisme), Pontevin, se moque de ceux qu'il nomme les « *danseurs* » : ces intellectuels médiatiques, qui ne se servent pas de leur réputation pour servir une cause, mais à l'inverse ne s'emparent des causes qu'ils défendent que pour affermir leur réputation ; qui s'efforcent de se présenter constamment comme les champions de l'indignation morale, alors que le véritable mobile de leur action est beaucoup plus intéressé ; qui n'hésitent pas, même, à pratiquer le « *judo moral* », c'est-à-dire à exercer, jusqu'à la surenchère, un chantage permanent aux bons sentiments, qui leur sert surtout à déstabiliser leurs concurrents ; qui vivent le plus souvent sous l'œil (fût-il imaginaire) des caméras ; qui n'ont d'autre but, à travers les postures éthiques ou politiques qu'ils empruntent, que de sculpter leur propre image.

Il serait tentant, spontanément, de ne voir là qu'une sorte de « portrait à charge » ; or ce serait passer à côté de toute l'ambiguïté dont Kundera affecte ce thème, et qui interdit rigoureusement qu'on puisse lire *La Lenteur* comme un simple « roman à thèse ». Lorsque Pontevin, par exemple, brosse le portrait de ces « danseurs », c'est Vincent qui lui objecte : « *Si tu veux intervenir dans un conflit public, attirer l'attention sur une abomination, aider un persécuté, comment peux-tu, à notre époque, ne pas être ou paraître un danseur ?* » – et la réplique de Pontevin déplace la question plus qu'elle n'y répond. Plus tard, par l'un de ces retournements de situation dont le roman est friand, ce sera au tour de

Vincent de se lancer dans une diatribe contre les « danseurs », exaspéré qu'il est par le comportement de Berck, qui en représente l'archétype, – ce qui lui vaudra l'objection cinglante d'un jeune homme « *en costume trois-pièces* », qui lui rétorque que « *quand nous voulons protester contre quoi que ce soit, nous ne réussirons pas à nous faire entendre sans caméras* », et qui l'accuse dans la foulée d'être un « *déserteur* », un puriste anachronique, avant de lui conseiller, s'il déteste tant les compromis imposés par le monde moderne, de revenir « *dans le paradis immaculé des macaques* », – ce qui, proprement, laissera Vincent sans voix. Tel est le sens de la relativité romanesque, celle qui suspend le jugement : la caricature des danseurs n'a pas plus d'autorité (ou de justification) que la réponse à cette caricature. Par ailleurs, il n'est pas indifférent que les plus acharnés contempteurs des « danseurs » puissent eux-mêmes, du moins partiellement, participer du comportement qu'ils dénoncent : Pontevin, lorsqu'il veut éblouir une femme, ne craint pas de déstabiliser ses concurrents virtuels, en pratiquant lui aussi une forme de « *judo moral* » ; et Vincent, dans sa hargne contre Berck, ne vise guère, à son tour, qu'à donner de lui-même une image morale, digne d'être admirée. Il n'est pas jusqu'au pauvre savant tchèque qui ne tende à se servir des persécutions réelles qu'il a endurées (et dont il transfigure à son avantage les causes) pour sculpter sa propre image publique, et l'embellir, l'idéaliser. Tout cela, autrement dit, permet de préciser que le propos de Kundera, dans ce roman, n'est pas réductible à un jugement, quel qu'il soit, et ne peut être assimilé à ce que Barthes nommait les discours de l'arrogance (ceux qui prétendent détenir la vérité, et l'imposer) : dans la relativité fictionnelle, la seule règle est l'équivoque, l'ambiguïté ; et personne n'a raison, si l'on peut dire, parce que tout le monde a ses raisons.

Le jeu et la comédie

Dans la séquence 26 (le roman est composé de 51 séquences : celle-ci en occupe donc le centre exact, ce qui n'est pas insignifiant), le narrateur éveille sa femme, qui semble avoir perçu dans ses rêves un écho des « *élucubrations* » auxquelles il se livre. Il lui avoue qu'il écrit un roman, et celle-ci le met en garde : s'il est bien en train de rédiger une « *grande bêtise* », une pure « *plaisanterie* », comme il en a souvent confessé l'envie, il finira par offenser tout le monde : « *Le sérieux te protégeait. Le manque de sérieux te laissera nu devant les loups.* » Un tel clin d'œil, manifestement, peut se lire comme une mise en abyme (le roman parle de lui-même à l'intérieur du roman), dont la fonction est bien évidemment de désarmer par avance l'adversaire éventuel, – et peut-être aussi, au-delà, d'indiquer, par une légère pression indirecte, comment les lecteurs doivent aborder *La Lenteur* : ils ne doivent pas prendre complètement au sérieux ce qu'ils lisent, et qui est avant tout un jeu. Il n'est pas exclu, du reste, que cette dénonciation du piège ne constitue un piège supplémentaire (c'est là toute l'ambiguïté du procédé du *lector in fabula*), – puisque la qualité première d'un tel roman semble être d'*allier* la légèreté et la profondeur, le jeu et la gravité, et non de simplement les opposer. Quoi qu'il en soit, cela permet de vérifier que c'est bien un schéma de *comédie* (avec tous les attributs du genre : quiproquos, imbroglios, rebondissements, dérision, « coups de théâtre » à la limite de l'invraisemblance) qui se superpose à la texture rhapsodique du roman, – à la différence près qu'une comédie est censée déboucher, canoniquement, sur une « fin heureuse », alors que celle-ci aboutit à la déroute de tous les protagonistes. D'où, pour y revenir, une double orientation de la lecture, à la fois nécessaire et simultanée : d'un côté, le roman suscite une lecture « vagabonde », si l'on peut dire, qui se laisse entraîner dans les écarts, les dérives, les digressions de tous ordres, et tire son plaisir d'épouser les caprices de la narration ; de l'autre côté, il nécessite une lecture « orientée », soumise aux contraintes de l'intrigue, apte à suivre tous les fils du récit jusqu'au moment où ils se nouent (la scène de la piscine). Le tour de force du roman, c'est qu'aucune de ces deux lectures n'est exclusive, qu'aucune n'a pour résultat d'entraver l'autre : comme si plusieurs attitudes subjectives étaient ici mobilisées, et même plusieurs ressorts inconscients, plusieurs « âges psychiques » [4]. Ce qui est sans doute la résolution, non du conflit entre le jeu et le sérieux, mais de celui qui peut s'avérer entre plusieurs types de jeux (ceux qui sont subordonnés aux règles, et ceux qui les transgressent) : quelque chose comme un *divertimento* à deux niveaux.

L'AMPHIBOLOGIE

Ce qui, selon Pontevin, définit les « danseurs », c'est l'obsession de transformer leur vie en œuvre d'art. Mais ce dont l'héroïne de *Point de lendemain* est créditée, par ailleurs, c'est d' « *imprimer une forme* » aux désordres érotiques ; de savoir organiser son aventure charnelle d'une nuit selon une logique où « *tout est mis en scène, tout est art* ». Autrement dit : ce qui est grotesque d'un côté, devient admirable de l'autre. *La Lenteur* accumule ces propositions en apparence paradoxales, ces échos décalés, jusqu'à suggérer une véritable amphibologie. Vincent, je l'ai déjà signalé, subit de la part du jeune homme « *en costume trois-pièces* » une objection similaire à celle qu'il avait lui-même proférée à l'égard de Pontevin, – et les effets de cette réplique semblable ont un sens et une portée complètement différents. Un autre exemple : Berck, le « danseur » par excellence, se laisse

4. Voir Michel Picard, *Lire le temps*, Minuit.

aller, lors d'un discours improvisé, emporté par son enthousiasme, à une formule perçue comme emphatique, ridicule : « *La révolte* (...) *contre la condition humaine que nous n'avons pas choisie* » (ce qui provoque en lui une authentique « *griserie* », le met au rang de Camus ou de Malraux). Or, quelques pages plus loin, c'est Vincent, *précisément pour s'opposer aux « danseurs »*, et à leur approbation du monde, qui retrouve à son insu une formule identique : « *La révolte contre la condition humaine que nous n'avons pas choisie.* » De tels échos à distance, où l'on retrouve les mêmes motifs mais explicitement variés (soit dans leurs causes, soit dans leurs effets) sont là, manifestement, pour accentuer les contrastes thématiques majeurs. Que révèlent, en effet, de telles amphibologies ? Que le souci de l'art peut servir tout aussi bien le plaisir lucide (connoté positivement) que la gloriole et l'infatuation. Que la teneur des arguments, dans une conversation, compte moins que le rapport de forces à l'intérieur duquel ils sont échangés. Qu'une même phrase peut définir à la fois les « danseurs » et leurs ennemis, comme s'ils étaient condamnés à partager le même répertoire [5]. Ce qu'a inventé Kundera ? L'usage des corrélations à distance, non plus seulement musicales, thématiques, destinées à assurer l'unité sous-jacente d'un récit dispersé (comme c'est le cas, parmi les livres que j'étudie ici, pour les romans de Kiš ou de Vargas Llosa), mais encore proprement *ironiques* (comme on en trouve l'amorce chez Proust) : propres à suggérer la complicité fondamentale (et secrète) de ce que tout invite à dissocier.

5. De même, dans *L'Insoutenable Légèreté de l'être*, un tic gestuel identique (parler en pointant l'index) caractérise aussi bien les responsables communistes que les dissidents.

Les écarts

Ce qui vient, dans ce roman, enfreindre l'esprit de sérieux, ce n'est pas seulement l'intrigue de comédie. C'est la « fantaisie », d'une part, qui n'hésite pas à truffer le récit d'éléments plutôt loufoques, à l'émanciper de tout souci de vraisemblance : la façon, ainsi, dont le récit imaginé par le narrateur tandis que sa femme dort finit par pénétrer les rêves de celle-ci, jusqu'à la réveiller ; ou la rencontre improbable de Vincent et du Chevalier de la nouvelle de Vivant Denon, comme si se télescopaient ici, non seulement deux époques, mais encore deux régimes de fiction. Mais c'est aussi, d'autre part, l'obscénité (au sens où l'entendait Georges Bataille, – impliquant la « *dissolution des formes constituées* ») : l'obsession de Vincent, par exemple, pour le « *trou du cul* » de Julie, qui prend un relief particulier d'être méditée sur un ton grave, docte, presque pédant, qui en accentue l'ambiguïté (difficile de discerner, en l'occurrence, si c'est la trivialité de son objet qui corrompt ici le détachement affiché de la pensée, ou si c'est l'inverse [6]) ; ou encore : le procédé qui consiste, au moment du fiasco sexuel de Vincent, à interviewer son sexe, et à laisser à celui-ci le bénéfice d'une plaidoirie (séquence inénarrable, qui tient d'ailleurs à la fois de la fantaisie et de l'obscénité, et dont ce n'est sans doute pas un hasard si elle renvoie, justement, à un récit célèbre de Diderot : *Les Bijoux indiscrets*). Deux façons solidaires, en

---

6. Un écho chez Roland Barthes : « Seule la femme donne à choisir deux sites d'intromission : en choisissant l'un contre l'autre *dans le champ d'un même corps*, le libertin produit et assume un sens, celui de la transgression. Le garçon, parce que son corps n'offre au libertin aucune possibilité de parler le paradigme des sites (il n'en propose qu'un), est moins *interdit* que la femme : il est donc, systématiquement, moins intéressant. » (*Sade*, *Fourier*, *Loyola*, Seuil, coll. « Tel Quel ».) Ah qu'en termes galants...

somme, d'arracher le lecteur à toute pesanteur, – esthétique de l'incongruité.

Question subsidiaire : serait-il possible à ceux qui tiennent Kundera pour un « philosophe », ou un « maître à penser », de disserter *publiquement* sur le « trou du cul » ?

La satire

C'est l'ironie, on l'a souvent souligné, qui caractérisait les romans précédents de Kundera. Ici, semble-t-il, un pas est franchi, et nous accédons à une dimension de satire, voire de caricature, – effet, sans doute, de l'adoption d'un registre explicite de comédie. Qu'est-ce qui est raillé, dans *La Lenteur* ? En vrac : l'ignorance des faux clercs (Berck et ses lamentables erreurs de géographie, sa confusion entre la Tchécoslovaquie et la Pologne) ; le chauvinisme, et plus précisément le mépris ou l'indifférence envers ce qui apparaît comme étranger (l'impossibilité de la secrétaire du colloque à orthographier correctement, et même à prononcer, le nom du vieux professeur tchèque) ; l'intériorisation du regard médiatique, – qui fait que *tous* les personnages, sans exception, s'exaltent à jouer un rôle, à proposer une image gratifiante, à s'insérer dans le Spectacle ; la promotion du sentiment en valeur (qui amène Immaculata à l'humiliation) ; l'idéalisation systématique (le professeur Cechoripsky se complaisant à livrer une image emphatique de sa dissidence, et de sa persécution, alors qu'elles ne furent guère qu'une conséquence de sa lâcheté) ; le culte de la jeunesse (les remarques de la femme du narrateur sur les images télévisées de la Somalie, où seuls les enfants moribonds sont exhibés, comme si personne d'autre ne mourait). Tout cela aurait pu, sous d'autres plumes (celles, par exemple, de Céline, ou de Bernhard), donner lieu à tout un déferlement d'invectives, de sarcasmes. Or, rien de tel chez Kundera : comme si la satire, chez lui, se devait d'être tempérée. D'abord, parce que chacune de ces situations est *pensée* en même temps que racontée (ce qui renverrait plutôt à Musil : c'est paradoxalement la réflexion, ici, qui suspend le jugement). Ensuite, parce qu'aucun des personnages incriminés n'est simplement ridicule : chacun garde, au comble de la dérision, quelque chose d'humain, ou de touchant (de fait, c'est moins un « travers » qui est visé, comme dans les comédies classiques, qu'un « esprit du temps » dont tous sont, simultanément, responsables et victimes). Enfin, parce que l'ambiguïté constitutive (et le caractère ludique) du discours tenu le situe à l'opposé de toute forme d'intimidation. D'où ce paradoxe supplémentaire : les antipathies que ce livre développe sont en définitive moins féroces que celles qui pouvaient transparaître dans une œuvre nettement moins satirique, comme *L'Immortalité*[7]. Cela, non sous l'effet d'une censure morale (ou d'une volonté de bienveillance), mais plutôt d'une sorte de nécessité esthétique : c'est la légèreté même du ton, et sa fantaisie délibérée, qui situent ce roman aux antipodes de tout procès[8].

Le narrateur

La théorie littéraire, on le sait, désigne sous le terme de « narrateur omniscient » celui qui est capable, comme s'il était pourvu du regard de Dieu sur ses créatures, de pénétrer dans l'intériorité de chacun de ses personnages, d'évoquer leur passé, de sonder leurs secrets, leurs intentions cachées, et aussi de raconter des événements séparés par l'espace ou par le temps, – en bref, d'excéder la vision simplement

---

7. Voir, *supra*, le chapitre (« Une ironie désenchantée ») consacré à *L'Immortalité*.

8. Sur le « procès » comme catégorie, et comme tendance omniprésente de l'actuelle *doxa* intellectuelle, voir le texte de Kundera, « Les Chemins dans le brouillard », dans *Les Testaments trahis* (*op. cit.*).

« humaine », celle qui serait le fait d'un simple observateur. On sait aussi que la modernité, pour une large part, a porté le soupçon sur ce type de point de vue et de voix narrative, – depuis Proust, Kafka, Faulkner, Hemingway, et jusqu'à la célèbre polémique, à ce sujet, de Sartre contre Mauriac. Or c'est, paradoxalement encore, ce type de « narrateur omniscient » qui prend en charge le récit de *La Lenteur* : capable non seulement de déceler et d'exposer les mobiles latents ou les intentions dissimulées de tous les protagonistes, mais même, au-delà, et grâce à cette part discursive qui commente les événements relatés, d'accéder jusqu'à leur inconscient (ou du moins à leur *insu*). Est-ce à dire qu'un tel roman répudie l'un des traits caractéristiques de la modernité ? Pas le moins du monde : d'abord, par un autre tour de l'écriture, parce que ce choix technique (ou cet artifice) d'un narrateur omniscient est affiché en tant que tel. Le narrateur, par toutes sortes d'indices (il désigne Cechoripsky comme son « *compatriote* », sa femme se nomme Véra), laisse entendre qu'il est assimilable à l'auteur, à Kundera, – ce qui désoriente le système : si le point de vue « omniscient » est incompatible avec l'adoption d'un narrateur-personnage, forcément limité par sa vision « humaine », il est en revanche tout à fait possible de le référer à l'auteur, *s'il s'avoue comme tel*. Ensuite, parce que ce narrateur-auteur ne cesse de nous rappeler (autre forme de mise en abyme) qu'il *imagine* ses personnages, qu'il les *invente*, ou qu'il les rêve (il va même parfois, comme chez Diderot encore, jusqu'à les apostropher) : l'écriture ne se laisse pas oublier derrière ce qu'elle écrit, – ce qui est, pour le coup, un indice flagrant de modernité. D'où cet ultime paradoxe : le procédé le plus traditionnel de l'illusion réaliste, ou référentielle, sert en fait, ici, à la dénoncer ; et les personnages, auxquels il n'est d'ailleurs pas interdit de « croire » (Kundera va même, à l'encontre du parti pris antérieur de la plupart de ses romans, jusqu'à donner à plusieurs d'entre eux un nom, et pas seulement un prénom), sont en même temps signalés comme des créations de l'imaginaire, – au point que certaines situations, parfois, semblent proprement *hallucinées* par celui qui les raconte.

Les mobiles

Au fond, on pourrait presque classer tous les grands romans selon le mobile principal (toujours finalement « retourné » par l'écriture) qui fait agir les personnages : l'idéal chevaleresque (Cervantes), la jouissance (Sade), la maîtrise (Laclos), l'ambition (Stendhal), l'argent (Balzac), l'absolu (Dostoïevski), le désir (Joyce), la volonté de vaincre le temps (Proust), l'intelligence (Musil), la culpabilité imposée du dehors (Kafka), la fatalité (Faulkner), l'acharnement à survivre (Céline), – etc. Kundera, lui, expose tout bonnement un récit où les personnages agissent moins qu'ils ne *réagissent*, – comme si le véritable mobile de leurs paroles et de leurs comportements était, de fait, la *compensation* : ce qui les amène, spontanément, sans réfléchir, à se venger d'une humiliation imposée. C'est ainsi que Berck, mis en échec par un « danseur » plus prompt et plus malin que lui, répond par une surenchère humanitaire destinée à restaurer son image un moment ébranlée ; qu'Immaculata, repoussée par Berck, se venge sur son amant en titre, à qui elle fait subir le même dédain ; que Vincent, dont la voix ne porte pas très loin (ce qui le fait échouer à imiter avec succès son maître Pontevin), et qui est en outre publiquement « démoli » par un contradicteur, conjure cette frustration en affirmant sa virilité, et son pouvoir de séduction, au demeurant précaires ; que Cechoripsky lui-même passe son temps à « réagir » à ses propres bourdes (dont celle-ci, inoubliable : amené à faire une intervention publique dans un colloque scentifique, il s'exalte tellement à évoquer sa situation d'ex-persécuté du régime communiste qu'il en oublie, sous les ovations, de prononcer l'allocution prévue, qui justifiait sa présence...) : s'il perçoit que l'on se moque un peu de lui, il se console en pensant à sa forme physique, acquise grâce au travail manuel auquel il a été contraint, et croit bon de l'exercer sur-le-champ.

Or, ce qui définit de tels comportements, c'est leur caractère irréfléchi, hâtif, et donc largement imprévisible. Les personnages des romanciers que je viens de citer étaient ceux d'une grande idée, d'un grand principe, ou d'un « destin », qui orientait à plus ou moins long terme leurs attitudes. Ceux de Kundera, à l'inverse, qui n'ont d'autre souci que de rétablir précipitamment leur image constamment dépréciée, semblent saisis d'un véritable affolement réactionnel : sous prétexte de s'arracher aux pièges qui leur sont tendus, ils ne cessent de tomber dans des pièges pire encore. Au-delà du trait d'époque (de ce point de vue, *La Lenteur* pourrait bien être LE roman de la fin des grands principes, de la substitution du Spectacle à l'Idéologie), cette logique catastrophique, burlesque, n'est pas sans exercer un charme certain sur le lecteur : puisque c'est précisément cette imprévisibilité qui vient remettre en cause la *causalité* romanesque traditionnelle, et fait triompher du même coup l'irrésistible fantaisie de l'écriture.

Coïncidence

Voici donc un récit où les personnages, d'origines très diverses, se retrouvent dans un château, à la campagne, en une sorte de huis clos. Où le XVIIIe siècle est présent, en contrepoint ou en filigrane. Où des intrigues parallèles présentent d'étranges similitudes, avant de se nouer en catastrophe. Où surgissent des phénomènes invraisemblables, irréalistes. Où chacun a « ses raisons » d'agir comme il le fait, même si l'intrication de ces raisons porte le désordre à son comble. Or, il est une autre œuvre, dans notre culture, qui cumule exactement ces mêmes traits : je veux parler, on l'aura peut-être deviné, de *La Règle du jeu*, le chef-d'œuvre cinématographique de Jean Renoir. Et ce n'est peut-être pas un hasard si ce film, souvent, est présenté comme un exemple typique de l' « esprit français », – cet esprit dont je suggérais que Kundera, en changeant de langue, a fini par le rejoindre (et sans doute même par le réinventer) : même conjonction, paradoxale, de profondeur et de légèreté, de satire et d'indulgence, de lucidité quant à l'époque et de fantaisie imaginative.

Une telle analogie, dès qu'elle s'est imposée à moi, m'a laissé rêveur. Simple coïncidence ? Ou allusion délibérée, – plus dissimulée, dans le roman, que l'évocation de Vivant Denon, mais néanmoins présente dans sa conception même ? J'ai voulu en avoir le cœur net. Alors que j'achevais de rédiger ces notes critiques, j'ai décroché mon téléphone, j'ai appelé Milan Kundera, et lui ai demandé s'il connaissait ce film, *La Règle du jeu*.

Il m'a répondu : non.

Autrement dit, il est *vraiment* devenu un écrivain français.

UN JEU DE MASSACRE

Thomas Bernhard, *Extinction (un effondrement)*,
traduit de l'allemand par Gilberte Lambrichs, Gallimard, 1990.

> C'est le commencement qui est le pire, puis le milieu, puis la fin, à la fin c'est la fin qui est le pire.
>
> BECKETT, *L'Innommable*.

> La broderie du Temps est musique...
>
> CÉLINE, *Féerie pour une autre fois*.

Souvenez-vous, c'était il n'y a pas si longtemps : presque tout le monde, alors, avait une vision idyllique de l'Autriche, – lacs, sapins, opérettes, valses, pâtisseries, images douceâtres de Sissi, chromos à l'infini. Et puis, le trouble-fête a surgi, c'est-à-dire celui par qui le scandale est arrivé, bien évidemment honni d'emblée par les tenants de l'hypocrisie collective, – celui qui osait enfin rompre l'unanimité, sortir les cadavres des placards, révéler l'envers du décor, le non-dit de la communauté, dans une série de récits au vitriol, féroces et hilarants tout à la fois. S'acharnant, de roman en roman, sur la mesquinerie et la brutalité bornée de ses compatriotes, leur haine de l'exception, leur « *crime commis en commun* » (pour parler comme Freud, autre Autrichien persécuté). Et cela, dans une langue irrésistible, tempétueuse, enfiévrée, une sorte de rumination musicale obstinée, procédant par pulsations, vagues de variations et de répétitions modulées, déferlements rythmiques sans fin ravivés.

On aura reconnu Thomas Bernhard, – et il se pourrait bien que le dernier livre qu'il aura achevé [1], *Extinction*, soit en ce sens le sommet de son œuvre, l'écrit le plus ample et le plus torrentiel, – celui, aussi, qui aura, notamment dans sa dimension politique et historique, été le plus loin [2]. Un roman tour à tour drôle, désespéré, cynique, insolent, grave, farceur, exaspéré, railleur, imprécateur, provocateur, enflammé.

Le « processus intérieur »

Quel est le sujet d'*Extinction* ? A s'en tenir aux grandes fonctions narratives, il pourrait tenir en quelques lignes : dans la première partie, titrée *Le Télégramme*, le narrateur, Franz-Josef Murau, se livre à une longue méditation, dans son appartement romain de la Piazza Minerva, alors qu'il vient d'apprendre la mort, dans un accident d'automobile, de ses parents et de son frère Johannes. Il regarde des photographies des disparus, qui font monter en lui tout un flot de souvenirs et de réflexions, et se prépare, pour l'enterrement, à revenir à Wolfsegg, la demeure familiale, en Autriche (où il venait du reste, tout récemment, de faire un court séjour à l'occasion du

1. Je le revois, assis sur un banc, au soleil, sur le Graben, à Vienne. Je venais de présenter, à la télévision française (pour l'émission *Océaniques*), l'un de ses entretiens filmés (« Monologues à Majorque »). Son élégance, ce jour-là, sa politesse parfaite. Les quelques mots échangés, bien trop brefs, – je devais reprendre l'avion dans l'heure qui suivait. Il était question qu'on se retrouve, plus tard. Sa mort ne l'aura pas permis.

2. Les ultimes œuvres de Bernhard abordent de plus en plus directement cette dimension politique, – notamment *Heldenplatz*, la dernière pièce de théâtre représentée de son vivant, à Vienne, qui évoque l'accueil triomphal fait par le peuple autrichien à Hitler, – et qui suscita, on le sait, un scandale mémorable.

mariage de l'une de ses deux sœurs). La seconde partie, *Le Testament*, est consacrée à son arrivée dans ce château de Wolfsegg, où il retrouve ses deux sœurs et son beau-frère, et où surgissent, là encore, toutes sortes de souvenirs d'enfance, liés aux lieux et aux personnes qu'il revoit. Les funérailles se déroulent, en présence de tous les notables de la région, et aussi de l'archevêque romain Spadolini, haut dignitaire du Vatican, qui fut l'amant de sa mère, – au terme de quoi il décide de régler à sa façon la question de la succession. Les dernières lignes du roman nous apprennent, incidemment, qu'il mourra à Rome, quelque temps plus tard, après avoir consigné tout cela dans un livre nommé *Extinction.*

Un tel résumé, de fait, ne touche pas à l'essentiel : car tout l'art de Bernhard consiste, à partir d'une trame narrative minimale, à concentrer le récit, comme il l'a un jour formulé, sur le « *processus intérieur* » [3]. Ce qui compte, ici, autrement dit, ce sont moins les actions, les événements, les péripéties, les épisodes, ramenés à la proportion d'un prétexte fictionnel, que le long développement mental (fait de souvenirs, de pensées, de jugements, de commentaires, d'emportements, d'obsessions, de ruminations) qui s'expose sous la forme d'un monologue intérieur, – épousant à quelques nuances près le « flux de conscience » *(stream of consciousness)* du narrateur. C'est là, de fait, toute la singularité (et aussi toute l'ambiguïté) d'un tel art romanesque : car celui-ci procède, d'une part, des articulations classiques d'un *récit* (observations, sensations, personnages, situations vécues ou remémorées), mais n'utilise guère ces éléments que comme embrayeurs d'un *discours* qui occupe quant à lui la plus grande partie du volume, et qui ne cesse de se relancer, de se ramifier, de se multiplier ; et d'autre part, cet art romanesque tend à interdire au discours tout caractère trop général, ou trop abstrait, – précisément parce qu'il ne saurait exister

3. *Entretiens avec Krista Fleischmann*, L'Arche.

indépendamment de ces incitations concrètes (aucune séquence du roman, par exemple, ne pourrait être assimilée au registre de l'essai philosophique), et aussi parce qu'il est explicitement référé à un personnage, qui le charge de toute sa subjectivité (ce pourquoi un discours de ce type est impensable en dehors d'un roman).

Cet art, que l'on pourrait désigner comme celui du *discours fictif*, est aussi, soit dit en passant, ce qui donne au roman de Thomas Bernhard l'une de ses qualités les plus notables : celle d'être, par là même, de tous les livres que j'aborde ici, le plus rigoureusement infilmable, – impossible à transposer dans l'ordre d'un spectacle.

L'Autriche

Il pourrait sembler que l'intrigue, telle que je viens de la schématiser, soit propre à susciter (et à explorer) ce que les psychanalystes nomment « travail du deuil », – le long processus d'anamnèse et de réajustement symbolique par quoi la perte d'êtres proches finit par être surmontée. Or, si quelque chose comme un tel « travail du deuil » se laisse bien percevoir dans *Extinction*, sa particularité est de ne pas concerner seulement le narrateur ; en effet, à travers les réminiscences qu'une telle situation génère, c'est aussi le passé occulté de l'Autriche tout entière qui resurgit, – et qui, notamment, fait voler en éclats la légende, officiellement propagée et entretenue, selon laquelle ce pays aurait été « victime » du nazisme, alors qu'il a en réalité été majoritairement complice de son idéologie et de ses atrocités [4].

De cela, des traces sont parsemées dans tout le récit. Le père du narrateur, ainsi, a été « *membre du Parti* », nommé

4. Ce qui n'est pas sans analogie avec le « retour du refoulé » opéré dans un roman comme *Le Jeu du siècle*, de Kenzaburô Oé (voir, plus haut, « Une saison en enfer »).

« *grand veneur* » pendant la période nazie, et ce sont les chasseurs dont il était le colonel à l'époque qui sont chargés de le veiller et de le porter en terre. La mère, quant à elle, est désignée comme une « *national-socialiste hystérique* » : elle ne cessait de se référer aux valeurs du Reich, hissait le drapeau nazi à Wolfsegg pour l'anniversaire de Hitler, – et l'on nous raconte comment, lors de l'arrivée des armées alliées, elle s'est empressée de décrocher le drapeau à croix gammée pour le remplacer par la bannière étoilée américaine, avec une telle précipitation qu'elle a fini par se coincer le cou dans cette opération... Le nazisme, au-delà, a littéralement « *souillé* » l'enfance du narrateur, comme le signale l'épisode (largement allégorique) où il est rappelé que la « *villa des enfants* », une dépendance du château en principe vouée à abriter leurs jeux, fut un temps mise à la disposition des Jeunesses hitlériennes, avant de devenir le lieu, après la guerre, où d'anciens nazis trop « exposés » se sont cachés (on interdisait alors aux enfants de s'en approcher). Ce passé nazi, en outre, se perpétue, plus ou moins ouvertement, jusqu'à aujourd'hui : lors même de l'enterrement, sont présents, parmi les notables de la région, deux anciens *gauleiters* (dont le narrateur suppose qu'ils figuraient parmi ces responsables hitlériens protégés et dissimulés par ses parents), paradant à cette occasion au grand jour, – l'un d'eux a déporté des milliers de gens à Auschwitz, à Buchenwald, à Dachau, tandis que l'autre expédiait des Juifs dans les camps de Hongrie et de Tchécoslovaquie.

Au fil du roman, la révélation de ce passé honteux, que tout le consensus autrichien officiel tend à masquer ou à dénier, débouche sur un réquisitoire sans cesse élargi ; et qui vise, par exemple, les membres de la *Kameradschaftsbund* (ligue d'anciens combattants) présents à l'enterrement, et que le narrateur dénonce comme une véritable organisation néonazie, s'exhibant en toute impunité. La réprobation finit par se propager, par contagion, jusqu'à la majorité des gens du village, dont « *la cupidité, la brutalité, l'infamie, le mensonge, l'hypocrisie, les bassesses* » en ont fait, selon lui, des complices évidents de l'ignominie nazie. Même le présent « démocrate » de l'Autriche, du reste, n'est pas épargné : il n'est pas jusqu'à son régime actuel (le récit est censé se dérouler à l'époque où le Parti social-démocrate détient le pouvoir) qui ne soit entraîné dans cette accusation généralisée : désigné comme un « *abus politique* (...) *colossal* », un « *socialisme feint, mensonger, insolemment simulé* », dont les leaders ne sont que les « *répugnants successeurs* » de ceux qui avaient en toute bonne foi placé leurs espoirs dans le « *vrai socialisme* », et qui doivent désormais « *se retourner dans leur tombe* » [5]. Rejet dont la violence s'enracine, pour le narrateur, dans le constat d'un fait concret : le rappel du sort d'un mineur du village, Schermaier, dénoncé par ses voisins, pendant la période hitlérienne, parce qu'il écoutait la radio suisse, et envoyé (précisément par l'un des *gauleiters* présents) dans un camp de concentration ; l'État socialiste, après la guerre, a très chichement dédommagé la victime, alors que l'ex-nazi, lui, au titre d'ancien combattant, recevait une pension des plus confortables...

Il faut certes faire la part, dans tout cela, de l'excès propre au narrateur, – amené, dans la foulée, par exemple, à définir TOUS les Autrichiens, sans exception, comme des « *nationaux-socialistes catholiques* » indécrottables, – en des pages dont la rage et la verve étourdissante ne le disputent qu'à la démesure. Il n'en reste pas moins que cette fulmination exaspérée était peut-être la tonalité obligée par laquelle il fallait passer pour mettre le doigt sur la plaie, et faire d'*Extinction* le lieu d'un aussi formidable « retour du refoulé », non seulement pour un individu, mais à l'échelle de toute une collectivité. Comme si l'ampleur de l'abjection ainsi sondée impli-

5. Cela, notons-le en passant, n'a rien de purement « autrichien » : de telles phrases suscitent, pour un lecteur français, un écho certain...

quait un discours qui soit tout sauf « mesuré » ; comme si la surenchère (aussi bien dans le propos que dans la position subjective requise) était nécessaire pour qu'*un seul*, face à tous, fasse apparaître le non-dit de toute une société, et que le Mal soit regardé en face. Et le Mal, manifestement, pour le narrateur d'*Extinction*, se condense dans cette Autriche qui n'a jamais vraiment su (ou voulu) faire son « travail du deuil » du nazisme, qui n'a jamais expié ses crimes, et à laquelle, en conséquence, il voue une haine radicale, absolue, quasi métaphysique.

Les antithèses

Il ne faudrait pas conclure, de tout cela, que la véhémence du roman de Bernhard ne s'applique qu'au seul terrain historique et politique. De fait, la négativité qui emporte cette écriture est permanente, systématique, – les diatribes ne cessent de s'enchaîner, catapultées le plus souvent avec une partialité et une mauvaise foi tout à fait réjouissantes, dont la corrosion semble sans limites ; c'est même en cela qu'un livre comme *Extinction* ne saurait être ramené à un simple « règlement de compte » [6] : puisque les objets de la condamnation paraissent se déplacer et se multiplier à l'infini. Cela, à la mesure de ce que représente Wolfsegg pour le narrateur (à l'opposé du lieu commun éculé qui idéalise les lieux d'enfance comme des rappels du « paradis perdu », c'est l'« *enfer* » qu'il y retrouve : « *Je retourne dans l'Enfer* », dit-il en recevant le télégramme qui le rappelle dans la demeure familiale) ; et à la mesure, aussi, du projet même du

6. Sur la façon dont le « *règlement de comptes* » peut vouer une œuvre littéraire à un « *naufrage esthétique* » inévitable, voir Milan Kundera, *Les Testaments trahis*, Gallimard, – et mon entretien avec Kundera (« La bonne humeur ») dans le n° 16 de la revue *La Règle du jeu*.

livre, tel qu'il se dégage peu à peu de l'expérience traversée : « *tout éteindre* ».

Jamais un écrivain véritable, il faut sans cesse le rappeler, n'a eu pour fonction d'approuver le monde. Encore moins de se soumettre aux consensus, aux images harmonieuses que les sociétés donnent d'elles-mêmes, à la tyrannie (désormais omniprésente) de la bien-pensance. Mais rarement un livre, du moins depuis Céline, ne se sera livré à un *jeu de massacre* (aucun des deux termes, ici, ne doit éclipser l'autre) aussi acharné, – dont les cibles sont, pêle-mêle : le nœud familial (père, mère, frère, sœurs, beau-frère) ; l'Autriche, sous tous ses aspects ; la langue et la littérature allemandes (seuls Hölderlin, Kleist, Broch et Kafka semblent échapper à la dépréciation globale) ; les chasseurs ; les fanatiques d'automobile ; les ex-nazis réhabilités ; les pigeons ; les pull-overs tricotés à la main et les conserves faites à la maison ; le système d'enseignement dans sa totalité ; le catholicisme ; l'aseptisation de la « culture » devenue convention sociale vide de sens ; les journaux et les journalistes, accablés d'un mépris irrémédiable ; les architectes ; la photographie, répudiée en bloc ; la petite bourgeoisie dans son ensemble, – etc.

Il pourrait être tentant, devant un réquisitoire aussi généralisé, porté par une violence pamphlétaire inépuisable, de rattacher le roman de Bernhard, purement et simplement, au nihilisme. Or ce serait, à mon sens, commettre une évidente bévue sur ce texte, et cela pour deux raisons. La première, d'ordre rhétorique, c'est que cette rafale d'invectives relève d'un code bien précis, que j'ai proposé de désigner comme *discours fictif*, et que par là même il est difficile de la prendre au premier degré : dans leur excès, leur absence de hiérarchie (quoi de commun entre la haine des nazis et celle des pigeons ?), leur dimension de provocation, ces séquences ne peuvent en aucun cas être lues comme des thèses raisonnables, susceptibles d'être soutenues par une argumentation sereine ; leur référent, en somme, tout autant que leurs multiples objets, est la fureur infiniment renouvelée du personnage qui les profère. La seconde raison, c'est qu'il existe aussi dans *Extinction* (c'est même par là qu'un tel roman diffère sensiblement des œuvres antérieures de Bernhard) ce que l'on pourrait nommer des *pôles de positivité*, ponctuellement disposés dans le flot d'énergie négative qui entraîne l'écriture.

C'est ainsi que le narrateur, au sein de la répulsion sans réserve que lui inspirent les membres de sa famille, est amené à « sauver » une figure, celle de son oncle Georg, – qui joue ici, en gros, un rôle équivalent à celui du grand-père dans les récits ouvertement autobiographiques [7] : lui qui, contrairement aux parents, aimait la littérature (il a ouvert au narrateur le monde des livres comme un « *paradis sans fin* »), était attiré par le Sud (il a fui l'Autriche pour s'installer sur la Côte d'Azur), détestait viscéralement les nazis, – et représente par là même une sorte d'initiateur, de modèle identificatoire. Parmi les villageois et les employés du château, le narrateur manifeste de même sa tendresse envers les « *jardiniers* », et ceux des gens du peuple qui sont restés « *purs* », « *simples* », au milieu de la corruption ambiante. Il y a la musique, aussi, du moins lorsqu'elle est vécue comme un plaisir, et non comme un simple rite social (il ne masque pas son émotion lorsqu'il entend le petit orchestre à vent du village interpréter une pièce de Haydn). Il y a également la présence, amicale, stimulante, d'une poétesse, Maria (dans laquelle nous pouvons voir le reflet à peine transposé d'Ingeborg Bachmann, qui fut liée à Bernhard par le même type de connivence), dont le narrateur adore la compagnie, la conversation, et qu'il n'en finit pas de couvrir de louanges, – elle a,

7. La série constituée par *L'Origine, La Cave, Le Souffle, Le Froid, Un enfant* (les cinq récits ont été rassemblés en un seul volume, dans la collection « Biblos »). *Extinction* utilise, comme pratiquement tous les autres romans, un matériau partiellement autobiographique, mais entièrement *refondu* dans la fiction.

comme lui, quitté l'Autriche pour aller vivre à Rome, son comportement est d'un anti-conformisme souverain, et ses poèmes, qualité suprême, sont « *parfaitement anti-sentimentaux* ». Il y a, enfin et surtout, l'Italie, et en particulier Rome, où il s'est réfugié, et qui incarne à ses yeux le lieu de l'art de vivre, de la légèreté, de l'élégance, du plaisir au quotidien (tout le livre est parsemé d'évocations de cet enchantement romain, d'allusions aux dîners pris en plein air, à la lumière du Pincio, à la splendeur des jardins Borghese [8]) ; cette positivité italienne finissant par être élevée au rang de modèle suprême, – le narrateur se plaît ainsi à souligner que la beauté des stucs qui ornementent la chapelle de Wolfsegg trahit l'influence d'artistes italiens, comme du reste tout ce qu'il peut encore admirer en Autriche, au cœur du désastre que ce pays est devenu pour lui.

Certes, rien de tout cela non plus ne peut être entièrement lu au premier degré. Les éloges, les approbations, les moments d'exaltation sont pris eux aussi dans un code, tout aussi excessif que celui de l'exécration, et qui fonctionne comme le principe générateur d'une série d'oppositions systématiques (ce que Chantal Thomas nomme très pertinemment la « *fureur comparative* » à l'œuvre dans ces pages [9]). C'est ainsi que le narrateur est constamment disposé à *jouer* l'oncle Georg contre le père et la mère, les jardiniers contre le « *peuple des chasseurs* », la poésie inventive et subtile de Maria contre l'inculture (ou la culture de pure convention) de sa famille, l'élégance romaine contre la vulgarité des siens, son appartement de la Piazza Minerva contre le château de Wolfsegg, l'Italie contre l'Autriche, – etc. Comme si la présence de ces « pôles positifs » servait surtout à établir un

8. Ce qui fait irrésistiblement penser aux pages que Nietzsche consacre à son attrait pour le Sud, – pour échapper aux « brumes » de l'esprit allemand.

9. Chantal Thomas, *Thomas Bernhard*, Seuil, coll. « Les Contemporains ».

régime rigoureux (une véritable *langue*) d'antithèses et d'antinomies, – propres, en définitive, non pas à nuancer ou à adoucir la rage négative, mais plutôt, par contraste, à la renforcer, – comme autant de points lumineux destinés à accentuer la profondeur de l'ombre qui les entoure. Il n'en demeure pas moins que quelque chose, ici, se révèle, par quoi *Extinction* échappe au pur et simple nihilisme, – et au *ressentiment* qui, selon Nietzsche, en est le fondement subjectif. Comme le dit très bien Chantal Thomas, encore : « *Derrière le drap mortuaire et le drapeau noir de la révolte ostensiblement déployés par l'artiste Thomas Bernhard, se dissimulent un hédonisme privé, une insolence de la liberté sur lesquels ce roman, en partie, lève le secret* [10] ».

L'INTERLOCUTEUR

La forme du récit, je l'ai dit, est celle d'un monologue : susceptible, donc, de faire coïncider pour le lecteur le sujet de l'énoncé et le sujet de l'énonciation, ou mieux encore l'observateur *(Beobachter ich)* et le narrateur *(Erzähler ich)* – tout en maintenant entre les deux un léger écart, à la fois temporel (marqué par les formules « *ai-je dit* », « *ai-je pensé* ») et fonctionnel (le récit après coup autorise, çà et là, l'expansion de certains commentaires [11]). Mais cette forme monologuée, propre à pratiquement tous les romans de Bernhard, est ici nuancée, ou relativisée, par la présence explicite d'un interlocuteur, Gambetti, à qui le narrateur expose inlassablement le « processus intérieur » qui est la matière même du livre.

Bernhard prend soin de donner à Gambetti un minimum d'existence fictionnelle, – c'est-à-dire de le présenter comme

---

10. *Id.*
11. Voir Aldo Gargani, *La Phrase infinie de Thomas Bernhard*, L'Éclat.

un « vrai » personnage, doté d'un statut social (il est l'enfant d'une famille romaine aisée), d'une pensée et d'une psychologie (il est le « *jeune ami anarchiste* »), et d'une fonction (il est l'élève du narrateur, qu'il a choisi, sur les conseils de Spadolini, pour apprendre la langue et la littérature allemandes). Ponctuellement, le narrateur lui-même évoque la relation, quasi socratique, qui s'est peu à peu établie entre le maître et l'élève, faite tout d'abord de méfiance (Gambetti a commencé par le « *mettre à l'épreuve* »), avant que l'élève ne devienne un disciple (le narrateur lui communique sa conception de la littérature, comme « *prétexte pour apprendre tout le reste* »), puis un véritable confident (il lui fait partager les événements les plus intimes de sa vie, ses idées les plus secrètes, les plus inavouables, ses sentiments les plus personnels). Cela, jusqu'à une sorte d'osmose, doublée de surenchère, où les deux « *anarchismes* », celui du maître et celui de l'élève, se renforcent réciproquement, – et où le narrateur, non sans une certaine jubilation, en vient à imaginer que Gambetti finira un jour par le surpasser, et par « *tout faire sauter* »...

Mais cette place et cette fonction de Gambetti dans la fiction servent surtout, en fait, à donner un semblant de consistance au rôle qu'il joue dans la narration elle-même, – un peu, justement, comme ces « confidents » des tragédies classiques, qui n'interviennent pas dans l'action, et ne sont guère là que pour permettre aux personnages principaux de manifester à voix haute leurs pensées, leurs passions, leurs intentions, en évitant le recours trop fréquent à l'artifice (antidramatique) du monologue. En ce sens, Gambetti peut être considéré, pour l'essentiel, comme *le destinataire fictif du discours fictif*, – autorisant celui-ci à se déployer en donnant l'apparence d'un « enseignement », d'une « méditation » digne d'être transmise, à ce qui n'est plutôt qu'un énorme ressassement, quasi obsessionnel. D'où l'effet profondément comique de la formule : « *ai-je dit à Gambetti* », – qui revient dans le roman plusieurs centaines de fois, comme un leitmotiv compulsif, et qui finit par fonctionner comme le signifiant même de l'ironie ; une simple ponctuation récurrente du discours, destinée à introduire une distance (ou un clin d'œil) à chaque fois que celui-ci risquerait un peu trop d'être appréhendé au premier degré : formule vide de sens à force de répétition, et que nous recevons principalement comme un irrésistible gag verbal.

Le nœud familial

J'évoquais plus haut la notion de « travail du deuil », – soit le long processus, suivant la mort d'un être proche, par quoi l'on est amené à repérer et à accepter les ambivalences qui nous liaient à lui, à séparer les affects des représentations, à assigner aux disparus dans l'ordre symbolique la place qu'ils occupaient (de façon imaginaire) dans le réel. Or, ce qui est singulier, dans *Extinction*, c'est que l'accident initial (celui qui engendre la narration), s'il suscite bien le flot de réminiscences propres à ce « travail », ne change strictement rien, pour le narrateur, aux affects attachés aux parents et au frère morts, et aurait même tendance à les renforcer, – et cela d'autant plus que les mêmes affects, rigoureusement, se projettent sur les survivants. Pour tout dire, il s'agit d'un bloc de haine insécable, vecteur d'une sorte de révolte radicale (par quoi Bernhard, du reste, peut parfois nous faire penser à Antonin Artaud [12]), – comme si le narrateur, pour simplement « *respirer* », avait dû s'arracher sans retour *à la famille en tant que telle*, qui représente pour lui la source et le modèle de toutes les autres oppressions et aliénations.

12. Auteur, on s'en souvient, d'un texte intitulé *L'Exécration du père-mère*.

Il s'agit donc d'une guerre, impitoyable, incessante, inapaisable, – et dans la narration, là encore, d'un « jeu de massacre » systématique. La principale cible est bien évidemment la mère, objet de tous les sarcasmes (le narrateur se gausse de son cou trop long), accusée d'avoir livré Wolfsegg au nazisme, et désignée comme « *la destructrice* » ; coupable surtout, en définitive, d'*être mère*, c'est-à-dire d'avoir propulsé son fils dans l' « *enfer* » de la vie de façon mécanique, inconsciente, irresponsable (« *elle a été obligée de m'enfanter* » ; « *les mères esquivent toute responsabilité concernant les enfants jetés par elles dans l'existence, voilà la vérité, Gambetti* »). Comme si c'était la génération en soi (la reproduction de l'espèce) qui était un scandale, dont les mères sont les agents aveugles et obstinés, elles dont le désir n'est même pas d'avoir des enfants mais plutôt d'avoir des *bébés* (écoutez-les parler, autour de vous : la distinction est capitale), et de les traiter le plus longtemps possible comme des poupées (« *et sans doute avait-elle aussi (...) mis ses filles au monde en tant que poupées* » ; « *mon frère, ai-je dit à Gambetti, une poupée quadragénaire* »). La mère, donc, qui a toujours été étrangère à son fils, qui a toujours réprouvé (et tenté de réprimer) sa soif de liberté, – et dont il se souvient avec effroi du séjour auprès de lui, à Rome (elle s'extasiait par pur conformisme devant l'autel du Bernin qu'il « *abhorre* », dénigrait tout ce qu'il aime, passait son temps à acheter des bijoux, et poursuivait sa liaison « *clandestine* » et « *répugnante* » avec Spadolini) ; la mère dont la tendresse, même, était moins désirée que redoutée, comme une insupportable manifestation de possession (« *Johannes avait toujours réclamé avec insistance le baiser du soir, moi je refusais intérieurement le baiser du soir, je le détestais, même si je n'y ai jamais échappé. Aujourd'hui encore, ma mère me poursuit en rêve avec le baiser du soir* ») : quelque chose, on peut le noter, comme le contraire exact du dispositif affectif proustien (ce que je viens de citer contraste spectaculairement avec la séquence du « baiser du soir » maternel attendu de façon éperdue, qui ouvre *La Recherche du temps perdu* [13]).

La mère, donc, est l'objet (on pourrait dire *par nature*) du rejet le plus catégorique ; mais celui-ci n'en affecte pas moins l'ensemble du nœud familial. Si le père, dans *Extinction*, peut sembler un peu plus épargné (le narrateur avoue avoir eu parfois « *confiance* » en lui, alors qu'il n'éprouvait que « *crainte* » envers la mère), cela n'empêche pas qu'il soit figuré comme un être essentiellement faible, soumis, borné, – incapable bien évidemment de représenter pour son fils un modèle identificatoire (un symbole de cela : il était « *trop petit* » pour que le narrateur, après sa mort, puisse s'approprier ses vêtements et ses chaussures), – coupable lui aussi d'avoir été nazi, « *membre du Parti* », et méprisé en outre pour sa lâcheté, sa complaisance (il fermait les yeux sur la relation de sa femme avec Spadolini) ; du reste, ajoute le narrateur pour achever le portrait, « *à vingt-deux ans il est resté bloqué* ». Le père, comme la mère, n'a jamais rien compris au narrateur (traité par eux de « *génie raté* »), – pas plus d'ailleurs que leur autre fils, Johannes, « *lui aussi resté bloqué* », – objet d'une « *haine effrénée* » depuis l'école (il était discipliné, conforme, tandis que son frère était rêveur, distrait) : devenu par la suite un petit-bourgeois étriqué, vulgaire, satisfait, digne du « *peuple des chasseurs* », et ne s'intéressant à rien d'autre qu'à son automobile, son bateau à voile, et ses intérêts fonciers. Quant aux deux sœurs, celles que le narrateur retrouve à Wolfsegg à l'occasion des funérailles, sa verve ravageuse s'exerce sur elles avec une toute particulière férocité, – sans cesse décrites comme laides, inélé-

13. Comme le remarque très bien, encore une fois, Chantal Thomas *(op. cit.)*.

gantes, stupides, incultes, coincées ; acharnement qui culmine sur celle qui s'est récemment mariée, par l'entremise d'une « *tante de Titisee* » elle-même parfaitement détestable (ce qui permet, dans la foulée, d'étendre le territoire de l'ignominie jusqu'à la Forêt-Noire), avec un inénarrable « *fabricant-de-bouchons-de-bouteilles-de-vin* », lui aussi constamment présenté sous les traits les plus ridicules et les plus grossiers...

Ce qui est intéressant, dans une telle virulence globale, c'est qu'elle n'est au fond pas réductible à des mobiles psychologiques (on y chercherait en vain, par exemple, les déplacements affectifs et les investissements ambivalents qui caractérisent le schéma œdipien) : c'est bien la famille *dans son ensemble*, même si les cibles sont différenciées, qu'il s'agit de renier. Et si quelques « pôles positifs » apparaissent çà et là (l'oncle Georg, dont j'ai déjà parlé ; ou encore le cousin Alexander, le philosophe, « *l'Imaginatif* », celui qui s'est exilé à Bruxelles, où il s'occupe de réfugiés politiques d'Europe de l'Est, et qui, pour des raisons essentiellement politiques, ne supporte plus l'Autriche), ils ne font guère, là encore, que renforcer par contraste la noirceur du diagnostic, – puisque ce dont le narrateur les crédite, et qui explique la complicité qu'il a pu éprouver à leur endroit, c'est précisément d'avoir *fui à temps* un nœud familial aussi oppressant et aussi stérilisant. Certes, un tel anti-familialisme radical doit être perçu, une fois de plus, à travers l'excès évident du discours (il ne s'agit pas d'une « thèse objective »), et notamment sa part manifeste de provocation (il se dégage une indéniable jouissance, pour le narrateur comme pour le lecteur, de cette profanation des « liens sacrés »). Mais sans doute faut-il aussi, comme devant toute œuvre de fiction fonctionnant à la provocation, justement, ou au « retournement » du lieu commun (de Sade à Pasolini, par exemple), savoir interpréter *négativement* ce qui est exposé. En ce sens, ce que de telles pages d'*Extinction* pourraient bien suggérer, « à l'envers », c'est que l'amour de la famille (devenu aujourd'hui, un dogme omniprésent, un credo social indiscuté) est peut-être la source subjective de tous les conformismes, de toutes les servitudes volontaires, de toutes les paralysies intellectuelles. Et cela, pour le coup, il n'est pas interdit de le prendre tout à fait au sérieux...

L' « EXAGÉRATION »

J'ai insisté, à plusieurs reprises, sur cet « excès » du discours, qui interdit qu'on puisse purement et simplement y adhérer. Sur l'inlassable énergie satirique qui l'irrigue, et l'entraîne à d'incessants débordements. Tel est bien, en effet, l'objectif avoué de l'écriture de Bernhard, tel qu'une séquence d'*Extinction* le marque ouvertement : « *prendre l'un après l'autre tous les gens imaginables, et les rabaisser, les détruire* », – condition nécessaire, affirme le narrateur, « *pour pouvoir de nouveau respirer enfin* ». On ne peut qu'être saisi, à la lecture du roman, par l'ampleur de cet emportement destructeur, qui semble se référer à un flux de pensées et de paroles intérieures littéralement irrépressible (un autre roman de Bernhard va même jusqu'à revendiquer hautement le terme péjoratif par lequel ce flux a parfois été désigné : « *Chacun a sa propre logorrhée, sa logorrhée absolument originale* » [14]).

Cela, dans *Extinction*, procède par expansions, élargissements successifs, à partir du noyau (familial, puis national) où la négativité s'enracine. Comme si la force d'arrachement qu'il avait fallu mobiliser pour échapper à ces premiers carcans était telle qu'elle ne pouvait plus guère, à la suite, que « déborder », se déchaîner librement, sans limites,

14. Thomas Bernhard, *Maîtres anciens*, Gallimard.

anéantissant de proche en proche (de façon métonymique) la plupart des aspects de la vie auxquels le narrateur a été confronté. J'ai déjà mentionné quelques-unes des cibles sur lesquelles s'exerce la fougue pamphlétaire de l'écriture ; en voici, en vrac, quelques autres : l'accoutrement ridicule des parents, à Londres, tel qu'il a été à jamais fixé par une photo de vacances ; les horribles *dirndl* (vêtements traditionnels, folkloriques) portés par les sœurs ; la manie consistant à visiter les lieux (de naissance, d'existence, de mort) des écrivains et des artistes, se substituant à la fréquentation et à l'intelligence de leurs œuvres ; Wolfsegg dans sa quasi-totalité, avec ses lieux particulièrement détestés (l'orangerie, la « *maison des chasseurs* »), et ses souvenirs « *pénibles* » ou « *répugnants* » (le froid dans les chambres, l'eau sale déversée par les fenêtres) ; les « retrouvailles » d'anciens amis, où l'on finit par constater que l'on n'a plus rien à se dire ; la manière dont la société enseigne à ses membres à mépriser tout ce qui est nouveau, à l'exception des automobiles, – ce qui, du reste, permet à l'imprécation de rebondir dans une autre direction (« *le culte de l'auto les a détruits* » [15]) ; dans la foulée, le monde industriel en général, le règne des machines, dont les « *petits-bourgeois* » aussi bien que les « *prolétaires* » ne sont que les « *produits pitoyables* » ; la tyrannie du nombre (« *la majorité a toujours apporté le malheur* »), dont la pente naturelle est toujours d'opprimer les minorités, et encore plus les individualités ; la littérature allemande elle-même (que le narrateur est pourtant censé enseigner), devenue « *littérature de fonctionnaires* », « *littérature de bureau* », à la seule exception (en dépit de sa profession effective) de Kafka... Quant à Goethe, la gloire officielle de cette littérature, il semble porter l'exaspération du narrateur à son comble : défini comme un « *charlatan* », un

15. Un rapprochement s'impose avec Céline.

« *guérisseur* », dont l'œuvre n'est qu' « *un carré de choux philosophiques pour béotiens* », – et au total « *le fossoyeur de l'esprit allemand* »...

Cette accumulation de charges, d'invectives, de fulminations, a bien entendu quelque chose de délibérément *paroxystique*, – et c'est cela, du reste, qui fait jubiler le lecteur, en donnant une issue, peut-être, au sadisme latent en chacun de nous : comme ces films burlesques américains des années vingt, où nous ne sommes jamais autant ravis que lorsque les mécaniques se déglinguent, et que se précipitent les accidents, les effondrements, les catastrophes. Et cela, qui peut aller dans *Extinction* jusqu'à un horizon proprement apocalyptique (le monde, prophétise le narrateur, va bientôt « *être détruit de fond en comble* »), porte à l'intérieur même du roman, dans l'une de ses séquences auto-référentielles, un nom précis : c'est l' « *exagération* », élevée ici au rang de principe esthétique fondamental (« *ceux qui ont le mieux surmonté l'existence ont toujours été les grands artistes de l'exagération* » ; ou encore : « *le secret de la grande œuvre d'art est l'exagération* »). Et de fait, c'est bien ce que nous sommes en permanence amenés à nous dire à la lecture du roman de Bernhard : « il exagère », à tous les sens du mot ; c'est-à-dire : il force le trait, caricature, déforme à outrance, mais aussi il en rajoute, il passe les bornes, – avec, pour nous, un plaisir supplémentaire, secret : celui de ne jamais pouvoir prévoir *où ça va s'arrêter.*

Tel est l'un des immenses mérites de ce roman, à l'heure où la tendance générale consiste à culpabiliser les écrivains : nous faire saisir à quel point il est vain d'exiger d'un créateur qu'il soit convenable, responsable, mesuré, serviteur du bien collectif, « politiquement correct », respectueux, soumis aux bons sentiments. Parce que c'est au contraire le plus souvent (*Extinction* en est un exemple éclatant [16]) à travers le mauvais esprit, l'immoralité, la distorsion (l' « *exagération* », pour parler comme Bernhard) qu'un peu de vérité, dans son art, peut paradoxalement advenir ; et aussi, *logiquement*, les plus grandes réussites d'expression [17].

La musique et les lettres

La langue, pour un écrivain, n'est jamais seulement un instrument [18] ; plutôt un matériau, qu'il doit affronter, à la fois pour tirer parti de ses singularités concrètes et pour le détourner, le dévoyer, le forcer, – pour transformer un simple code de communication en un foyer de jouissance et de jeu. Son rapport à la langue, autrement dit, ne saurait être neutre, indifférent, – il y est toujours affectivement impliqué. En ce sens, il est significatif que l'une des premières vagues d'imprécations présentes dans *Extinction* concerne justement la langue allemande, dont le narrateur accuse la lourdeur de fond : « *Les mots allemands sons suspendus comme des poids de plomb à la langue allemande, ai-je dit à Gambetti* (...) *La pensée allemande ainsi que la littérature allemande sont très vite paralysées sous le poids humainement indigne de cette langue qui opprime toute pensée avant même qu'elle se soit exprimée.* » Et l'antithèse de cette lourdeur, de cette oppression par la langue *maternelle*, c'est bien entendu, dans la

---

16. Mais c'est aussi le cas des *Paysages après la bataille* de Juan Goytisolo (voir, plus haut, « Caprices »).

17. Voir ce qu'avançait Roland Barthes : « *L'invective systématique, maniée sans aucune limite d'objet (...), constitue d'une certaine façon une expérience radicale du langage : le bonheur de l'invective n'est qu'une variété de ce* bonheur d'expression, *que Maurice Blanchot a justement retourné en expression du bonheur.* » (« Bloy », dans *Le Bruissement de la langue*, Seuil.)

18. Voir, plus haut, « Divertimento à la française ».

« fureur comparative » du texte, l'italien : langue de la musicalité, de la légèreté, de la facilité, de l' « *infinité* ».

Mais il est un autre « pôle positif » que le texte de Bernhard (rejoignant en cela un thème présent dans plusieurs de ses romans antérieurs) oppose à cette paralysie, – et c'est la musique. Lieu, justement, de l'allégement, du jeu, de la beauté, – l'un des seuls à pouvoir être préservés dans le désastre généralisé. J'ai déjà évoqué le bonheur du narrateur lorsque, peu après son retour à Wolfsegg, il entend l'orchestre du village (« *par passion et par goût* », non par routine) jouer une pièce de Haydn, – compositeur qui, pour lui, est « *le plus grand* » [19]. Et parmi ses motifs d'admiration pour Maria, il y a celui-ci : elle n'hésitait pas à faire le voyage de Paris rien que pour entendre *Pelléas*, son opéra favori...

Or le mythe qui se met en place, à ce propos, et qui participe au code général des antinomies, c'est que la civilisation autrichienne a finalement *choisi* la musique (pur jeu formel, donc sans danger, sans risque de subversion) CONTRE le surgissement de la pensée dans la langue. C'est l'un des reproches fondamentaux faits par le narrateur à son pays, marqué par le « *millénaire de catholicisme* » des Habsbourg : « *Au cours de ce millénaire il a, on peut bien le dire, éliminé la pensée de notre peuple et fait fleurir la musique comme le plus inoffensif de tous les arts* » ; l'Autriche, ainsi, peut se prévaloir de Mozart, de Haydn, de Schubert, – mais « *nous n'avons pas de Montaigne, pas de Descartes, pas de Voltaire* » [20].

Il n'est rien de plus urgent, en conséquence, pour l'écrivain qui a conscience de cela, que de lever cette censure, de

---

19. Appréciation partagée, par exemple, par Philippe Sollers : voir le splendide texte que celui-ci consacre à Haydn dans *La Guerre du goût*, Gallimard.

20. On peut noter que c'est la lecture de Descartes qui aide le narrateur à surmonter son accablement, lors de la soirée qui précède l'enterrement.

surmonter cette coupure, de réconcilier ce que sa culture a dissocié, – ou, pour le dire d'un mot, de *musicaliser la pensée.* D'où l'étourdissante musicalité de l'écriture bernhardienne, – que les traductions, si bonnes soient-elles, ne peuvent hélas restituer qu'imparfaitement, – et qui fonctionne par vagues, houles, fugues, reprises, variations, répétitions, précipitations rythmiques, modulations, pulsations, ruptures d'intensité, martellements, secousses, ondulations. Comme si le « modèle musical » auquel cette écriture se réfère n'était pas, comme dans beaucoup de romans d'aujourd'hui, celui de la composition d'ensemble, mais plutôt celui de la ligne d'écriture pianistique, par exemple, qui s'accorde mieux au « monologue », – et nous fait souvent penser à l'art de l'improvisation chez les plus grands pianistes de jazz (Thelonious Monk) ou, mieux encore, à la formidable puissance d'invention présente au cœur de l'interprétation chez un musicien comme Glenn Gould (et ce n'est pas un hasard si Gould, précisément, est le personnage central d'un autre roman de Bernhard, *Le Naufragé*, où il incarne en quelque sorte l'archétype du « génie »). C'est ainsi, dans *Extinction*, que nous pouvons clairement percevoir : l'art de la progression par *vagues* modulées, où à l'intérieur de chaque grande période (rafale d'invectives, ressassements de thèmes obsédants) apparaissent discrètement quelques motifs secondaires, qui pourront devenir le thème central de périodes ultérieures ; le jeu constant des *répétitions* (de mots, ou de formules), qui donnent à la coulée verbale son caractère *ostinato* (mais en la dégageant des effets d' « envoûtement » propres aux musiques dites répétitives, d'Orient ou d'Occident), – et dont le principe technique, extrêmement singulier, est *la suppression quasi systématique des pronoms* ; une écriture *fuguée* qui, comme chez Bach (par exemple *L'Art de la fugue*, *Le Clavier bien tempéré*), est susceptible, à partir d'un noyau thématique minimal, de multiplier infiniment les expansions, les variations, les dérivations ; une extraordinaire *variété rythmique* procédant, au-delà de la simple « percussion » qu'introduisent les mots répétés, de la dynamique produite par les écarts dans la longueur des phrases, et par la ponctuation à l'intérieur de celles-ci ; les *transformations d'intensité*, enfin, – avec, notamment, la présence ponctuelle de mots soulignés (en italique) qui fonctionnent comme des *forte* ou des *fortissimo* dans une partition. Tout cela, en outre, porté par un souffle lui-même proliférant, sans fin relancé, amplifié, répercuté, qui fait d'*Extinction* un exemple impressionnant d' « écriture à haute voix », – sans pour autant négliger, pour reprendre l'analogie pianistique, la qualité particulière (reconnaissable entre mille) de son *phrasé*.

L'HUMOUR

Tout le livre, et c'est essentiel, est traversé par un humour ravageur, corrosif, – dont l'un des effets, là encore, est d'interdire au texte de sombrer dans le pathos nihiliste. Cet humour peut tout d'abord se repérer dans la fiction elle-même, ou dans le contenu du discours fictif, où il peut emprunter différentes tonalités : le cynisme, – comme dans la séquence inénarrable où le narrateur, après avoir copieusement conspué les journaux, dont les rédacteurs, selon lui, sont tous des « *salauds* », finit par les créditer, *et c'est encore pire*, de montrer la réalité telle qu'elle est ; la propension à tout envisager comme une farce, ou une comédie (« *les funérailles ne sont jamais qu'une comédie* », – et les chasseurs qui participent à la veillée funèbre, dans la chapelle, sont « *des personnages comiques, comme des soldats de plomb* ») ; l'insolence, – par exemple la scène où sa sœur, alors qu'il vient à peine d'arriver à Wolfsegg, le voit sortir nu de la salle de bains, et où, pour accroître sa confusion, il ne trouve rien de mieux que de lui tirer la langue ; l'irrespect absolu, – ainsi, devant le cercueil qui contient le corps maternel : « *Ma mère a toujours eu la passion des enterrements* » (!) ; et toutes les variantes, bien entendu, de l'humour noir, – la méditation sur la puanteur des cadavres de ses parents, et sur les blocs de glace utilisés pour tenter de repousser leur putréfaction le plus tard possible, représente d'évidence un des sommets du genre.

Mais c'est plus généralement dans l'énonciation elle-même que cet humour se déchaîne, – et au premier chef à travers l'irrésistible comique de répétition engendré, comme je viens de le mentionner, par la suppression des pronoms. Le narrateur, par exemple, ne nomme jamais son beau-frère autrement que « *le-fabricant-de-bouchons-de-bouteilles-de-vin* » (« *der Weinflaschenstöpselfabricant* » : la langue allemande est propice à la formation de ces interminables mots composés), comme s'il se réduisait entièrement à cette profession ridicule, – et la formule, reprise inlassablement, des dizaines et des dizaines de fois, ne peut que déclencher, au bout d'un moment, la plus franche hilarité...

Pour préciser les « effets à retardement » du mécanisme de l'humour, attardons-nous, un instant, sur le passage suivant (concernant les sœurs du narrateur) : « *En hiver, souvent, elles sont assises sur le canapé dans leur chambre et nous tricotent des pull-overs qui ne vont à personne et qui sont toujours ratés et qui ont toujours été les plus laids que j'aie jamais vus. Ou bien les manches n'avaient pas la même longueur, ou bien le dos était trop large, la taille beaucoup trop étroite, de même que l'encolure et, par-dessus le marché, le tout tricoté de façon beaucoup trop lâche et sans soin, car elles n'ont naturellement jamais su se concentrer. La couleur de la laine qu'elles choisissaient pour leurs tricots a toujours été du plus mauvais goût. Elles nous forçaient, mon frère et moi, à enfiler ces pull-overs à moitié terminés pour les essayer et elles les tiraillaient en tous sens et prétendaient que leur tricot était* réussi *alors que, tout à fait visiblement, il avait été bousillé dès le début par un amateurisme qui passe toute expression. Puis, à Noël, chacun trouvait son horrible tricot sous l'arbre de Noël et il fallait le mettre avec les contorsions les plus incroyables de nos corps récalcitrants, et l'admirer par-dessus le marché. La nuit de Noël ils sont toujours tous assis en rond à Wolfsegg, revêtus des tricots bousillés de nos sœurs, tels des estropiés. Comme si mes sœurs entichées de leurs tricots s'étaient donné pour but de nous ridiculiser avec ces tricots de mauvais goût. Comme si, pendant des semaines et des mois, elles avaient forniqué avec la laine. Pendant des mois, en hiver avant Noël, Wolfsegg était entièrement sous l'empire de la laine. La veille de Noël nous étions tous fourrés par mes sœurs dans leurs affreuses petites laines et, de plus, nous étions obligés de leur dire un grand merci. J'ai toujours eu horreur des tricots faits à la maison, comme absolument de tout ce qui, dans un ménage, est fait à la maison* », – etc. (le texte rebondit, avec la même verve et la même véhémence, sur les conserves et les bocaux)...

On excusera la longueur d'une telle citation (justifiée par ceci : la véritable unité de signification, dans l'écriture de Bernhard, est la période, et non la phrase). Tentons, donc, de décomposer ce que nous éprouvons à la lecture d'un passage comme celui-ci. Dans un premier temps, nous sommes amusés d'y reconnaître une situation que nous avons tous vécue (la corvée du cadeau indésirable, dont les convenances nous interdisent de nous débarrasser) ; peu à peu, un clivage s'opère : la part « sérieuse » en nous ne peut que trouver que le narrateur, une fois de plus, *exagère* (« est-ce que ça vaut la peine de s'exciter autant pour de simples tricots ? »), que le ton et le lexique employés sont « démesurés » par rapport à un objet aussi anodin, – alors même que, de façon plus inconsciente, cette exagération nous ravit (elle nous délivre, justement, des « convenances », du surmoi), et que nous jubilons devant un tel acharnement sur les deux sœurs, une telle absence de retenue (qui satisfont, comme je le suggérais plus haut, notre sadisme latent), en ce que cela peut avoir de transgressif (même la fête familiale et sacrée par excellence, Noël, n'est pas épargnée). Puis, assez vite, le prétexte de la diatribe perd de son importance (nous savons du reste que le narrateur peut déployer une virulence équivalente à propos d'objets sans commune mesure, – le catholicisme, le national-socialisme), et notre plaisir se concentre alors *sur la performance de discours* en tant que telle : ce qui nous fait rire, c'est le martellement, la relance incessante de la charge (ce que pourrait résumer la formule : « qu'est-ce qu'il va encore trouver à leur balancer ? »), et surtout son usage des répétitions, son caractère de ressassement ; comme si nous étions confrontés à une mécanique remontée, déchaînée, impossible à arrêter, relevant presque de l'obsession, du délire de récrimination, – où, alors que l'on imagine l'imprécateur à bout de souffle, on le voit repartir, opérer une surenchère, qui débouchera forcément sur une autre surenchère, etc. ; un peu à la façon de ces implacables discours d'ivrognes où une seule « idée » est sans cesse reprise, prolongée, amplifiée, ruminée, jusqu'à satiété...

Le théâtre

Parmi les centaines d'objets d'exécration présents dans *Extinction*, il y a la photographie, sur laquelle le narrateur déverse une toute particulière fureur. Car la photographie, pour lui, c'est ce qui fige à jamais le vivant (ses sœurs seront éternellement associées au visage bête et moqueur qu'elles arborent sur un cliché ancien, – et l'on ne peut plus penser à Einstein sans le voir, comme sur une célèbre photo, en train de tirer la langue), – et devient par là même l'objet d'une détestation radicale, fondamentale. C'est ainsi qu'il la définit comme une « *déformation définitive de la nature et de l'homme qui y vit, en une caricature perverse de l'un et de l'autre* », et va même jusqu'à y voir « *le plus grand malheur du* XX*e siècle* »... J'ai tout d'abord été amusé, là encore, d'une « exagération » aussi évidemment injuste (la raison nous impose de considérer que la photographie peut être *aussi* un art, et non des moindres), – jusqu'au moment où je me suis souvenu avoir entendu la même condamnation sans appel dans la bouche de l'un des plus grands metteurs en scène de théâtre d'aujourd'hui [21]. Et ce souvenir, soudain, a éclairé en moi le sens d'un rejet aussi absolu : car la photographie, au fond, c'est le contraire exact (et donc l'ennemi) *du théâtre* : donnant du monde une image plane, figée, muette, définitive, là où le théâtre est par définition un art en trois dimensions, mobile, parlant, où aucune représentation n'est jamais strictement identique à la précédente. Or le théâtre, dans *Extinction*, occupe une place privilégiée : on pourrait même y voir, sans forcer le trait, ce qui rattache un tel roman au Baroque. S'il est un motif baroque, en effet, que le texte de Bernhard ne cesse de reprendre à son compte et de réactiver, c'est bien celui du *Teatrum Mundi* : qui définit le monde comme un spectacle, une comédie, et qui postule qu'il n'est d'autre façon de le révéler que de redoubler le spectacle, d'autre façon de contester ou de dissiper l'illusion que d'utiliser, au second degré, les armes mêmes de l'illusion.

D'où l'ambiguïté, dans *Extinction*, qui affecte la valeur du thème théâtral. Car, d'un côté, c'est la comédie généralisée de la société qui est visée : tout le monde ment, falsifie son image, joue un rôle, – « *tout est jeu de comédiens* », et du reste, comme l'affirme le narrateur, « *quand on ouvre les journaux on voit tout de suite la comédie* » ; même le travail manuel, aujourd'hui, selon lui, n'est plus guère qu'une simulation (les ouvriers et les artisans, prétend-il, se contentent le plus souvent de « *jouer la comédie du travail* »). Mais d'un

---

21. Klaus-Michael Grüber.

autre côté, la meilleure riposte à cela consiste, là encore, à procéder par surenchère : en retournant contre le théâtre les moyens mêmes du théâtre, – assumés, affichés, exacerbés. Ce qui, d'ailleurs, répond à un sens du *jeu* profondément ancré dans l'enfance du narrateur : l'un des rares souvenirs heureux qu'il garde de Wolfsegg concerne le lieu où les enfants disposaient d'un théâtre de marionnettes, et où s'entassaient des costumes de scène ; et parmi les reproches les plus ardents faits aux parents, il y a celui d'avoir interdit ce lieu, censuré ce plaisir, – d'avoir sans cesse seriné aux enfants qu'ils devaient « *apprendre davantage* » et « *faire moins de théâtre* »...

C'est sans doute cette appréciation positive du théâtre (du vrai théâtre, si l'on peut dire, par opposition à la comédie sociale qui n'ose pas s'avouer comme telle) qui fonde l'admiration paradoxale du narrateur pour l'amant de sa mère, Spadolini. Car nous sommes, là encore, très loin du schéma œdipien classique (celui, par exemple, qui ordonnait la haine de Baudelaire envers le général Aupicq) : si cette relation est raillée (essentiellement pour son hypocrisie, sa « *clandestinité* »), cela n'empêche en rien le narrateur d'éprouver pour Spadolini une véritable fascination, qui va grandissant au fil du roman. Et cela, pas seulement à cause de l'aisance de l'archevêque, de sa culture, de son élégance, de son comportement aristocratique (il est « *le Splendide* », « *le Prince-né de l'Église* »), mais surtout parce qu'il apparaît comme « *le suprême joueur* », « *un génie dramatique* » ; celui qui, à Rome, joue « *à la rampe* », tout près de « *la vedette* » (le Pape !), qu'il surpasse d'ailleurs, et auquel, comme à plusieurs autres, il survivra... Admiration qui s'épanouit, logiquement, lors de la « *comédie* » de l'enterrement, à laquelle Spadolini est présent. Celui-ci prononcera, à cette occasion, un éloge funèbre des défunts, que le narrateur trouvera outrageusement mensonger (il « *falsifie les morts* », il est « *le falsificateur-né* ») mais néanmoins admirable, car même ce qu'il avance de plus faux (il attribue aux parents, par exemple, une culture qu'ils n'ont jamais eue) a l' « *apparence de l'authenticité* » ; et le narrateur ne peut qu'être amené à voir en lui « *un génie de la scène (...) dans la comédie catholique, absolument universelle* ».

En effet, oubliant pour un temps ses diatribes forcenées contre l'Église, il finira par étendre au catholicisme tout entier le « *génie* » dont il crédite Spadolini. La messe des morts, dont l'homélie est prononcée, dans la chapelle de Wolfsegg, par l'archevêque de Salzbourg, devient ainsi « *le drame le plus splendide* » (que le narrateur, dans son exaltation, déclare supérieur au théâtre de Shakespeare), – et il en va de même, selon lui, pour toutes les messes, dont les « *princes de l'Église* », assure-t-il, « *reconnaissent qu'il s'agit du plus grand spectacle en même temps que du plus mensonger qui ait jamais été joué* ». Comme si ce qui sauvait le catholicisme, pour lui, était précisément ce qui lui est le plus reproché par le bon sens humaniste (la duplicité, la ruse « jésuite », l'absence d' « authenticité ») et qui culmine dans cette fantastique théâtralité de l'Église romaine, – infiniment préférable, parce qu'elle s'affiche comme telle, à l'hypocrisie de la comédie sociale omniprésente. Ultime provocation, – par où Bernhard, étrangement, n'est pas si éloigné que cela d'un penseur comme Baltasar Gracián [22], et par où se trahit, en tout cas, chez lui, une propension *baroque* rarement soupçonnée.

La spirale

L'intarissable énergie qui propulse ce flot toujours répété et toujours varié d'imprécations pourrait, on le sent, ne pas

22. Je me permets de renvoyer à ce que j'avance à propos de Gracián dans *L'Impureté* (Grasset, coll. « Figures »), et aussi, pour ce qui concerne les « stratégies baroques », à mon essai suivant, *L'Artifice (id.)*.

avoir de fin. Le roman doit bien, pourtant, se terminer, et cela, selon deux modalités. La première concerne la fiction, l'« histoire » racontée : le narrateur, qui hérite également de Wolfsegg, doit gérer cette succession. Il ne saurait être question, pour lui, d'abandonner Rome, et de revenir y vivre : non seulement parce que ce lieu d'enfance évoque à ses yeux l'« *enfer* », mais aussi parce qu'il est convaincu de la vanité qu'il y aurait, par exemple, à vouloir restaurer (et c'est une métaphore explicite) la « *villa des enfants* » où se focalisent ses rares souvenirs de bonheur : « *L'enfance ne peut pas être restaurée.* » Conscient d'avoir coupé les ponts sans retour, et du reste pas trop mécontent de jouer ce dernier mauvais tour à ses sœurs, il décide donc de léguer le château à son ex-camarade de classe Eisenberg (lui aussi associé, d'ailleurs, à l'euphorie italienne : ils ont ensemble fait de superbes promenades à Venise, ont assisté à une représentation, à la Fenice, du *Tancredo* de Monteverdi) ; celui-ci, désormais devenu rabbin, à Vienne, pourra le mettre à la disposition de la communauté juive, – ce qui, si l'on pense à la façon dont Wolfsegg a été « *souillé* » par le nazisme, a clairement la valeur d'une expiation.

Mais l'autre achèvement du roman concerne, lui, la narration : c'est tout bonnement la décision, qui s'impose peu à peu au narrateur, d'écrire le livre *(Extinction)* qui permettra tout à la fois de désenfouir ce passé détestable et de le conjurer. Comme chez Proust, dont *La Recherche* se termine, en « spirale », au moment où le désir d'écriture qui irrigue toute l'expérience relatée commence à se concrétiser, et où le narrateur, Marcel, a trouvé la conception du Temps qui va soutenir et justifier l'entreprise, – la fiction bernhardienne peut s'interrompre à l'instant où va se matérialiser, bien entendu à Rome, la volonté d'écrire *Extinction* (« *tout ce que je mettrai par écrit dans ce livre sera éteint* »). Si bien que l'on pourrait en dire, justement, ce que Roland Barthes formulait à propos de *La Recherche* : « *Le récit n'a plus qu'à finir – le livre n'a plus qu'à commencer*[23]. »

J'espère avoir fait sentir, en tout cas, l'importance d'un roman à ce point singulier, violent, extrême, inspiré, *risqué*, où la virtuosité de Bernhard atteint des sommets inégalés. Avoir réussi à suggérer, aussi, quel type de subjectivité (d'un anti-conformisme *absolu*) il lui avait fallu se forger pour qu'un tel livre puisse être écrit. Dans l'un de ses entretiens, où il affirme une fois de plus que « *le monde dans son ensemble est une tromperie* », Bernhard tient à se désigner lui-même comme un écrivain essentiellement « *comique* », – immédiatement avant d'associer le rire à la cruauté, et le génie au crime[24]... Certains, apparemment, et pas seulement en Autriche, ne sont pas sensibles du tout à ce type de rire *meurtrier* : plaignons-les.

---

23. Roland Barthes, « Une idée de recherche », dans *Le Bruissement de la langue*, *op. cit.*

24. *Entretiens avec Krista Fleischmann*, *op. cit.*

LE CARNAVAL DES PARADOXES

Carlos Fuentes, *Christophe et son œuf*, traduit de l'espagnol par Céline Zins, Gallimard, 1990.

> Je me doubte que ne croyez asseurément cette estrange nativité. Si ne le croyez, je ne m'en soucie, mais un homme de bien, un homme de bon sens, croit toujours ce qu'on luy dict, et qu'il trouve par escript.
>
> RABELAIS, *Gargantua*.

> Je pourrais être enfermé dans une coquille de noix, et me regarder comme le roi d'un espace infini.
>
> SHAKESPEARE, *Hamlet*.

> Non pas développer le récit, mais l'envelopper.
>
> MUSIL.

Voici le roman, sans doute, le plus multiple, le plus foisonnant, le plus exubérant paru depuis longtemps : témoignant de la prodigieuse vitalité de l'Amérique latine en ce domaine, et apportant le démenti le plus éclatant à tous ceux (myopes, ou de mauvaise foi) qui s'évertuent à décréter cette vitalité en voie d'épuisement ; mais confirmant aussi, surtout, le très singulier génie inventif de son auteur, Carlos Fuentes [1].

On sait que Rushdie, dans les *Versets sataniques*, attribue à l'un de ses personnages le fantasme d'une « *tropicalisation* » de l'Europe, et de l'implantation sur le vieux continent d'une « *culture de l'excès* » [2]. Ce que Kundera, quant à lui, interprète comme une métaphore du sort actuel de l'art du roman : un art né en Europe, explique-t-il, lié aux valeurs les plus précieuses de l' « *esprit européen* », mais trouvant désormais dans son extension vers les zones tropicales (Kundera parle de « *roman d'au-dessous du trente-cinquième parallèle* ») une relance et une créativité qui, paradoxalement, renouent avec la fabuleuse liberté d'imagination propre à son origine même ; « *nulle part ailleurs la vieille sève rabelaisienne* », écrit-il, « *ne coule aujourd'hui si joyeusement que dans les œuvres de ces romanciers non européens* » [3]. Et c'est bien cela, en effet, que nous percevons dans *Christophe et son œuf* : l'irrépressible énergie de cette « sève » irriguant le roman.

Le prétexte narratif, pourtant, en est fort simple : Fuentes imagine qu'au Mexique, pour commémorer le cinquième centenaire de la découverte de l'Amérique, l'État a lancé un concours : un enfant né à la date précise de cet anniversaire, se prénommant Christophe, et dont le nom de famille approchera celui de Colomb, sera choisi pour recevoir les « *clés de la République* » *(sic)*, et pourra devenir à sa majorité Régent de la Nation. Le roman, à partir de là, épouse le point de vue et la voix d'un fœtus qui répond exactement à ces critères (il

1. Je me permets de renvoyer ici au chapitre (« La mémoire transfigurée ») que je consacre à *Terra Nostra*, de Fuentes, dans mon précédent essai, *L'Artifice* (Grasset, coll. « Figures »), où j'examine notamment la dimension baroque de son art romanesque. Voir aussi la superbe étude consacrée à ce même roman dans *L'Arbre de la littérature* de Juan Goytisolo (Fayard).

2. Voir, plus haut, « Rushdie écrivain ».

3. Milan Kundera, *Les Testaments trahis*, Gallimard.

est de sexe mâle, il a été conçu en fonction de ce calendrier, son père se nomme Palomar), et qui relate, pendant les neuf mois de sa gestation, tout ce qu'il voit et entend autour de lui, et aussi, par extension, tout ce dont sa « *mémoire génétique* » l'informe quant aux situations et aux événements qu'il traverse. Or, sur ce schéma initial, ce sont des centaines de récits qui viennent se greffer, s'engendrer, se multiplier, s'enchevêtrer, se ramifier, – un peu, justement, comme une végétation tropicale débordante, luxuriante. Au point qu'il est non seulement impossible de résumer un tel roman, presque « monstrueux » dans le nombre et la variété de ses développements, – mais encore qu'il faut se résigner à ce que tout discours critique, à son propos, ne puisse être qu'infiniment réducteur.

Le temps parallèle

Le roman, comme l'indique Fuentes lui-même [4], a été commencé en 1982, l'année de la grande crise, au Mexique, qui vit l'effondrement des espoirs liés au *boom* pétrolier de la période précédente, et le commencement des effets désastreux d'une dette extérieure démesurée. Il fut publié, en langue espagnole, en 1987 (donc deux ans après le grand tremblement de terre de Mexico, qui trouve dans ces pages un écho), – et à la fin de 1990 pour ce qui concerne la version française. L'histoire qu'il raconte se déroule en 1992. Si bien que lorsque nous le lisons aujourd'hui, quelques années plus tard, nous avons un peu l'impression d'un texte « rattrapé par le temps » ; ces écarts (entre le temps de la rédaction, le temps de la fiction, et le temps de la lecture) sont en fait beaucoup trop restreints pour que nous puissions l'appréhen-

4. « L'explosion, l'implosion », entretien de Carlos Fuentes avec Guy Scarpetta, dans le n° 12 de la revue *La Règle du jeu,* janvier 1994.

der comme un pur récit d'anticipation (ce qu'il est en principe). Ne s'y produisent même pas ces effets rétroactifs que nous pouvons ressentir, par exemple, à la lecture des romans de Jules Verne dont l'histoire est située au XXe siècle, – et où, contrairement aux contemporains de l'écrivain, nous avons le loisir de nous amuser à repérer ce qui, dans l'imagination de celui-ci, a été confirmé ou infirmé par l'évolution ultérieure. Rien de tel ici : le Mexique de 1992, tel qu'il est « anticipé » par la fiction de Fuentes, et à la fois trop proche temporellement de la réalité actuelle pour susciter un tel décalage, et trop explicitement « délirant » pour que nous puissions attribuer à l'auteur un objectif de pure et simple prévision.

Ce Mexique de fiction, en effet, est soumis à une série de catastrophes qui, dans leur excès, outrepassent le cadre de la vraisemblance. Il est amputé d'une grande partie de son territoire ; le Yucatán a été acheté par le Club Méditerranée, qui s'est engagé en contrepartie à rembourser les intérêts de la dette extérieure, dont le montant est de 1 492 (!) milliards de dollars ; les États du Chiapas, du Tabasco et de Campecho sont concédés aux consortiums pétroliers nord-américains ; la « Mexamérique » est un État-tampon, créé de toutes pièces autour de l'ancienne frontière entre le Mexique et les U.S.A., pour tenter d'y contrôler (d'ailleurs en vain) les flux migratoires ; quant au Veracruz, il est devenu une sorte de *no man's land*, en proie simultanément à une guérilla locale et à une occupation déguisée de la part de l'armée des États-Unis, qui y poursuit des opérations de répression. De plus, dans la partie du pays qui a conservé un semblant de souveraineté, les phénomènes de pollution, de misère endémique, de surpopulation urbaine, de révoltes sauvages, ont atteint une ampleur proprement apocalyptique (j'y reviendrai). On pourrait certes concéder que l'Histoire réelle du Mexique, depuis l'époque où l'histoire est située (avec l'entrée dans l'ALENA, les pressions du F.M.I. sur l'économie, aux conséquences sociales épouvantables, la campagne présidentielle ponctuées de meurtres politiques, la rébellion « zapatiste » des Indiens du Chiapas), a d'une certaine façon rejoint, sinon dépassé, la fiction, – ou du moins nous laisse penser que la réalité historique mexicaine peut déployer presque autant d'imagination qu'un romancier... Mais cela n'empêche pas que nous abordions cette fresque d'un Mexique fictif moins comme une anticipation (à la Jules Verne) que comme l'évocation de ce que l'on pourrait nommer un *temps parallèle* : ce que nous lisons, c'est ce qui pourrait (ou mieux : aurait pu) se passer dans un univers virtuel, hyperbolique; comme s'il revenait au roman de concentrer sur lui la part maudite de la société, de la prendre en charge, et de la propulser dans un monde fictif en l'exaspérant, en la poussant au paroxysme. C'est là, au demeurant, ce qui fonde la fonction critique indirecte du roman (ce temps virtuel *accuse*, aux deux sens du terme, le temps réel), – et ce qui répond, aussi, au paradoxe de l'art romanesque selon Fuentes : « *Imaginer le passé, et se souvenir du futur.* »

Une composition « en arbre »

La structure globale du roman est apparemment très simple : il est tout bonnement découpé en neuf grandes parties, qui correspondent aux neuf mois de la gestation de Christophe, et accompagnent chronologiquement celle-ci, depuis le coït initial jusqu'à la naissance; chacune de ces neuf parties évoque une étape dans le parcours de ses parents, Ángel et Ángeles. Mais sur cette macro-composition viennent se greffer toutes sortes d'éléments annexes, d'expansions et de digressions narratives, – ce qui, du reste, rejoint ce que j'avançais précédemment à propos du caractère « tropical » d'un tel roman, de sa luxuriance quasi organique.

Autour des géniteurs de Christophe, en effet, gravite une foule de personnages secondaires : les propres parents d'Ángel, d'abord, inventeurs de profession, qui disparaissent d'ailleurs peu de temps après la venue au monde de leur fils, victimes de l'une de leurs trouvailles (le « *taco inépuisable* », fondé sur le principe de l'antimatière, qui les fera périr d'indigestion [5]) ; plus présents, tout au long du roman : le grand-père, Rigoberto Palomar, vétéran de la Révolution ; les deux oncles, – Homero Fagoaga, notable du Parti au pouvoir, défenseur de l'ordre (ou du désordre) établi, et Fernando Benítez, apparemment plus insoumis, et en tout cas préoccupé par le sort des Indiens mexicains ; moins omniprésents, mais revenant régulièrement : les deux tantes Capitolina et Farnesia, vieilles filles convenables, conformistes, mais dissimulant un secret honteux ; Matamoros Moreno, romancier raté, frustré dans ses ambitions, qui deviendra l' « *ayatollah* » d'une insurrection populaire, – et sa sœur Colasa, malencontreusement pourvue par la nature d'un vagin denté ; deux « *gringos* » : D.C. Buckley, intellectuel progressiste stéréotypé, et Will Gingerish, professeur d'université au chômage, reconverti dans l'anthropologie et la défense de la cause indienne ; Mamadoc (!), une ancienne secrétaire promue au rang d'Idole nationale ; les membres d'un groupe de rock, les « *Four Foutus* », amis d'Ángel et d'Ángeles, particulièrement doués pour traverser (ou susciter) les situations les plus extravagantes ; deux représentants du pouvoir, les ministres Federico Robles Chacón et Ulises López, – ainsi que la famille de ce dernier (sa femme Lucha, sa fille Penny). Or chacun de ces personnages (pour le moins pittoresques) est en fait le vecteur d'une ou (plus fréquemment) de plusieurs histoires spécifiques, – qui parfois recoupent le trajet des deux héros principaux (les parents de Christophe), mais parfois aussi s'en écartent, s'en émancipent, deviennent relativement autonomes. Car telle est, en fait, la caractéristique

5. Cette façon d'associer la naissance d'un héros tout à la fois à la mort et à l'indigestion pourrait être lue comme un lointain écho *condensé* de la naissance de Gargantua et de celle de Pantagruel.

compositionnelle la plus évidente de *Christophe et son œuf* : il n'y a pas ici d'enjeu posé dès le départ, et qui déterminerait les étapes successives d'une intrigue homogène (à part celui, purement prétextuel, du concours commémoratif), – mais une série entrelacée de micro-récits semi-indépendants, proliférants, accrochés à l'axe du roman. Les « raccords » entre ces centaines de récits sont, du reste, extrêmement lâches : parfois simplement fonctionnels (le texte ménage un réseau de rappels et de répétitions pour éviter au lecteur de trop s'y perdre), – parfois si ouvertement rocambolesques, ou désinvoltes, que c'est forcément leur caractère arbitraire qui s'affiche (ainsi de la séquence où l'oncle Homero, jeté du haut d'un balcon pendant une émeute, est retrouvé bien vivant quelques pages plus loin, – l' « explication » de cette résurrection ne pouvant guère être lue autrement que comme une parodie explicite de roman-feuilleton).

Une telle accumulation d'épisodes semi-autonomes, possédant chacun son unité propre, pourrait faire penser à une forme très ancienne (et pour l'essentiel hispanique) de l'art narratif : celle, bien entendu, du récit picaresque. A ceci près, d'une part, qu'il n'y a dans *Christophe et son œuf* nul *picaro*, nul héros permanent traversant la suite de situations hétérogènes (le personnage focal étant un fœtus, il ne saurait évidemment participer à l'action) ; et que ce schéma picaresque, d'autre part, affecte aussi les récits secondaires, comme s'il pouvait se démultiplier à l'infini. Si bien que la moins mauvaise métaphore pour rendre compte d'un tel mode de composition serait, en définitive, celle d'un *arbre* : où, à partir d'un tronc central (l'histoire d'Ángel et d'Ángeles pendant neuf mois), se développent des « branches » narratives, susceptibles de s'entrecroiser, de s'intriquer, ou à l'inverse de croître isolément, et de donner naissance à une foule de rameaux, de surgeons, – finissant même, selon la formule célèbre de Musil, par « envelopper » l'axe central du récit jusqu'à le faire parfois proprement disparaître.

Le paradoxe du narrateur

C'est un fœtus, donc, qui raconte ces multiples histoires (et l'on pourrait voir ici quelque chose comme *l'envers* du procédé générique de l'un des grands romans précédents de Fuentes, *La Mort d'Artemio Cruz*, où c'était au contraire à travers l'*agonie* d'un personnage que son histoire personnelle, et celle, à travers lui, de tout le Mexique, étaient prises en charge : l'effet de contraste et de symétrie semble trop flagrant pour ne pas être délibéré). Autrement dit, le roman nous situe d'emblée, dès la première identification de son narrateur, hors de tout souci de véracité réaliste, dans le règne de l'imagination assumée comme telle. Et pourtant le texte, sur ce point, ne cesse d'osciller, profondément ambigu, comme s'il était mû par un nouveau paradoxe. Car, d'un côté, il tient à donner une part de *vraisemblance* à ce qui pourrait apparaître comme une absurdité logique (puisqu'il réunit, en termes techniques, une « vision omnisciente » à un « narrateur-personnage », ce qui est normalement incompatible [6]) : si Christophe, au-delà de ce qu'il perçoit depuis le ventre maternel, est capable de remonter beaucoup plus loin dans le temps, de pénétrer dans l'intériorité la plus secrète des personnages qu'il évoque, de les suivre dans toutes leurs pérégrinations en outrepassant considérablement l'espace confiné qui est le sien, il prend bien soin de justifier régulièrement cela par l'étendue de sa mémoire génétique (« *mes gènes qui savent tout, qui se souviennent de tout* »), – jusqu'à se référer, même, à son « *ADN qui se perd dans la nuit des siècles aztèques et andalous, mâtinés de mauresque et d'hébreu* », comme s'il pouvait réactiver à chaque instant un héritage immémorial et collectif. De même, comme pour

6. Sur cette question du « narrateur omniscient », voir, plus haut, « Divertimento à la française ».

ancrer la narration dans une réalité scientifiquement attestée, et à se donner en tant que « personnage » un peu plus de consistance que celle d'une simple voix, il ponctue ses récits en mentionnant sa propre croissance intra-utérine (les paupières qui apparaissent, les oreilles qui se décollent, les membres qui poussent, les doigts qui se détachent, le cœur qui commence à battre). Mais, par un autre côté, au détriment de tout effet de « vraisemblable », c'est avant tout comme être de langage qu'il se manifeste (« *c'est ce qu'ils me disent, en premier lieu, mes gènes : tu es langage* »), – et il lui arrive même souvent de présenter son propre parcours, non comme un développement naturel, organique, mais comme un roman (« *J'ai envie... de vivre mon roman en genèse comme une vaste parodie sacrée, une liturgie scandaleuse, une diablerie eucharistique, un banquet, une fête pascale, l'union de l'âme et du corps, de la tête et du cul, du mot et de la merde, du fantôme et de la fornication* ») : ce que nous ne pouvons appréhender que comme un segment auto-référentiel, une « mise en abyme » du livre même que nous sommes en train de lire. Et lorsqu'il arrive à Christophe de commenter les événements ou les situations qu'il relate, c'est parfois tout à fait explicitement *en tant que romancier* qu'il le fait (« *rien n'est stable, éternel, pas même la vacherie hispanique* » ; « *ce qu'on veut, c'est foncer dans le chou de tous les langages officiels, achevés, fermés* »). Si bien que nous sommes conduits, dans notre lecture, à percevoir deux instances de narration contraires et superposées : l'une, qui répond à la fiction (et à la convention qui nous est proposée) du fœtus qui parle, – dont la mémoire génétique, nous est-il précisé, s'anéantira le jour de sa naissance ; l'autre qui, par le langage utilisé, la culture déployée, l'esthétique revendiquée, ne peut être assimilée qu'à l'auteur lui-même.

La dystopie

Un autre paradoxe, que j'ai déjà suggéré, est à l'œuvre dans ce livre : c'est bien le Mexique qui est évoqué, et qui est sans doute, même, le vrai sujet du roman ; mais c'est un Mexique outré, caricaturé, « exagéré » [7], – projeté dans une utopie négative, ou, comme le formule Fuentes lui-même, une « *dystopie* ». D'où la dimension de conjuration que prend le texte (« *Je n'ai pas écrit* Christophe et son œuf *comme une prophétie* », m'a dit un jour Fuentes, « *mais comme un exorcisme* » [8]), – où, encore une fois, la part maudite du Mexique est non seulement concentrée, mais encore exaspérée, dans une sorte de surenchère délibérée (comme s'il fallait « combattre le mal par le mal »). Le Mexique du roman, ainsi, est précipité dans une série de catastrophes, de désastres, tant naturels que sociaux ou politiques : Mexico, la mégapole du District fédéral, est figurée comme une ville en proie à une perpétuelle pluie acide, due à l'effet de serre, quand il n'y pleut pas des cendres ; un tremblement de terre est mentionné, qui fait écho à celui, bien réel, de 1985 ; la capitale est devenue une sorte d'énorme bidonville, débordant jusque dans le Centre historique, livré aux sans-logis, aux tentes et aux cabanes de fortune des populations sacrifiées, – au sein duquel survivent quelques îlots d'habitations luxueuses, protégées, barricadées ; partout des rats, des chiens errants, des tas d'ordures en feu (l'un des personnages, l'orphelin Huerta, a les pieds calcinés et comme immunisés à force d'avoir marché dans les cendres brûlantes) ; l'air y est devenu tellement irrespirable que l'État est amené à faire croire qu'il va construire une énorme « *cou-*

---

7. Sur l'art *romanesque* de la caricature et de l'exagération, voir, plus haut, les chapitres que je consacre à Goytisolo (« Caprices ») et à Bernhard (« Un jeu de massacre »).

8. « L'explosion, l'implosion », *op. cit.*

pole », destinée « *à purifier l'atmosphère de la capitale et à partager l'air pur entre ses trente millions d'habitants* », ce qui s'avérera d'ailleurs être une promesse vide, un bluff médiatique.

Le reste du Mexique, tel que le roman le décrit, ne vaut guère mieux : le pays, je l'ai déjà dit, est amputé, ruiné par la dette extérieure, secoué de bouffées sporadiques de violences collectives. Acapulco, paradis touristique surplombé de collines recouvertes de bidonvilles, où ont été repoussés et entassés les déshérités, devient le terrain d'une émeute (de la merde envahit les tuyauteries, les « *squatters d'en haut* » déferlent sur les beaux quartiers du littoral, accompagnés par une meute de coyotes affamés, les tueries se multiplient), – jusqu'à ce que le Gouvernement fédéral, qui a manipulé la révolte, en profite pour purement et simplement liquider la ville (c'est « *l'Acapulcalypse* »). Le climat de violence sociale et politique, du reste, est omniprésent (ce n'est pas un hasard si Ángel, le père de Christophe, est né en octobre 1968, au moment même du massacre de la place des Trois-Cultures, – la date est bien évidemment emblématique [9]), – et cela culminera dans une insurrection populaire, placée sous le signe de la Vierge de Guadalupe, et menée par un « *ayatollah* » prônant le retour aux valeurs catholiques ; cette insurrection, initialement fomentée dans le milieu des camionneurs, finira par se propager dans tout Mexico, qui deviendra la scène de toute une série d'incendies, de pillages, de viols, de meurtres, suivis d'une répression non moins sanglante... Cette vision apocalyptique, en outre, ne se limite pas

9. Massacre organisé par le gouvernement mexicain, qui noya dans un bain de sang, à Mexico, une manifestation d'étudiants organisée dans la foulée de celles qui, cette même année, un peu partout dans le monde, de Paris à la Californie, soulevèrent les universités. Ce massacre acheva en fait de détruire les dernières illusions qui pouvaient subsister quant au caractère progressiste du Parti au pouvoir, le « Parti Révolutionnaire Institutionnel ».

au seul Mexique : les États-Unis, dirigés par un Président ultra-libéral et plutôt débile qui répond (entre autres) au nom de Ronald Ranger (la caricature, ici, est explicite), ont décidé de carrément supprimer tout ce qui n'était pas immédiatement rentable, à commencer par l'Enseignement supérieur (!) ; ils ont décrété l'*apartheid,* afin d'interrompre radicalement le flux migratoire en provenance du Mexique, – ce qui, au demeurant, a eu pour résultat de ruiner les deux pays à la fois. Il n'est pas jusqu'au Chili, à la fin du roman, qui n'ait tout simplement disparu, victime d'un raz-de-marée qui l'a englouti dans sa totalité...

Or, le plus paradoxal, ici, c'est qu'une indéniable euphorie peut naître, pour le lecteur, à l'évocation de ces désastres. D'abord, parce qu'ils sont trop évidemment excessifs, outranciers, pour qu'on puisse les prendre au premier degré. Ensuite, parce qu'ils témoignent d'une vision critique, ironique, sarcastique, satirique, apte à susciter le même type de rire que celui qui nous saisit devant, précisément, une caricature réussie. Enfin, parce que nous ne pouvons qu'être éblouis par la verve négative qui soulève ces séquences ; ce qu'il faudrait d'ailleurs préciser : ce n'est ni la grande fièvre, par exemple, de Céline, où se mêlent l'émotion et la jubilation au cœur des bombardements, des explosions, des écroulements ; ni la rumination féroce et impitoyable, comme chez Bernhard ; ni le plaisir pervers, doublé de « mauvais esprit », devant le désordre et le chaos, comme chez Goytisolo. Plutôt un formidable *imaginaire de la catastrophe*, capable de prendre des dimensions épiques, porté par une jouissance d'écriture proprement contagieuse, et dont la fécondité semble intarissable, illimitée.

Le réalisme et le fantastique

Il est un autre aspect paradoxal de ce roman sur lequel il faut insister, tant il est constant, omniprésent : c'est la conjonction de deux registres (et de deux codes) ordinairement tenus pour incompatibles, celui du réalisme et celui du fantastique.

Il n'est pas déplacé, en effet, de parler de réalisme à propos de *Christophe et son œuf* : car à travers les outrances, les « exagérations », c'est bien un référent réel, celui du Mexique contemporain, qui s'impose à nous. Et même, pourrait-on dire, du Mexique dans sa globalité, tel qu'aucun discours spécialisé ne serait capable de l'embrasser, – comme s'il revenait au genre romanesque (au fond le seul « métalangage » qui tienne) de rassembler ce que le savoir constitué a dissocié. Fuentes ne se contente pas, en effet, de parsemer une fiction de « petits faits vrais » plus ou moins indiciels (notations climatiques, habitudes alimentaires, particularités vestimentaires) censés l'ancrer dans un univers concret, – il aborde, de fait, la réalité mexicaine d'aujourd'hui sous tous ses aspects. J'en indique rapidement les plus importants :

1. La réalité sociale : le roman montre, par exemple, le contraste entre l'enrichissement outrancier des uns (Ulises López et sa femme, dont la fortune est due à la spéculation, et qui vivent dans un luxe extravagant) et la détresse du plus grand nombre (l'invasion du centre de Mexico par les tentes et les baraquements des victimes du tremblement de terre, l'excroissance autour des grandes cités d'énormes bidonvilles, souvent « *sans nom* », privés d'eau, d'électricité, d'égouts) ; mais aussi (car tout n'est pas intégralement noir) l'émergence d'une amorce de société civile (la solidarité de proximité née, justement, à l'occasion du tremblement de terre, et qui rompt avec le système « *pyramidal* » traditionnel).

2. La réalité économique : et de fait, sur la façon dont les bénéfices du *boom* pétrolier ont été détournés par la spéculation, et sur le « cycle infernal » provoqué par l'ampleur d'une dette extérieure incontrôlée, c'est probablement dans ce roman, même si c'est sous une forme délibérément parodique, qu'on trouvera les éléments d'analyse les plus éclairants.

3. La réalité anthropologique : il est question, ainsi, du métissage de la population, de l'impact des origines espagnoles sur le mode de vie des Créoles, du sort pathétique des dernières communautés indiennes (comme dans la séquence fascinante, la seule peut-être de tout le livre d'où l'ironie soit congédiée, où l'on découvre, sur un plateau inaccessible, une tribu indienne « oubliée », dont tous les membres *sont aveugles*).

4. La réalité historique, – car ici, comme dans toute l'œuvre de Fuentes, le passé ne cesse d'*insister* dans le présent : et le récit nous entraîne parfois loin en arrière, évoquant par exemple le sort tragi-comique et emblématique de Benito Juárez, président de la République en exil dans son propre pays, – ou plus loin encore, du côté des origines aztèques de Mexico, et de toutes les invasions que, depuis, la ville a subies.

5. La réalité politique, – révélée derrière la rhétorique qui sert le plus souvent à la travestir ou à l'occulter : et nous pouvons découvrir, ainsi, la corruption et l'incurie des dirigeants, le règne du bakchich, des pots-de-vin, la confusion des intérêts publics et privés (notamment à travers le personnage d'Ulises López, encore, ou celui de Robles Chacón, le « *secrétaire d'État à vie* ») ; le divorce entre le Parti au pouvoir et la majorité des Mexicains (comme l'indique la morgue de l'oncle Homero Fagoaga, dignitaire du Parti, se justifiant au nom des « *minorités éclairées* » censées guider, fût-ce contre son gré, la plèbe arriérée) ; les pratiques policières, répressives (rattachées au personnage du colonel

Inclán), masquées sous un discours « démocratique » de pure façade ; l'abus de confiance élevé au rang de méthode de gouvernement (la façon dont le Président incite les pauvres du Mexique à se défaire de leurs rares économies pour contribuer à rembourser les intérêts de la dette, alors que l'argent ainsi extorqué part sur des comptes privés à l'étranger) ; et même, au-delà du seul Mexique, l'impérialisme déguisé des États-Unis, autoproclamés garants du maintien de l'ordre en Amérique latine...

6. La réalité idéologique, – car le roman s'offre la possibilité de pénétrer aussi dans les conceptions du monde, les modes de pensée, les mentalités (j'y reviendrai) : exposant par exemple toute l'ambiguïté du grand rêve de « *modernité* », calqué sur le modèle nord-américain, protestant, puritain, et qui, d'être étranger aux valeurs profondes de la société où l'on a tenté de l'implanter, n'a guère apporté que des déboires et des désillusions au pays, devenu tout à la fois « *ligoté par le passé et par l'avenir* »...

Tout cela, on le voit, qui produit un « effet de connaissance » incomparable, pourrait participer d'un grand récit réaliste, d'un code analogique. Et pourtant, je viens de le suggérer, *Christophe et son œuf* pourrait *aussi* être apparenté au genre fantastique, – ou, du moins, être lu comme un roman où ne cessent de se manifester des phénomènes invraisemblables, mystérieux, fantasmagoriques ; car ce n'est pas seulement le « fantastique pur », pour reprendre la classification de Todorov, qui est ici sollicité (c'est-à-dire l'effet d'indécision produit par le surgissement d'un élément apparemment irrationnel, et dont on hésite à déterminer s'il explique logiquement ou s'il relève du surnaturel), mais aussi tous les registres voisins, tous les codes adjacents [10]. L' « étrange », en premier lieu, soit l'irruption d'un événement insolite, énig-

10. Voir Tzvetan Todorov, *Introduction à la littérature fantastique*, Seuil, coll. « Poétique ». J'ai repéré une telle diversité des procédés « fantastiques » utilisés, dans le chapitre concernant *Les Versets sataniques*

matique, choquant pour la raison, mais qui n'est pas pour autant incompatible avec les lois connues du monde réel : la scène, par exemple, où Fernando Benítez, en hélicoptère, voit un aigle à tête de chouette voler parallèlement à l'appareil, tenant entre ses serres un singe hurlant. Le « merveilleux », ensuite, qui suppose que le lecteur accepte d'emblée, par convention, d'entrer dans un univers fictionnel obéissant à des règles surnaturelles (comme celui des fables, des légendes, des contes de fées) : dans le roman de Fuentes, c'est par exemple l'évocation d'une auréole qui apparaît parfois autour de la tête d'Ángeles, ou la mention du jour où le soleil s'est levé à l'ouest, – sans parler du prétexte narratif initial, celui du « fœtus qui parle ». L' « allégorique », où la bizarrerie d'une représentation concrète s'explique par sa valeur de symbole : ici, le vagin denté de Colasa, ou la chute de l'Ange de l'Indépendance lors d'un tremblement de terre. L'intrusion, aussi, dans un monde figuré de façon réaliste, d'éléments de pure fiction, identifiables comme tels : ainsi du déferlement sur Acapulco de la meute de coyotes guidés par le Hipi Toltec, sorte d'écho « tropical » de la légende germanique du joueur de flûte de Hamelin ; ou de l'apparition inattendue, dans Mexico en proie aux violences de toutes sortes, d'un homme « *aux oreilles de chauve-souris* », devant son « *Théâtre de l'Oklahoma* », – où nous ne pouvons que reconnaître Kafka, et la matérialisation de son roman *L'Amérique*. L'imaginaire de science-fiction, – présent dans les inventions délirantes des parents d'Ángel ; dans la machine infernale où est enfermé un adolescent « *à la tête d'écouvillon* » (il y perdra ses cheveux, et y gagnera en contrepartie son surnom, « *l'Œuf* ») ; ou dans la mention récurrente de ces pilules à transmettre la pensée, utilisées comme un procédé d'espionnage. Sans oublier, enfin, ces moments où le registre

---

(« Rushdie écrivain »), – ainsi que dans l'étude que j'ai précédemment consacrée à *Terra Nostra* (« La mémoire transfigurée », *op. cit.*).

fantastique semble s'affoler, s'emballer, comme une mécanique déréglée : la scène irrésistible, par exemple, où l'oncle Homero Fagoaga, dans la maison familiale d'Ángel, voit se concrétiser autour de lui à une vitesse fulgurante tout l'arsenal des signes convenus du « mauvais sort », – miroir brisé, chat noir, sel renversé, parapluie ouvert...

Soit dit en passant, l'extrême variété de ces modes de figuration et de ces procédés (tant dans l'ordre du réalisme que dans celui du fantastique) ramène à sa juste mesure le fameux « réalisme magique » auquel on a voulu trop fréquemment réduire le roman latino-américain contemporain, – et dont les *Cent ans de solitude* de Gabriel García Márquez, on le sait, représentent l'archétype : le roman de Fuentes, à le lire sans préjugé, apparaît indubitablement d'une tout autre richesse, d'une tout autre complexité. Mais le plus important est plutôt la façon dont ces deux codes en principe antagonistes sont conjoints, imbriqués, court-circuités, – au point qu'on peut les voir pratiquement coexister dans TOUTES les pages du livre. Si bien que c'est notre lecture elle-même qui devient paradoxale : car en elle se télescopent, à chaque instant, l'attrait de la vérité et l'abandon aux fantasmes et aux illusions ; la distance critique et la crédulité assumée ; la mise en jeu de l'intelligence rationnelle, et celles des processus inconscients les plus archaïques ; l'attitude de l'adulte qui comprend, et celle de l'enfant qui joue ; le plaisir d'apprendre et celui de rêver.

L'INVENTION VERBALE

Quelque chose avait fini par s'imposer, au fur et à mesure que s'épuisaient, dans le domaine littéraire et artistique, les idéologies d'« avant-garde », et les mythologies (comme celle du « progrès en art ») qui lui étaient associées : c'est l'idée selon laquelle il existait, au cœur de la modernité, des œuvres-limites, représentant un achèvement ou un point culminant, mais à partir desquelles on ne pouvait guère espérer fonder une postérité, précisément parce qu'il semblait impossible d' « aller plus loin » dans la contestation des codes. Des œuvres, donc, qu'il ne s'agissait pas de déprécier, mais qui ne pouvaient pas être considérées comme de simples « étapes à dépasser » dans une ligne d'évolution obligée. Difficile, par exemple, d'être plus radical, dans le domaine de l'abstraction picturale, que Mondrian, ou que le Malevitch du « carré blanc sur fond blanc » ; ou d'outrepasser, dans l'ordre de la répudiation de l'intrigue et de la dissolution des personnages, certains textes de Beckett ; ou encore de radicaliser, en ce qui concerne le brassage des langues, la condensation des significations, la transgression des normes lexicales, une expérience comme celle de Joyce dans *Finnegans Wake* [11].

Or, et c'est là un nouveau paradoxe, *Christophe et son œuf* s'impose avec éclat, bousculant ainsi toutes nos idées reçues, comme un texte ouvertement et délibérément *néo-joycien* ; un texte capable de tirer parti de la « révolution » [12] représentée par *Finnegans Wake,* et de la prolonger, de la transférer, de lui donner de nouveaux champs d'application. Un texte, donc, dont la force d'invention n'investit pas seulement l'imaginaire déployé, mais aussi la langue, livrée à une sorte de dépense improductive un peu ivre, et devenant dès lors tout autre chose qu'un simple code de communication (plutôt le *milieu* actif et dynamique où la fiction s'engendre) ; un texte qui, à chaque page, nous plonge dans un tourbillon de néologismes, de calembours, de mots-valises, de jeux ver-

11. Sur l'impasse de la « radicalisation continue », voir la réflexion que j'ai développée dans *L'Impureté*, Grasset, coll. « Figures ».

12. Sur cette « révolution » joycienne, rien ne surpasse le magnifique texte de Philippe Sollers dans *Théorie des exceptions* (Gallimard, coll. « Folio »). Voir aussi les pages ultérieures qu'il consacre à Joyce dans *La Guerre du goût* (Gallimard).

baux de toutes sortes (le plus souvent à travers plusieurs langues), – impliquant du reste un véritable exploit quant à la traduction d'un tel livre, même si celle-ci est forcément condamnée à ne pouvoir en restituer toutes les dimensions [13]. Comme s'il avait fallu cette transplantation, cette tropicalisation, pour que la sève joycienne (prolongeant elle-même la « vieille sève rabelaisienne »), alors même qu'elle semblait plus ou moins se tarir en Europe, recommence à circuler et à retrouver sa fécondité.

Il existe souvent, dans les romans de Fuentes, un personnage dont l'un des rôles, dans la fiction, est d'incarner le négatif de ce qui se manifeste dans la narration : dans *Terra Nostra*, par exemple, c'est le Monarque, Philippe, dont l'obsession de vérité unique, stable, définitive, contredit la prolifération des vérités relatives ou ambiguës que le roman met en scène. Dans *Christophe et son œuf*, une telle fonction est assumée par l'oncle Homero Fagoaga, défenseur fanatique de « *la langue maternelle dans toute sa précieuse pureté puritaine* », traquant partout les incorrections, les barbarismes, les emprunts, pratiquant lui-même le castillan le plus châtié qui soit, et l'ornant d'une rhétorique pompeuse, à la limite du ridicule (le comble étant atteint lorsqu'au cours d'une campagne électorale, après un discours particulièrement emphatique et fleuri, il s'aperçoit que personne, dans l'assistance, ne comprend son espagnol, et n'a saisi un seul mot de ce qu'il a dit). Face à lui, donc, tous ceux pour qui la langue est une matière vivante, jamais innocente, jamais figée, – et au premier chef Christophe, le narrateur, brassant sans vergogne tous les niveaux de langue (la savante, la populaire, la provinciale, la « *barbare* ») et les faisant se télescoper ; confrontant sans fin, avec une verve inlassable, tous les idiomes qu'il peut convoquer (« *Moi Christophe* »,

13. Il faut saluer ici Céline Zins, et le formidable travail de *transposition* qu'elle a réussi à opérer pour la version française de *Christophe et son œuf*.

dit-il, « *sans autre arme que mon irrévérencieux mélange de langues et sa décision de les faire jouer toutes ensemble* ») ; et qui, par ailleurs, enregistre tous les phénomènes de corruption et d'hybridation linguistiques autour de lui (« *Au cours de ce mien monologue (obligé) je dois laisser toutes les voix extérieures se croiser comme des tornades dans mon discours solitaire* »). Car ce n'est pas seulement lui, encore une fois, qui joue avec la multiplicité des langues, mais la plupart des personnages qui l'entourent, – et c'est ainsi qu'apparaissent : l'espagnol métissé de langages indigènes (aztèque, nahuatl, toltèque, zapotèque, etc.) ; le « *francognol* » d'Ada Ching, la patronne d'origine française (et de convictions communistes) du dancing « *Divan le Terrible* » ; l'anglo-espagnol systématique du groupe de rock les « *Four Foutus* », qui ne fait du reste que pousser à l'extrême l'intrusion de l'américain dans le parler des Mexicains (phénomène qu'ils ont décidé de traiter par excès, et non, comme l'oncle Homero, en se réfugiant dans un stérile et régressif rêve de pureté retrouvée). La toponymie même de Mexico, dans le roman, est remaniée en ce sens : les rues sont rebaptisées par un dénommé Leopold Boom (l'allusion à Joyce, ici, est explicite) ; la rue Melchior Ocompo, par exemple, devient « *Mel O'Field road* », – et, dans la foulée, la ville cubaine de Guadalajara donne naissance à un « *Guadala Harry's bar* », de même que le héros de l'indépendance latino-américaine, Simon Bolivar, suscite par dérivation un « *Simon Bully bar* », – de tels exemples pullulent littéralement.

Des milliers de jeux de mots, ainsi, par rafales, – certains relevant du pur calembour (« *Isabelle la Cahotique* »), d'autres de la technique du mot-valise (c'est ainsi que la canicule d'Acapulco devient « *la Califournaise* », – ou que l'oncle Homero, un instant tenté sexuellement par l'un des jeunes membres des *Four Foutus*, se transforme en « *Homoricón* ») ; la plupart jouant sur des effets d'homophonie à travers plusieurs langues, – où l'on peut, par exemple, reconnaître « Shéhérazade » derrière « *Chère Sade* » ou « *Chère rasade* », ou encore « Iossif Djougachvili » (le vrai nom de Staline) derrière « *José Jugos Viles* » (littéralement : « José Jus Vils », – ce que la traduction française transpose en « Joseph De Gauche Avilie ») ; cela pouvant parfois aller, du reste, jusqu'aux tortures linguistiques les plus alambiquées : je dois avouer qu'il m'a fallu un certain temps, en l'occurrence, pour repérer, dans l'énigmatique « *John Donne One de Mao Tsar* » chanté par les parents de Christophe, un écho déformé, à travers cinq langues ou références culturelles (télescopant l'Espagne, l'Angleterre, la Chine, la Russie, l'Italie), du « Don Giovanni de Mozart »... Il n'est pas jusqu'à la caractérisation romanesque de certains personnages qui ne procède de ce jeu, – comme celle du psychiatre-pianiste sino-polonais nommé « *Deng Chopin* », qui ne doit d'évidence ses talents musicaux et sa double origine qu'à une prononciation déformée de « Deng Xiaoping » (!) : ce qui indique bien que cet usage ludique du signifiant, en fait, n'a pas seulement pour fonction de distancier la fiction, mais aussi de l'engendrer.

Un véritable cirque babélien, donc, poussé parfois jusqu'à la confusion, – dont la version parodique est incarnée par le personnage, burlesque au possible, de Tomasino, le chauffeur philippin, qui entend tout de travers (on lui dit « Babel » et il comprend *Babble*, « Nectar » et il comprend *Necktire*, etc.) – ce qui provoque une irrésistible précipitation de gags (les Marx Brothers ne sont pas très loin)... Mais le plus important, sans doute, est qu'un tel parti pris de *jeu* systématique et foisonnant n'est pas, pour Fuentes, purement gratuit, – c'est même là, par exemple, ce qui le distingue sensiblement de cet autre romancier post-joycien de langue espagnole qu'est Julian Rios. Car ce qu'il indique, c'est que la langue de base que traversent toutes ces opérations (l'espagnol, justement) n'est jamais, pour un écrivain latino-américain, un terrain stable, ni un acquis définitif : « *Il n'y a pas aujourd'hui en*

Amérique hispanique », précise Fuentes, « *un seul écrivain valable pour lequel la langue ne soit pas, d'une façon ou d'une autre, problématique. La langue ne nous est pas donnée, nous n'en sommes pas les propriétaires, nous devons recréer la langue pour en avoir un certain degré de possession* [14] ». Autrement dit, ce jeu répond aussi à une civilisation où tout est, depuis la Conquête, hybride, métissé, – et cette façon de « corrompre » l'espagnol revient aussi à assumer (jusqu'à la surenchère) cette situation fondamentale de polyculture, d'impureté [15]. C'est même là tout ce qui fait la portée subversive d'un tel jeu : puisqu'il s'agit en somme d'introduire au cœur de la langue (soit de l'instance symbolique qui fonde et garantit les identifications) quelque chose comme une *jouissance de la bâtardise*, – ce qui ne manque pas d'apparaître comme la négation la plus éclatante qui soit (et cela excède largement le pur domaine « formel ») de tous les fantasmes et de toutes les idéologies de purification.

Le lyrisme

Attardons-nous un instant, à titre d'exemple, sur ce monologue intérieur, attribué à Ángel lors de la séquence érotique (celle du coït initial) qui ouvre le roman : « *Non pas le soleil, mon amour, ta chère rasade dans ma bouche affamée, ta shéhérazade tampiquègne avec ses petites tranches et ses haricots noirs que je suis en train de malaxer avec mon doigt, ton conte, ton cunt, ton ass, ton ass chéri, ton cherry ass, chère Sade, flagellée par mon fouet en furie sur la plage de*

14. Carlos Fuentes, « Le Baroque contre l'orthodoxie », entretien avec Guy Scarpetta, dans le n° 1 de la revue *La Règle du jeu*, mai 1990.

15. Sur cette « impureté » de la civilisation mexicaine, voir Octavio Paz, *Le Labyrinthe de la solitude*, Gallimard, – et, de Carlos Fuentes lui-même, élargissant la problématique à toute l'Amérique latine, *Le Miroir enterré*, Gallimard.

Pichilinque, une plage privée s'il vous plaît mon amour, la propriété privée a parfois de ces avantages, n'est-ce pas Proudhon ? pardon, ne parle pas mon amour, laisse-moi imaginer ton chat racé, ton cher hasardé, laisse-moi vivre, Chère Sade, par le calendrier fiévreux de tes émirs et une nuits et de tes cent vingt fournées de Sodome et nager dans tes suées de fournaise, ta cromhydrose, laisse-moi chevaucher ta merveilleuse croupe de jument arabe pour trente secondes seulement au-dessus de Bangkok, je bande le cock Ángeles ma divine pour ta croupe qui est toutes les croupes qui te mirent au monde mon amour, les vagues déposent des algues sur ton galbe, je bois le vin de ta poupe, ô ta croupe mexicaine Ángeles ma douce au doux parfum de mangue mûre de huachinango frais, ta croupe chargée d'histoire, Ángeles, phénicienne et phosphorique, romaine et romantique, turque et tubéreuse, croupe castillane et mauresque, croisée d'aztèque, cordobaisable, coupe indienne, coupe almoravide, amour avide de ma croupe, croupe à cheval et à chameau, joues de lune, second visage » – etc.

Ce qu'une telle séquence laisse percevoir, c'est d'abord que l' « énergie libre » (pour parler en termes freudiens) qui propulse et irrigue ce langage, avec tous ses phénomènes de condensations, de déplacements, de greffes, d'associations, est en définitive du même ordre que l'élan du désir (il y a chez Fuentes une véritable *érotisation du langage*, sur laquelle pratiquement personne n'a rien dit). C'est, ensuite, la capacité qu'a aujourd'hui le genre romanesque d'absorber tout ce qui était auparavant l'apanage de la poésie (il y a dans ces quelques lignes autant de procédés et d'effets poétiques que dans la plupart des livres de « poésie pure » actuellement écrits). C'est, enfin, qu'un tel roman, dont la tonalité la plus constante est celle du jeu, de l'humour, de l'ironie, est aussi capable d'inclure d'exceptionnels moments de lyrisme, – mais d'un lyrisme paradoxal, excluant toute forme d'idéalisation. Il y aurait, autrement dit, dans le champ du roman contemporain, deux façons de combattre « l'illusion lyrique » : l'une (celle, par exemple, de Roth, de Kundera) consiste à répudier à la fois l'illusion et le lyrisme, et à les soumettre simultanément au principe d'ironie [16]; l'autre (celle de Fuentes, celle qui est à l'œuvre dans *Christophe et son œuf*) revient plutôt à *dissocier* le lyrisme de l'illusion, c'est-à-dire à susciter (c'est là un nouveau paradoxe) un lyrisme ironique, humoristique, dé-pathétisé, – autrement dit, spécifiquement romanesque.

Paradoxes de la lecture

Ce ne sont pas seulement les langues, on l'a vu, qui sont convoquées dans ce tourbillon, mais aussi les références culturelles, affichées ou allusives, selon les cas ; et notamment toute une série d'évocations littéraires et artistiques parsemant le récit, – ce qui, soit dit en passant, renforce l'impression selon laquelle un « auteur » (ici assimilable à Fuentes lui-même) se superpose au narrateur de la fiction. C'est ainsi que peuvent apparaître, au fil du roman, de façon plus ou moins explicite, des créateurs du passé (Rabelais, Cervantes, Quevedo, Diderot, Flaubert, Dickens), d'autres plus modernes (Kafka, Neruda, Frieda Kahlo, Siqueiros, Buñuel, Borges, – ce dernier crédité d'une aventure avec une chanteuse de boléros !), d'autres enfin tout à fait contemporains (Roth, Kundera, Fuentes lui-même, – et jusqu'à Julia Kristeva, dont un critique néo-structuraliste a rangé les livres sur le rebord de sa baignoire, où il s'en délecte en se rafraîchissant...). Ce jeu des allusions, dont certaines sont suffisamment déguisées pour nécessiter un lecteur passablement averti, finit par laisser soupçonner

16. Voir, plus haut, les chapitres « L'artifice et la vérité », « Une ironie désenchantée », et « Divertimento à la française ».

qu'il en est sûrement d'autres, dans le roman, à côté desquelles nous ne pouvons que passer, d'être moins aisément repérables ou identifiables de ce côté-ci de l'Atlantique : il est difficile de savoir, par exemple, si tel écrivain populaire mentionné, ou tel auteur de chansons, existent réellement, ou s'ils ont été inventés comme de purs personnages de fiction. Il arrive même que l'on devine, lors des séquences focalisées sur les politiciens mexicains, manifestement imaginaires, que certains traits, certaines répliques, certaines anecdotes, pourraient très bien fonctionner, pour un lecteur autochtone, comme autant de clins d'œil, renvoyant peut-être à un référent réel, qu'il connaît bien. Telle est, d'ailleurs, l'ambiguïté de ce jeu (que l'on retrouve dans toutes les grandes œuvres à forte densité d'intertextualité, de Rabelais à Pound et à Joyce) : aucun lecteur (à moins d'imaginer une édition critique bardée de *foot notes*) n'est réellement à même d'embrasser la totalité des références mobilisées. Mais cela, au fond, n'entrave pas le plaisir de lecture, s'il lui interdit toute prétention à la maîtrise absolue : précisément parce que *Christophe et son œuf*, en l'occurrence, n'est pas un « roman à clés ». Ou plutôt, c'est un livre qui nous conduit à nuancer la question du « roman à clés », et à distinguer deux types d'œuvres bien différentes dans ce qui est ordinairement amalgamé sous ce terme unique : les unes, qui perdent toute leur saveur si le lecteur est incapable de connaître les « clés », – et celles-ci, parce qu'elles ne relèvent guère que du règlement de comptes, n'ont forcément qu'un intérêt esthétique très restreint ; et les autres, qui, tout en n'évitant pas le clin d'œil réservé à quelques-uns seulement (voire les *private jokes*), peuvent parfaitement fonctionner indépendamment de ce type d'identification, dans la mesure où les personnages, même s'ils ont des « modèles » réels, sont parfaitement valides du strict point de vue de la fiction, et prennent une valeur typique, mythique, ou universelle (comme c'est le cas chez Proust, chez Musil, chez Céline, ou chez Fuentes; peu m'importe, par exemple, de savoir si ce critique néo-structuraliste dont je viens de parler a un ou plusieurs modèles reconnaissables : Fuentes a de toute façon réussi à en faire un personnage à part entière).

Cette « inégalité » des lecteurs face au référent (mais non face au signifié) procède aussi, plus largement, du fait que la lecture d'un tel roman ne saurait être homogène : lisant *Christophe et son œuf*, je puis, tour à tour, me laisser prendre à l'illusion réaliste, « croire » aux personnages, les percevoir comme de purs artefacts imaginaires, rire des extravagances de la fiction, être amusé par certaines allusions, apprendre quelque chose sur la réalité mexicaine d'aujourd'hui, réfléchir, me plonger dans la « rêverie » propre aux légendes et aux récits fantastiques, décrypter quelques clés, en ignorer d'autres, me laisser étourdir par la luxuriance de l'imagination, éblouir par la surabondance des inventions verbales, submerger parfois dans certaines séquences immaîtrisables, avant de reprendre pied, – etc. Il est probable, surtout, face à un texte aussi multiple, sollicitant une telle variété d'attitudes, qu'aucun lecteur ne réagit de manière identique, – c'est-à-dire que les ressorts inconscients, affectifs, intellectuels, propres à la lecture, ne sont pas mis en jeu de la même façon (ni au même degré) pour chacun. D'où ce nouveau paradoxe (le roman de Fuentes, on commence à le percevoir, est un *tissu* de paradoxes) : *Christophe et son œuf* exige une lecture active, – ce qui est d'ailleurs explicitement postulé par les nombreuses « adresses au lecteur » qui, comme chez Sterne ou Diderot, ponctuent le récit, et qui suggèrent pratiquement toutes que l'histoire, tout autant que par le narrateur, doit être construite par le lecteur lui-même (qui devient, de ce fait, l'« *Électeur* ») : « *Je n'ai rien raconté à moi seul* », dit Christophe, « *tu m'as aidé dès la première page. Ta médiation a été mon seul salut* » ; le texte nécessite « *un auxiliaire, un chroniqueur externe* » ; et la gestation même de Christophe est assimilée ouvertement à un « *roman* », où tous les protagonistes sont à égalité : auteur, narrateur, lecteur, « électeur », conviés à « *ludecture* [17] ». Mais en même temps, cette position ne saurait être une instance de surplomb, ou de maîtrise : le texte, dans l'extrême diversité (et hétérogénéité) de ses références, ne peut qu'excéder toute lecture particulière, nous condamnant à naviguer à vue dans son archipel, sans pouvoir prétendre à une quelconque vision globale, exhaustive.

Les idéologies

Christophe et son œuf peut aussi se lire comme une vaste « fresque idéologique » : l'une de ces rares œuvres modernes (dont le modèle est probablement *L'Homme sans qualités*) capables de mettre en scène, à travers les histoires racontées, le tourbillon des conceptions du monde, des visions politiques ou philosophiques, des mentalités, qui caractérisent une société. Mais le plus intéressant, dans le roman de Fuentes, c'est la façon dont ces idéologies, précisément, sont transformées en *matière romanesque*, et non simplement exposées ou illustrées. D'abord, parce que Fuentes ne cesse d'en accentuer, jusqu'à l'absurde, la dimension paradoxale (du reste présente dans le nom même du Parti qui a dominé, pendant presque tout le siècle, la vie politique du Mexique : le « Parti Révolutionnaire Institutionnel » – il n'est pas donné à toutes les nations d'être dirigées par un *oxymoron*...) ; paradoxe présent, par exemple, dans le slogan d'un jeu officiel lancé par le pouvoir : « *Au Mexique nous sommes tous libres,*

17. Ce que l'on pourrait mettre en relation avec les différentes instances que Michel Picard est amené à repérer dans la lecture, en fonction des processus inconscients qu'elle met en œuvre, et qu'il nomme le « lu », le « lisant », et le « lectant » (*La Lecture comme jeu*, Minuit).

et celui qui ne veut pas être libre sera châtié » ; ou dans les élucubrations de l'oncle Homero, dont la « *dialectique patriotique* » consiste à défendre simultanément les valeurs de la révolution, de la réaction, du progrès, du positivisme, du catholicisme, de l'hispanisme, de l'indigénisme, de la réforme, de la rébellion, du maintien de l'ordre ; ou encore dans les convictions de Don Rigoberto Palomar, qui croit tout à la fois que la Révolution à laquelle il a participé, au début du siècle, n'est pas achevée, et qu'elle a accompli ses promesses. Ensuite, parce que ces idéologies sont elles aussi, déformées, caricaturées, notamment lorsqu'il s'agit de les exposer comme des systèmes falsificateurs, hypocrites, destinés à masquer la réalité : c'est ainsi que l'oncle Homero, encore, peut tenir en public un discours progressiste, émancipateur, et en privé se référer à Pinochet, lorsqu'un mouvement de révolte populaire apparaît où il ne voit que des « *scorpions* », qu'il faut « *détruire dans l'œuf* » ; ou que Don Ulises López, spéculateur et financier véreux incrusté dans l'appareil d'État, peut manier avec le plus grand cynisme le double langage destiné à dissimuler ses intérêts privés derrière le souci apparent du bien collectif ; c'est à cela, aussi que l'on peut rattacher l'attitude des « *Yankees* » du roman, amenés à couvrir de sanglantes opérations de répression (l'un d'entre eux, le révérend Royall Payne, est un ancien prédicateur qui a fini par se prendre pour Rambo) derrière une neutralité de façade soigneusement entretenue (les règles internationales stipulant qu'il n'y a pas de véritable « occupation » d'un pays si les forces armées étrangères n'y stationnent pas plus de 180 jours, ce sont tous les 179 jours que les Américains renouvellent leurs troupes...). Enfin, parce qu'il y a dans *Christophe et son œuf* des personnages qui, pour leur part, semblent s'évertuer à déstabiliser toutes les idéologies, à les soumettre à un constant principe d'ironie : Ángel et Ángeles, par exemple, que l'oncle Homero désigne comme « *l'avant-garde réactionnaire du conservatisme révolté* » (*sic*), – Ángel lui-même se définissant comme un « *révolutionnaire conservateur* », et préférant le plus souvent, de façon toute « postmoderne », s'investir dans une position de pure dérision ; de même que ses amis les « *Four Foutus* », qui jouent le jeu de la société du spectacle pour y faire passer des messages de sarcasme désespéré ; même Ángeles, pourtant la plus « sereine » en ce domaine, est capable d'introduire une distance radicale entre les idées qu'elle peut emprunter (le marxisme, le progressisme, l'écologisme) et son absence totale d'illusion quant à quelque « salut collectif » que ce soit.

En somme, toutes les idéologies et tous les systèmes de pensée figurés dans le roman sont, d'une façon ou d'une autre, traités négativement. Il n'est pas jusqu'aux « idéologies littéraires » qui ne soient abordées par l'humour, la caricature, – comme dans l'irrésistible séquence consacrée à un prétendu « *Congrès de l'Ultra-Nouvelle Littérature* », dominé par la figure du critique Emilio Domínguez del Tamal, censeur de vocation, passant sa vie à faire des procès aux écrivains, peu importe que ce soit au nom du catholicisme, du tiers-mondisme, du marxisme, ou du fascisme (il a épousé toutes ces « convictions » tour à tour), puisqu'au fond le reproche adressé aux créateurs est toujours le même : ils ne sont pas suffisamment subordonnés aux valeurs collectives, – et qui ne trouve en face de lui, je l'ai déjà mentionné, qu'un intellectuel néo-structuraliste à la rhétorique tout aussi ronflante et stéréotypée (leur polémique publique semble d'ailleurs un numéro parfaitement rodé)... Quant aux grandes utopies salvatrices, elles aussi, on peut s'en douter, sont ironisées, à travers les personnages qui s'en font les porte-parole : qu'il s'agisse de ceux qui voient le salut, pour le Mexique, dans le fait de se tourner vers le Pacifique, nouveau centre du pouvoir et de l'expansion économique (mais cet avatar du modernisme, confronté à une population créole fascinée par le modèle de « *l'hidalgo* », réfractaire à tout travail, cultivant la dépense improductive, ne rencontre évidemment aucun écho) ; ou de Matamoros Moreno, écrivain raté, frustré, qui deviendra l'« *ayatollah* » d'une révolution placée sous le signe de la Vierge de Guadalupe, contempteur du règne de l'argent (il tentera de rétablir le troc comme base des échanges marchands), et qui veut voir dans le retour au catholicisme ancestral le seul « lien social » qui puisse être restauré face à la décomposition généralisée de tous les autres, – sa « révolution », comme il se doit, tournera très vite au désastre...

Un véritable carnaval des idéologies, en somme (imaginons qu'il existe un point de vue « positif » qui surplombe tout cela, l'indication d'une « solution » possible : le roman perdrait tout son intérêt). Car il ne s'agit pas seulement, pour Fuentes, de concrétiser, de façon classiquement « critique », le divorce entre les paroles et les actes, les discours et la réalité, la rhétorique émancipatrice et l'acceptation de l'ordre établi qu'elle couvre, les utopies et les catastrophes qu'elles engendrent ; mais surtout de nous faire accéder à un monde où les certitudes, soumises à un constant dialogisme [18], ne cessent de se relativiser, de se neutraliser, ou de s'annuler réciproquement, – et où les idéologies, exaspérées, semblent devenues folles : non pas « dénoncées » (ce qui supposerait une instance supérieure de vérité), mais emportées par un éclat de rire ininterrompu, qui n'en épargne aucune.

Le Spectacle

Mais le plus actuel, sans doute, dans ce roman, c'est la façon dont il enregistre ce qui est peu à peu venu se substituer aux idéologies, précipitant d'ailleurs leur débâcle, et

18. Le concept de « dialogisme » a été théorisé par Mikhaïl Bakhtine, notamment à propos de Dostoïevski.

qu'il faut apprendre à désigner de son vrai nom : le Spectacle [19].

Celui-ci, dans *Christophe et son œuf*, prend tout d'abord la forme (classique) de ces « *jeux* » ou de ce « *cirque* » qui, comme à l'époque du déclin de l'Empire romain, sont un véritable opium du peuple, un moyen de lui faire oublier sa détresse réelle : le concours de l'enfant né le jour du cinquième centenaire de la découverte de l'Amérique, qui sert de prétexte à tout le récit, n'en est qu'une variété, loin d'être isolée. Le roman montre aussi, par exemple, comment une chanteuse chilienne, Concha Toro, se réappropriant le répertoire oublié des boléros sentimentaux, finit par exercer un ascendant immense sur tous les « *petits vieux* » de Mexico, en leur insufflant la dose de nostalgie destinée à leur rendre la vie supportable, – et devient par là même un rouage essentiel du consensus social voulu par le pouvoir. Le plus extravagant, en ce domaine, est la manière dont ces mêmes instances dirigeantes ont décidé d'offrir au peuple, à la fois pour l'unir et pour le détourner de toute contestation, une véritable Idole, un simulacre de Déesse-Mère, – et cela nous vaut les séquences inénarrables où l'on assiste à la métamorphose programmée d'une petite secrétaire insignifiante en « *Mamadoc* », objet d'un culte fanatique et unanime, – « *la Mère et Guérisseuse Nationale* », « *La synthèse parfaite de Mae West, la Coatlicue, et la Vierge de Guadalupe* »...

Mais le Spectacle, dans ces différents cas, fonctionne encore comme un simple relais de l'idéologie, une pure technique d'asservissement et d'aliénation. Or le roman (et c'est là qu'il touche au plus brûlant de notre présent) suggère aussi une autre dimension du Spectacle, une nouvelle étape de son extension et de son triomphe généralisés, par laquelle il cesse

---

19. Voir Guy Debord, *Commentaires sur la société du spectacle*, Gallimard. Sur la façon dont le roman contemporain *traite* cette question, voir, plus haut, ce que j'en dis à propos de Rushdie, de Vargas Llosa, et de Kundera.

d'être uniquement un instrument pour devenir LE pouvoir en tant que tel : c'est celle, infiniment plus radicale, de la manipulation du réel, qui amène des populations entières à ne plus avoir de relation directe au monde, ou plutôt à confondre le monde réel avec les images et les simulacres contrôlés qui lui en sont donnés ; ce qu'illustre, dans *Christophe et son œuf*, la séquence inouïe d'ironie où l'oncle Homero, rivé devant sa télévision, finit par percevoir qu'il s'agit d' « *images Potemkine* », dénuées de référent, et que c'est le pays tout entier qui est en train de devenir virtuel (avec ses plans économiques purement fictifs, ses sommes d'argent déconnectées de toute activité productive, ses informations falsifiées, comme celle qui concerne la prétendue « *coupole d'air pur* »). « *Tout est faux* », finit-il par comprendre, « *tout est mis en scène, mais tout est présenté comme un événement que les caméras viennent de surprendre.* »

Dans un tel monde où le semblant a plus de poids que la réalité, il n'est d'autre façon de résister, pour les personnages les moins aveuglés, que de pénétrer à l'intérieur même du Spectacle, d'en mimer la logique, de lui emprunter ses propres armes pour les retourner contre lui. C'est la stratégie, dans le roman, de la génération née depuis 68, celle des parents de Christophe, par exemple, experts dans l'art du *look* (soit d'un répertoire infiniment variable de connotations arborées et combinées, décrochées de toute signification directe [20]) ; et celle, aussi, de ce groupe de rock issu des faubourgs les plus misérables, les « *Four Foutus* », composé de l'orphelin Huerta, de l'Œuf, du Hipi Toltec, et d'une fillette apparemment invisible (on comprendra pourquoi à la fin du roman), la Môme Ba, – eux qui, ayant saisi que le Spectacle a désormais supplanté les anciennes idéologies (ce que signale un graffiti des murs de Mexico : « *Lénine ou Lennon ?* »),

20. « *Le look n'est déjà plus la mode, c'est déjà une forme outrepassée de la mode (...) Ça joue à la différence sans y croire* » (Jean Baudrillard, *Libération* du 14 octobre 1987).

tentent, à travers le « *rockaztec* » ou le « *barockanrol* », de faire passer, comme je l'ai signalé, leur message de pure dérision. Mais cette stratégie est au demeurant tout à fait précaire, tant le Spectacle est passé maître dans l'art d'absorber toute extériorité critique, tout négativité, de donner à ce qui est censé le contester une place inoffensive, contrôlée (ce dont les « *Four foutus* » finissent par faire les frais). Si bien que l'unique « révolution » dont on puisse désormais rêver n'est plus, comme le dit l'oncle Homero devenu clown (!), qu'une « *révolution carnavalesque* », – seule susceptible de renverser les hiérarchies, de déstabiliser les positivités, d' « *inverser la pyramide* ».

Or cette « révolution », en quelque sorte, ce n'est pas dans la fiction qu'elle est à repérer, mais dans la narration elle-même. Comme s'il revenait à cet art aujourd'hui minoritaire, dédaigné, ignoré même de la plupart, qu'est le roman (quelques-uns se battent pour Rushdie, mais presque personne ne le lit [21]) de concentrer sur lui la négativité partout ailleurs expulsée, d'échapper au conformisme social et mental généralisé, d'ébranler toutes les orthodoxies, d'être à lui seul l'*anomalie* d'un monde uniformisé et chloroformé par le Spectacle, d'introduire un irrespect radical dans les « programmes » (à tous les sens du mot). En ce sens, on peut en effet lire *Christophe et son œuf* comme un gigantesque *carnaval* romanesque (ce qui nous renvoie de nouveau à Rabelais [22]), une énorme fête de la transgression n'épargnant rien ; ce qui, précisons-le, n'implique pour autant aucun nihilisme (le nihilisme aussi a son rôle à jouer, bien localisé, dans le Spectacle), puisqu'il ne s'agit pas de détruire le sens, mais au contraire de le précipiter, de le multiplier, – pas de le traiter par défaut, mais par excès. Dans l'un des entretiens qu'il m'a

21. Voir, plus haut, « Rushdie écrivain ».

22. Voir Mikhaïl Bakhtine, *L'Œuvre de François Rabelais et la culture populaire du Moyen Age et de la Renaissance*, Gallimard, coll. « Bibliothèque des idées ».

accordés, Fuentes pointait ce paradoxe (un de plus), à propos de notre époque : « *Ce qui est redoutable, aujourd'hui, c'est qu'on a simultanément une explosion des informations et une implosion des significations*[23]. » Et jamais, en effet, dans l'Histoire des hommes, autant de messages n'ont circulé, technologiquement diffusés, relayés, connectés, bombardés, – alors que jamais, non plus, et c'est la grande ruse du Spectacle, le monde n'est apparu si chaotique, si indéchiffrable, si réfractaire aux systèmes d'interprétation constitués. Le pari de Fuentes, celui de *Christophe et son œuf*, c'est que l'art du roman peut désormais tout à la fois concurrencer le Spectacle sur son propre terrain (en condensant et en faisant proliférer les informations) et en renverser la logique (en produisant, quant à lui, une « explosion des significations »). Peut-être parce qu'il met en jeu, précisément, et en l'occurrence de façon paroxystique, le seul pouvoir devant lequel l'ordre spectaculaire ne peut rien, et qui est celui de l'imagination.

Le plaisir du texte

On ne saurait proprement parler de « sève rabelaisienne », à propos de ce roman, s'il n'impliquait aussi une dimension sexuelle (ou érotique) affirmée. Et le désir, en effet, ne cesse d'y circuler, lui aussi multiforme, omniprésent, proliférant, quasi obsédant, – porté, notamment, par le personnage d'Ángel, volontiers enclin à estimer que « *devant une bonne baise, toutes les idéologies volent en éclats* ». Car Ángel, dans le récit, est tout sauf monogame : si son appétit charnel pour Ángeles ne faiblit pas (ce qui nous vaut, d'ailleurs, certaines des séquences les plus fiévreuses du livre), il n'a rien d'exclusif. Or le plus singulier, à ce propos, c'est que le désir, pour lui, est toujours lié d'une façon ou d'une autre à la

23. « L'explosion, l'implosion », *op. cit.*

transgression : rien ne l'excite autant que l'idée de posséder des « ennemies » ; moins des femmes qui lui seraient purement et simplement interdites (le surmoi moral lui est assez étranger, et les mœurs « tropicales » évoquées, en dépit du poids de la religion, n'ont rien de trop rigides), que celles qui représentent à ses yeux, justement, une « idéologie » qu'il conteste ou combat (on le voit fantasmer ainsi sur le cou, la nuque, et les aisselles « *à la fragrance chaste et acide* » d'une nommée Agueda, rencontrée dans une église, en train de prier), – ou, plus fréquemment, celles qui participent d'un milieu social privilégié, dont il se veut l'adversaire irréductible. C'est là, en quelque sorte, l'un des effets de vérité les plus puissants du roman, révélant quelque chose, dans l'ordre de l'érotisme, qu'aucun discours n'avait jusqu'alors à ce point éclairé : la façon dont la « haine de classe » peut s'y nouer, comme s'il n'était de jouissance supérieure à celle consistant, si je puis dire, à pénétrer sexuellement dans un milieu qui vous est hostile, et à corrompre ou débaucher des « partenaires » que la hiérarchie sociale situe en principe hors de votre portée. En somme, ce qui était exploré par Stendhal comme un pur mécanisme, stratégique, calculé, de revanche sociale (la séduction de Madame de Rênal par Julien Sorel) est exposé ici comme l'un des aspects intrinsèques du désir lui-même, en ce qu'il a de moins maîtrisé. D'où, par exemple, l'attirance irrésistible d'Ángel pour Luminosa Lariós, l'épouse hyper-sophistiquée d'un patron de presse milliardaire, – ou, surtout, pour Penny López, la petite poupée dédaigneuse, fille unique de ce financier sans scrupule, insolent de richesse, dont j'ai déjà parlé. Au demeurant, Ángel ne parviendra pas à ses fins avec Penny, détourné qu'il est par la propre mère de celle-ci, Dona Lucha, – ce qui engendre quelques séquences fabuleuses de perversité : celle où, en compagnie de l'époux légitime et complaisant, Ángel peut observer Dona Lucha derrière une glace sans tain, en train, nue, de se raser les aisselles, de se tailler la toison pubienne, de se caresser le clitoris d'un doigt enduit de crème, avant de se faire lécher par son petit chat, – sans même qu'il puisse savoir, et c'est peut-être cela le plus troublant, si elle est consciente ou non d'être regardée ; celle où, pour séduire Ángel, elle apparaît en peignoir de voile transparent, aux manches et au col bordés de plumes de corbeau, recouvrant sans le voiler l'attirail classique des bas noirs et des jarretelles (la « bourgeoise » devient « pute », et l'excitation naît ici du stéréotype même) ; celle, aussi, peut-être la plus superbement *vicieuse*, où ils font l'amour tout en étant parfaitement lucides quant à la haine qu'ils éprouvent l'un pour l'autre, où Lucha sait pertinemment que c'est à sa propre fille (Penny) qu'il pense tandis qu'elle se donne à lui ; ce qui ne l'empêche pas, comme si cette situation suscitait en elle une jouissance perverse supplémentaire, de le faire profiter sans réserve de son « *vagin doué d'une vie propre* », et de lui demander de la traiter « *comme une négresse en chaleur, une vraie fille des tropiques* »...

Ces séquences sexuelles, chez Fuentes, n'excluent d'ailleurs pas la présence de l'ironie, – conjonction qui culmine, de façon inoubliable, dans le monologue exalté d'Ada Ching, qui, alors que son amant sino-polonais lui lèche la chatte et le cul, entrecoupe ses proférations obscènes de considérations politiques marxistes-léninistes (l'effet est aussi irrésistible, sur un autre registre, que dans la fameuse scène du comice agricole de *Madame Bovary*). Mais l'érotisme de ce roman, il faut le souligner, diffère aussi sensiblement de la truculence et de la « bonne santé » rabelaisiennes, – dans la mesure où il est le plus souvent associé (et c'est là l'une des tonalités les plus caractéristiques de l'œuvre) à un certain coefficient de *morbidité* (dans l'une des « adresses au lecteur », il est même fait explicitement mention de l' « *excitation morbide* », que celui-ci peut éprouver). Et cela, non seulement dans tel ou tel passage ouvertement sadomasochiste (comme celui, empreint d'un humour tout buñuelien, où l'oncle Homero, notable respecté, se retrouve dans le bordel de Deng Chopin, où il se fait humilier, frapper, et va jusqu'à manger de la merde), – mais encore dans celui, par exemple, où Ángel et Dona Lucha ne trouvent rien de mieux, pour exacerber leur désir réciproque, que d'évoquer des images de massacres, de catastrophes, de pluies toxiques, de pollution généralisée de l'air et de l'eau... On peut ajouter, en ce sens, et c'est probablement ce qui donne au roman sa dimension la plus trouble, la plus *vénéneuse*, que ce sont exactement la même fièvre, le même souffle, le même emportement, la même pulsation comme surchauffée de l'écriture, qui envahissent à la fois les représentations érotiques et les scènes de violence ou de meurtre (le déferlement des coyotes sur Acapulco, le viol d'Ángeles par Matamoros Moreno et sa bande, celui de Penny, l'assassinat final de López et de sa femme) : comme si, à travers cette paradoxale proximité rythmique, Éros et Thanatos se télescopaient, – comme si la mort même était érotisée.

Et peut-être, au fond, cette alliance de l'indécence et du crime, d'Éros et de Thanatos, n'est-elle qu'un aspect du dernier grand paradoxe que je mentionnerai, et qui, lui, traverse tout le livre. Car c'est cela, sans doute, qui est le plus éblouissant dans un roman aussi profus, aussi démesuré : la collision, en lui, d'une veine baroque, picaresque, poussée à son comble, et d'un univers fictionnel hanté par les songes et les prodiges, la fascination de la mort, la volupté sacrificielle de la cruauté. Ou, pour le dire autrement, l'incandescence de la fusion (que Fuentes, à mon sens, réalise avec infiniment plus de virtuosité qu'aucun autre écrivain latino-américain) d'une *culture hispanique* et d'un *imaginaire indien*...

ÉPILOGUE

Peut-être quelque jour nous sera-t-il permis de compléter cet ouvrage ; mais nous ne pourrons prendre aucun engagement à ce sujet : et quand nous le pourrions, nous croirions encore devoir auparavant consulter le goût du Public, qui n'a pas les mêmes raisons que nous de s'intéresser à cette lecture [1].

1. On aura reconnu, peut-être, la dernière phrase des *Liaisons dangereuses*.

TABLE

COLLECTION « FIGURES »
DIRIGÉE PAR BERNARD-HENRI LÉVY

Les Aristocrates libertaires, *Manifeste.*
Jean-Paul Aron et Roger Kempf, *le Pénis et la Démoralisation de l'Occident.*
Dominique Auffret, *Alexandre Kojève.*
Jean Baudrillard, *la Gauche divine.*
Jean Baudrillard, *les Stratégies fatales.*
Jean-Marie Benoist, *la Révolution structurale.*
Claudie et Jacques Broyelle, *Apocalypse Mao.*
Claudie et Jacques Broyelle, *les Illusions retrouvées.*
Madeleine Chapsal, *Envoyez la petite musique.*
François Châtelet, Jacques Derrida, Michel Foucault, Jean-François Lyotard, Michel Serres, *Politiques de la philosophie* (textes réunis par Dominique Grisoni).
Catherine Clément, *le Goût du miel.*
Catherine Clément, *Les fils de Freud sont fatigués.*
Catherine Clément, *l'Opéra ou la Défaite des femmes.*
Catherine Clément, *la Syncope.*
Catherine Clément, *Vies et légendes de Jacques Lacan.*
Bernard Cohen, *Portes de Jérusalem.*
Annie Cohen-Solal, *Paul Nizan, communiste impossible.*
Christian Delacampagne, *Antipsychiatrie. Les voies du sacré.*
Galvano Della Volpe, *Rousseau et Marx.*
Jean-Toussaint Desanti, *Réflexions sur le Temps. Variations philosophiques 1.* Conversations avec Dominique-Antoine Grisoni.
Laurent Dispot, *la Machine à terreur.*
Laurent Dispot, *Manifeste archaïque.*
Jean-Paul Dollé, *Danser maintenant.*
Jean-Paul Dollé, *Fureurs de ville.*
Jean-Paul Dollé, *l'Odeur de la France.*
Jean-Paul Dollé, *Voie d'accès au paisir.*
Umberto Eco, *Lector in fabula.*
Luc Ferry et Alain Renaut, *Heidegger et les Modernes.*
Michel Guérin, *Lettres à Wolf ou la Répétition.*
Michel Guérin, *Nietzsche, Socrate héroïque.*
Gérard Haddad, *les Biblioclastes.*
Gérard Haddad, *Manger le livre.*
Heidegger et la question de Dieu (sous la direction de R. Kearney et J.S. O'Leary).

Jacques Henric, *la Peinture et le mal.*
Jacques Henric, *le Roman et le sacré.*
L'Identité, séminaire dirigé par Claude Lévi-Strauss, 1974-1975.
Christian Jambet, *Apologie de Platon.*
Christian Jambet et Guy Lardreau, *l'Ange.*
Christian Jambet et Guy Lardreau, *le Monde.*
François Jullien, *Figures de l'immanence.* Pour une lecture philosophique du Yi king.
Guy Konopnicki, *l'Âge démocratique.*
Guy Konopnicki, *l'Amour de la politique.*
Guy Lardreau, *la Mort de Joseph Staline.*
Michel Le Bris, *l'Homme aux semelles de vent.*
Michel Le Bris, *le Paradis perdu.*
Dominique Lecourt, *Bachelard. Le jour et la nuit.*
Emmanuel Levinas, *Entre nous. Essais sur le penser-à-l'autre.*
Emmanuel Levinas, *Dieu, la Mort, le Temps.*
Bernard-Henri Lévy, *la Barbarie à visage humain.*
Bernard-Henri Lévy, *Éloge des intellectuels.*
Bernard-Henri Lévy, *l'Idéologie française.*
Bernard-Henri Lévy, *le Testament de Dieu.*
Thierry Lévy, *le Crime en toute humanité.*
Claude Lorin, *l'Inachevé* (Peinture-Sculpture-Littérature).
Claude Lorin, *Pour saint Augustin.*
Jean-Luc Marion, *l'Idole et la distance.*
Anne Martin-Fugier, *la Bourgeoise.*
Anne Martin-Fugier, *la Place des bonnes.*
Jacques Martinez, *Moderne for ever.*
Gérard Miller, *Du père au pire.*
Philippe Muray, *la Gloire de Rubens.*
Marc Nacht, *A l'aise dans la barbarie.*
Sami Naïr, *Le Regard des vainqueurs. Les enjeux français de l'immigration.*
Philippe Nemo, *l'Homme structural.*
Michel Onfray, *l'Art de jouir.*
Michel Onfray, *Cynismes. Portrait du philosophe en chien.*
Michel Onfray, *la Sculpture de soi. La morale esthétique.*
Michel Onfray, *le Ventre des philosophes.*
Pasolini, séminaire dirigé par Antonietta Macciochi.
Françoise Paul-Lévy, *Karl Marx, histoire d'un bourgeois allemand.*
Philippe Roger, *Roland Barthes, roman.*
Philippe Roger, *Sade. La philosophie dans le pressoir.*

Guy Scarpetta, *l'Artifice.*
Guy Scarpetta, *Brecht ou le Soldat mort.*
Guy Scarpetta, *Éloge du cosmopolitisme.*
Guy Scarpetta, *l'Impureté.*
Michel Serres, *Zola. Feux et signaux de brume.*
Daniel Sibony, *l'Amour inconscient.*
Daniel Sibony, *Avec Shakespeare.*
Daniel Sibony, *Entre dire et faire.*
Daniel Sibony, *Jouissances du dire.*
Daniel Sibony, *la Juive : une transmission d'inconscient.*
Daniel Sibony, *Perversions.*
Bernard Sichère, *Éloge du sujet.*
Bernard Sichère, *Merleau-Ponty ou le Corps de la philosophie.*
Bernard Sichère, *le Moment lacanien.*
Alexandre Soljenitsyne, *l'Erreur de l'Occident.*
Philippe Sollers, *Vision à New York.*
Gilles Susong, *la Politique d'Orphée.*
Armando Verdiglione, *la Dissidence freudienne.*
Armando Verdiglione, *Fondation de la psychanalyse. I. Dieu.*
Armando Verdiglione, *la Conjuration des idiots.*
Giambattista Vico, *Vie de Giambattista Vico écrite par lui-même.*
Claude Vigée, *l'Extase et l'Errance.*
Claude Vigée, *le Parfum et la Cendre.*
Elie Wiesel, *Signes d'exode.*

Cet ouvrage a été réalisé par la
SOCIÉTÉ NOUVELLE FIRMIN-DIDOT
Mesnil-sur-l'Estrée
pour le compte des Éditions Grasset
en janvier 1996

Imprimé en France
Dépôt légal : janvier 1996
N° d'édition : 9942 – N° d'impression : 32888
ISBN : 2-246-51161-5